KB056052

평생 명강사

한국평생교육원

한국평생교육원은 행복한 성공을 간절히 원하고
구체적으로 상상하며, 열정적으로 재미있게 배우며
긍정적인 비전을 선언하는 이들이 보는 책을 만듭니다

평생 명강사

초판 1쇄 인쇄 · 2016년 8월 20일
초판 1쇄 발행 · 2016년 8월 25일

지은이 · 유광선 外
발행인 · 유광선
발행처 · 한국평생교육원
편　집 · 장운갑
디자인 · 이종헌

주　소 · (대전) 대전광역시 서구 계룡로 624 6층
　　　　　(서울) 서울시 서초구 서초중앙로 41 대성빌딩 4층
전　화 · (대전) 042-533-9333 / (서울) 02-597-2228
팩　스 · (대전) 0505-403-3331 / (서울) 02-597-2229

등록번호 · 제2015-30호
이메일 · klec2228@gmail.com

ISBN 979-11-955855-5-7 (03320)
책값은 책표지 뒤에 있습니다.

이 도서의 국립중앙도서관 출판예정도서목록(CIP)은 서지정보유통지원시스템 홈페이지
(http://seoji.nl.go.kr)와 국가자료공동목록시스템(http://www.nl.go.kr/kolisnet)에서 이
용하실 수 있습니다.(CIP제어번호: CIP2016018542)

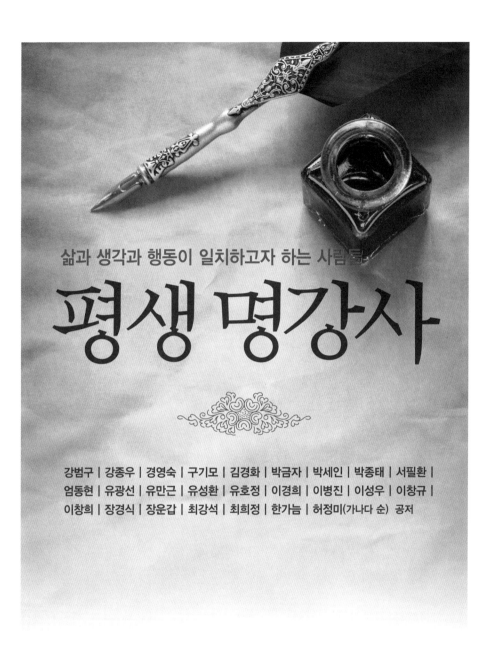

삶과 생각과 행동이 일치하고자 하는 사람들

평생 명강사

강범구 | 강종우 | 경영숙 | 구기모 | 김경화 | 박금자 | 박세인 | 박종태 | 서필환 |
엄동현 | 유광선 | 유만근 | 유성환 | 유호정 | 이경희 | 이병진 | 이성우 | 이창규 |
이창희 | 장경식 | 장운갑 | 최강석 | 최희정 | 한가늠 | 허정미(가나다 순) 공저

한국평생교육원

서문을
대신하여

유 광 선

현) 한국평생교육원 대표이사
현) 한국상담협회 대표이사
현) 국제코치연합 이사
현) 국제NLP연합 이사
현) 한국창업신문 발행인
현) 한국인재개발원 이사
현) 한남대학교 경영대학원 겸임교수

저서: 와일드이펙트(도서출판 한국평생교육원)

가장 사랑하는 사람들,
사랑하는 사람들, 좋아하는 사람들

"짜증 나 죽겠어요! 친구가 전화로 밤새 다른 친구들의 욕을 해대는 통에 한숨도 못 잤어요."

언제가 여직원이 퀭한 눈으로 출근을 해서는 지난밤 쌓인 스트레스 주머니를 풀어 냈다. 평소 남의 험담을 잘 하고 다녀 가까이 하고 싶지 않는 친구라 그 피로감이 더욱 크다고 했다.

"바쁘다고 그냥 끊지 그랬어요?"

내 말에 여직원은 마음은 굴뚝같았지만 친구가 서운해할까 봐 그러지 못했다고 했다.

"가까이하고 싶지 않은 친구라면서요. 게다가 남의 사정은 생각도 않고 밤새 전화통 붙잡고 있는 매너 없는 친구인데 좀 서운해하면 어때요."

"그러게요. 제가 맺고 끊는 게 좀 약해서요. 앞으론 좀 더 확실하게 의사 표현을 해야겠어요."

미래학자 앨빈 토플러는 그의 저서 《미래 쇼크》에서 대인 관계를 증대시키기 위해서는 관계를 맺는 것뿐만 아니라 끊을 줄 아는 능력도 필요하다고 했다. 함께하는 것이 즐겁지 않고 행복하지 않은 상대와 관계를 지속하는 것은 스트레스만 쌓이게 할 뿐이다. 그런 사람과의 관계를 끊으면 그 시간과 정성을 함께하면 즐겁고 행복한 사람에게 쏟을 수 있다.

"친구가 많다는 것은 친구가 전혀 없다는 것이다."라고 했던 아리스토텔레스의 말처럼 많은 사람과 좋은 관계를 유지한다는 것은 진실한 관계를 유지하는 이가 단 한 명도 없다는 말과 다르지 않다.

그래서 사람과의 관계도 선택과 집중이 필요하다. 우리에겐 시간과 돈은 물론 체력과 열정마저도 한정되어 있다. 게다가 사람의 마음이란 것은 상대에 따라 더 가기도 하고 덜 가기도 하며, 심지어는 아예 돌아서 버리기도 하는 것이 아닌가. 때문에 모두에게 잘하려 애쓰기보다는 자신의 자연스러운 마음을 따르며 진정성 있는 관계를 유지하는 것에 집중해야 한다.

나 역시 많은 사람에게 '좋은 사람' 소리를 듣기를 바라던 때가 있었다. 여러 개의 사업체를 운영하며 친구나 선후배, 친인척들에게 내 사업체의 운영을 맡기거나 일자리를 만들어 주기도 했다. 또 사업을 하면서 알게 된 사람들이 내게 이런저런 부탁을 해 오면 웬만해서는 다 들어 주었다. 상담을 바라거나 속상한 이야기를 하러 와도 거절하지 않고 응해 주었다. 그들을 서운하게 하는 것이 꺼림칙하기도 했지만 무엇보다도 나는 많은 사람에게 '좋은 사람'이고 싶었다. 하지만 이런 내 마음과 달리 돌아온 것은 대부분 비난과 배신이었다.

이런 시행착오의 과정을 겪으면서 내가 깨달은 것은 모든 사람들을 다 만족시키고 좋은 사람이 된다는 것은 오만에서 비롯된 착각이라는 사실이었다. 게다가 그런 오만한 착각 속에 빠져 있는 동안 가장 소중한 내 가족, 그리고 나를 믿고 따랐던 친구들과 동료들은 나에게 서운함을 느끼고 마음이 저만치 떠나가고 있었다.

이런 일을 겪고 난 후부터 나는 사람들을 크게 세 부류로 나누게 되었다. 가장 사랑하는 사람들, 사랑하는 사람들, 좋아하는 사람들이 바로 그것이다.

가장 사랑하는 사람들은 내가 온 마음을 다해 정성을 기울일 가치가 있고 실제로 그렇게 하고 있는 사람들이다. 물론 그들도 나의 정성에 감사하며 그들 역시 온 마음을 다해 나에게 정성을 기울여 준다. 가족, 친한 친구, 직장 동료, 사업 파트너 등이 여기에 속한다. 이들은 내가 뭐라고 따로 말하지 않아도 알아서 잘한다. 그리고 내가 조금만 조언을 해 주면 큰 깨달음을 얻고 호응하며 실천으로 옮긴다.

사랑하는 사람들은 이른바 '관리'를 해 줄 필요가 있는 사람들이다. 그들은 시켜야 일을 하는 사람들이다. 조언이 아닌 설득의 단계까지 가야 마음이 움직이는 사람들이라 함께하면 시간이나 에너지가 많이 소모된다.

한편 좋아하는 사람들은 시켜도 안 하는 사람들이다. 뭐든 부정적인 태도를 보이고, 안 하려고 하고, 하더라도 억지로 하는 사람들이다. 함께 있으면 나까지도 힘이 빠지게 되어 그다지 함께하고 싶지 않은 사람들이다. 나와 맞지 않는 사람들이기 때문에 그저 형식적인 관계 정도만 유지해도 된다.

이런 확실한 분류 기준을 정해 둔 이후로 누구에게 에너지를 쏟아야

할지가 눈에 들어왔다. 내가 나의 온 정성을 쏟아야 할 사람들은 '가장 사랑하는 사람들'이다. 그들은 나와 함께 생산적이며 긍정적인 결과를 창출해 내고, 그로 인해 나를 즐겁고 행복하게 만든다.

그럼에도 많은 사람들이 "미운 사람에게는 쫓아가 인사한다."는 속담처럼 '좋아하는 사람들'에게 가장 많은 시간을 투자한다. 이런저런 트집을 잡으며 애를 태우는 손님을 설득하고 응대하느라 내 가게를 자주 찾아 주는 단골에겐 고개만 까딱할 뿐이다. 늘 나를 믿어 주고 응원해 주는 절친한 친구는 '무소식이 희소식'이라며 가뭄에 콩 나듯이 연락하면서 나에 대해 부정적인 말을 퍼뜨리는 친구는 이미지 관리를 위해 밥도 사고 술도 산다.

친구, 동료라는 허울로 맺어진 사람들에게 부정적인 이야기를 듣거나 혹은 나의 이미지가 부정적이지 않을까 하는 쓸데없는 걱정 때문에 시간을 허비하는 것이다. 이런 허튼 데 시간과 에너지를 쓰다 보니 정작 '가장 사랑하는 사람'들에게는 소홀히 하게 되는 것이다.

"친구면 모두 가장 사랑하는 사람들 아니에요?"

가장 사랑하는 사람들, 사랑하는 사람들, 좋아하는 사람들에 대한 이야기를 들려주면 그 기준이 헷갈린다는 분들이 더러 있다. 그런데 자신의 마음의 소리를 따라간다면 정확하고 분명하게 그것들을 구분할 수 있다. 즉, 사전적으로 정의된 관계가 아닌 나와의 실질적인 관계를 어떻게 가져가고 있느냐에 따라 나눌 수 있다. 우선, 가족은 가족이라는 이유만으로도 가장 사랑하는 사람들에 속한다. 개중에는 가족을 미워하고 원망하는 사람도 있겠지만 가슴속 깊은 곳에서는 사랑과 화해, 관심을 바란다는 것을 본인은 이미 알고 있을 것이다.

비즈니스 파트너, 고객, 동료 등의 경우는 상대의 태도 그리고 그에 따른 나의 마음 상태를 들여다보면 간단하게 구분할 수 있다.

나는 내게 창업이나 취업, 교육 등과 관련해서 상담하러 오시는 분들께는 온 정성을 다해 설명하고 조언해 준다. 항상 사람을 만나면 이번이 마지막이라는 생각으로 살다 보니 "그건 다음에 설명해 드릴게요."라는 말을 할 수가 없다. 다음번에 그분을 또 만날 수 있으리란 보장이 없기 때문에 시간이 허락하는 범위 내에서 내가 아는 최대한의 정보를 나누어 준다. 이때 상대가 어떤 태도를 보이느냐에 따라 가장 사랑하는 사람들, 사랑하는 사람들, 좋아하는 사람들 중 어디에 속할지가 분명하게 나뉜다.

먼저, '너무 감사하다. 아주 유용한 정보이다. 꼭 원장님이 조언해주신 대로 따르겠다.'며 나의 열정에 상대의 열정까지 보태 주는 유형의 사람이다. 이 사람들의 경우 '가장 사랑하는 사람'이 되어 나와 지속적인 관계를 유지할 가능성이 아주 높다.

두 번째 유형은 '알겠다. 좀 더 생각해 보겠다.'와 같은 소극적인 태도를 보이며 내 마음의 열정까지 줄어들게 만드는 사람이다. 이 사람들의 경우 '사랑하는 사람'이 된다.

그리고 세 번째 유형은 "어휴, 말은 그렇게 하지만 세상이 어디 그래요?"라고 부정적인 대답을 하며 그를 응대한 내 시간이 아깝게 만드는 사람은 '좋아하는 사람'이 된다.

친구의 경우는 친분으로 맺어진 관계인 만큼 더욱 분명하게 마음의 소리를 따르면 된다. 함께 있으면 좋고 서로를 진심으로 위해 주고 계속 만나고 싶은 친구라면 그는 분명 '가장 사랑하는 사람들'에 속한다. 하지만 목소리만 들어도 기분이 나빠지고 별로 만나고 싶지 않은 친구라면 그는 분명 '좋아하는 사람들'에 속한다.

누군가는 '모든 인간은 평등하다. 그렇게 사람을 분류해서 정성을 더주고 덜 주는 것은 불공평한 일이다.'라고 말할 수도 있다. 하지만 천만의 말씀이다. 인간관계에서 내가 가장 사랑하는 사람들과 그렇지 않은 사람들을 똑같이 사랑하고 똑같이 베푸는 것이야말로 진짜 불공평한 일이다.

가장 사랑하는 사람에게 집중해야 하는 이유는 또 있다. 가장 사랑하는 사람은 아낌없이 자신의 것을 나누어 준다. 어려울 때 물질적인 도움을 주는 것도 마다하지 않는다. 때로는 소중한 삶의 지혜도 대가를 바라지 않고 알려 준다. 뭔가 배우려고 할 때 기꺼이 스승을 자처한다. 가장 사랑하는 사람이 가장 좋은 스승이 될 수 있는 것이다.

가재는 게 편이고, 팔은 안으로 굽는다는 말은 왠지 천박하고 옹졸해 보인다. 하지만 이런 성향은 인간의 본능이다. 너무나 자연스러운 관계성의 표출이다. 단, 원칙 없이 무조건 내 편을 챙긴다면 옹졸하고 천박한 관계에서 벗어나지 못한다. 또 혈연과 지연 등 사적인 관계를 가장 사랑하는 사람의 필수 조건이라고 착각해서도 안 된다.

가장 사랑하는 사람은 내가 꿈꾸는 것을 지지하고 가치를 이해해 주는 사람이다.

사람과 사람 사이에는 천륜으로 맺어진 혈육을 제외하곤 영원한 관계란 없다. 더군다나 우리에게 주어진 삶의 시간은 유한한데 마음이 통하지 않는 이와 쓸데없는 대화를 주고받으며 시간과 노력을 낭비하는 것이 얼마나 아까운 일인가. 내가 추구하는 가치를 이해하고 꿈을 응원해 주는 사람을 찾는 시간도 모자랄 마당에 체면과 눈치를 보느라 허튼 곳에 에너지를 허비하지 말자.

가장 사랑하는 사람들과 꿈꾸는 나눔의 삶

서울 출장길에 들르는 서울역에서 행복을 떠올릴 때가 종종 있다.

추레한 몰골과 어지러운 눈빛의 노숙자들은 담배 한 개비와 동전한 닢을 구하려고 사람들 사이로 오간다. 사람들은 노숙자들과 살짝이라도 스칠까 봐 이리저리 피해 다닌다. 사람들의 외면을 받는 노숙자들도 한때는 누군가의 가장이자 동료였을 테다. 그들도 행복한 삶을 꿈꾸고 열심히 살다가 쓰라린 실패의 늪에 빠졌을지 모른다. 그러나 지금은 행복과는 거리가 먼 삶을 살며 고통스러워한다.

그들을 보며 개인의 잘못이나 능력을 탓하는 것보다 모두가 행복해질 수 있는 삶과 공동체를 소망해 본다. 이런 삶과 사회를 만드는 것은 거창한 이념과 사상, 철학이나 커다란 부가 아니다. 그냥 내가 가진 것을 나눠 주는 것만으로도 충분하다. 앞서 내가 가진 10개 중에 1개씩만 나눠 주고 10명의 사람들로부터 1개씩만 받아도 내 것은 20개가 된다고 했다. 그렇게 100명, 1,000명과 하나씩만 주고받아도 내가 가진 것이 늘어날 뿐만 아니라 그만큼 나눠 줄 것도 더 많아진다.

나눔의 삶을 내가 먹을 것을 아끼고 쓸 것을 줄이며 퍼 주는 청빈의 삶으로만 이해해서도 안 된다. 먹고 싶은 것을 먹고, '가장 사랑하는 사람들'과 함께하고 싶은 것을 하는 게 맞다. 수도승처럼 살면서 나눔을 실천하라는 것은 되레 반발을 살 수 있다. 내가 돈을 아껴서 남은 것으로 좋은 일에 쓰는 것은 좋다. 그러나 청교도적인 삶을 강요하기보다 기왕이면 내가 좋았던 경험을 나누는 게 좋지 않을까. 예컨대, 자신이 읽은 책이 너무나 좋았다면, 그 책 한 권을 사서 선물하는 것이다. 커피나 담뱃값, 혹은 술값 등을 아끼면 충분히 할 수 있는 일이다.

자신이 아끼고 좋아하는 것을 나누는 것은 행복의 에너지를 공유하는 것이다. 내가 더치커피를 직접 만들어서 사람들에게 선물하니 돈이 많아서 그런 줄 안다. 다른 커피 가게에서 더치커피를 샀다면 상당한 돈이 들었을 테다. 그런데 내가 직접 만들어서 주는 것이니 그만큼 돈이 들지 않는다. 오히려 정성스레 더치커피를 만들어 '가장 사랑하는 사람들'에게 선물을 한다는 속사정을 아는 사람들은 더치커피 선물을

받으면 가슴으로 행복 에너지가 전해진다고 한다.

　내가 좋아하는 것도 포기하고 못 먹고 안 쓰면서 뭔가를 나누려고 하면, 내가 '가장 사랑하는 사람들'은 부담을 느끼고 피곤해질 수 있다.

　'스승의 날'은 말 그대로 스승에게 감사하고 서로의 정을 나누자는 의미의 날이다. 이 좋은 의도는 많은 부모님들에게 부담을 주는 것으로 왜곡되어 그 의미가 퇴색돼 버렸다. 오죽하면 요즘 학교에서는 스승의 날 행사를 따로 하지 않고, 특히 그날에 학부모의 학교 방문을 가급적 자제시키려고 하겠는가.

　아무리 좋은 의도라 해도 그것이 사람들에게 부담을 주고 피곤을 안기는 것이면 그 의도는 이미 퇴색되고 왜곡된 것이나 마찬가지다. 내 뜻과 진정성을 제대로 알아주고 공유할 수 있는 사람들과 나눔의 삶을 함께하면 된다. 그래서 거창한 나눔의 이벤트만 궁리하지 말고 내 주변부터 챙기라는 것이다. 각자가 자신의 주변에 사랑하는 사람들만 제대로 챙겨도 나눔의 사회 공동체를 만들 수 있다. 마치 빗방울이 떨어지며 생기는 파장이 연못 전체에 동시에 일어나며 겹치게 되듯 나눔의 삶이 공동체를 따뜻하게 만들지 않겠는가.

선한 의도만을 마음에 새기고 마구 퍼 주는 것은 진정한 나눔이라 할 수 없다. 더군다나 내가 마치 모든 사람들을 위해 뭐든지 할 것처럼 굴고, 어려운 사람들을 구제하며 행복하게 해 줄 수 있다는 착각은 버려야 한다. 돈을 왕창 벌어서 다 먹여 살리겠다는 것은 나눔이 아니다. 어쩌면 오만일 수 있고, 진정한 일상의 나눔을 무기한 연기하는 핑계가 될 수도 있다. 내가 '가장 사랑하는 사람들' 100명만이라도 행복하게 해 주고 긍정의 에너지를 나눠 줄 수 있다면, 이러한 삶이 나눔의 삶이자 성공한 삶일 테다.

혼자서는 빨리 갈 수 있지만 함께하면 더 멀리 갈 수 있다고 했다.

정신적 가난과 물질적 가난을 극복하는 유일한 길은 평생교육을 통한 자기계발일 것이다. 본서의 공저자들은 한국평생교육원에서 국제코치연합과 함께 하는 가치를 공유하며 평생명강사(삶과 행동과 말이 최대한 일치하고자 하는 강사) 및 프로 코치로 일선에서 활약하고 계신 분들이다. 세상을 긍정적이고 아름답게 변화시키는 일에 동참해주신 공저자분들께 지면을 통해 진심으로 감사드린다.

CONTENTS

CONTENTS

CONTENTS

WILD

WANT

원하는 것이 무엇인가

강범구(한국평생교육원 이사, 기적의 NLP 저자)

강종우((주)국제NLP연합 대표)

경영숙(한민족운동단체연합 공동대표)

구기모(한국평생교육원 이사)

김경화(국제코치연합 여성CEO코칭연구소 소장)

박금자(한국평생교육원, 희망 건강 힐링연구소 소장)

강 범 구

기적의 NLP 저자
한국평생교육원 이사
한국상담협회 이사
한국인재개발원 이사
국제코치연합 평생회원
연세대학교 미래교육원 유머스피치학과 연구교수

평범한 내가 더 빛나는 이유

평범함의 힘

그 어느 하나 아주 부족하거나 탁월하게 뛰어난 점을 찾아 볼 수 없는 사람을 지칭한다면 바로 강범구라는 사람일 것이다. 따라서 지극히 평범하기 그지없는 내가 웃음치료 강사를 한다는 사실이 아이러니가 아닐 수 없었다.

그리하여 정작 웃음치료 강사가 되었을 때도 강사로서의 자리매김을 위해 암에 걸려봐야 한다고까지 생각해 탄고기를 10일 이상 즐겨먹었고, 당시 그 이야기를 들은 요리사였던 후배가 웃으며 이야기해주었다.

"형처럼 선천적으로 밝고 긍정적인 사람은 탄고기를 삽으로 먹어도 안 걸려요."

그날 이후 사고를 전환시키지 않을 수 없었다.

돌이켜 생각할 때 명강사들의 이력을 보면 화려한 스펙과 학벌, 역경을 딛고 일어선 불굴의 의지, 대기업 출신으로 소위 내로라하는 사람들일 것만 같았다.

그럼에도 불구하고 나는 비록 부모님과의 소통부재로 한때 갈등의 시절은 있었을지언정 특별한 어려움은 없었다. 그리하여 취업을 한다 해도 채 1년을 채우지 못했고 그러다 보니 10곳 이상의 직장을 배회하며 막연히 살고 있었다. 끈기도 없거니와 특별한 스펙도 없었다. 따라서 하루하루의 삶은 무료하고 불확실한 미래를 나를 옥죄는 것만 같았다.

　'나는 지금 너무도 사랑스러운 가족을 형성하고 있고 건강도 아무 이상이 없다. 그렇다면 내 안에 잠재된 것은 무엇이며 진정 무엇을 하고 싶은가, 그리고 어떻게 살고 싶은가.' 하고 고뇌하며 스스로를 궁금해하기 시작했다.

　그제야 나는 과연 어떤 모습으로 살고 싶은가에 대해 스스로의 답을 찾기 위해 잠재의식에 관련된 책들을 독파하며 내가 원하는 모습을 암시문으로 만들어 읽기 시작했다. 아울러 나와 같은 성격의 소유자는 무엇이든 어느 하나에 미치면 무서울 정도로 미친다는 이야기를 듣고 다시 한 번 나를 일깨우는 계기가 되었다.

　더구나 그 당시 경력을 쌓아 강사가 되기 위해 들어간 교육회사에서 전 세계적으로 명성을 떨치고 있는 브라이언 트레이시에 대한 교육을 받게 되었으니 다만 감사할 따름일 뿐만 아니라 충격적이라고 해도 과언이 아니었다.

　왜 진작 알지 몰했을까 하고 뒤늦게나마 깨닫고 입사 후 3개월 이후부터는 듣지 않아도 되는 강의임에도 1년 동안 회사를 다니며 주말에 시간을 내어 계속 강의를 듣고 또 들었다. 그러자 자연스럽게 실적이 오르고 내 삶에도 커다란 변화가 생기기 시작했거니와 자기계발에 관한 책도 많이 읽게 되었다.

　그러던 중 문득 깨닫게 된 사실은 '잠재의식은 정원이고 의식은 정원사'라는 것이었다.

24개 국 200만 명에게 세일즈 & 성공 워크숍과 세미나 강연을 하는 '브라이언 트레이시!'의 강연은 굳이 말할 필요도 없다. 다만 '의식적으로라도 좋은 생각을 하는 것이나 원하는 생각을 하는 것이 내 잠재의식에 영향을 주어 내 삶을 원하는 방향으로 나아간다.'는 주장을 신봉하는 순간 온몸에 소름이 돋는 듯한 전율이 느껴지고 눈물마저 흐르고 말았다. 그러나 새벽에 일어나 글을 읽고 누구보다 열심히 일을 해 나아가다 보니 어느덧 나에게도 열정이라는 수식어가 붙게 되었지만 이 역시 채 1년이 되지 않았다.

다시 한 번 나를 다독여야만 했다. 그리하여 당시 관심을 갖고 공부하던 NLP라는 분야의 책들을 독파하기 시작했고 강의 또한 충실히 듣다 보니 여러 모로 박학다식한 분들과 함께하게 되었다. 그러다 문득 이런 생각이 들었다 .

'이런 분들을 알게 된 것은 자신에게 감사할 일이지만 과연 이렇게 아는 것도 많고 배운 것도 많은 사람들과 어울릴 수 있을까. 과연 나는 이 사람들과 경쟁력을 가질 수 있을까?'

많은 회의감이 들었지만 일단은 NLP가 너무 유익한 교육이라는 신념이 있었기에 타인을 위해서만 사용할 것이 아니라 우선 내 스스로에게 적용하여 내 삶을 변화시키기로 했다.

그리하여 나는 '모든 면에서 점점 더 좋아지고 있다.'라는 긍정문들을 붙여놓고 이를 주입하기 시작했다. 원하는 것과 생각했던 것을 이미지화시켜 언제든 볼 수 있도록 책상 한편에 붙여 둔 것은 물론이다.

평범함에서 찾은 기적

NLP 프로그램 중 자신의 강점을 적어보는 시간이 있었다.

이국적 얼굴: "세계로 나아갈 수 있다."
평범함: "세상에는 평범한 사람이 70프로 이상이다."

나는 그때 깨닫게 되었다. 내가 불편해했던 현실은 곧 가장 큰 희망이라는 것과 지극히 평범함은 성장하기 더욱 어렵다는 사실을……

이러한 평범함을 비상함으로 바꾸기 위해 나를 변화시키지 않으면 안 되었다.

차별화된 나만의 콘텐츠를 찾기 위해 자기계발서를 찾아 읽고 많은 강의를 들으며 강사님들의 말씀을 직접 실행해보기로 했다.

새벽에 일어나서 책 읽기, 플래너 쓰기, 암시문을 오디오로 만들어 듣고 다니기, 매일 1시간 산책하기, 아이디어 노트 사용하기, 21일 습관, 30일 습관, 100일 습관, 하루 45분 웃기, 찬물로 목욕하기, 명상, 금식기도, 비전보드 만들기, 마인드맵 그리기, 매일매일 쓰고 선언하기 등등 수도 없이 실천해보았다.

그럼에도 막상 이루어진 것은 없었다. 이런 내 모습을 돌아보고 부족한 내 자신에게 실망을 감추지 못하며 스스로를 질책하지 않을 수 없었다.

그러나 그 즈음 NLP를 배우며 모든 감정들은 내가 선택해서 프로그램해 놓았다는 것을 배우게 되었고 이는 실로 놀라움이 아닐 수 없었다. 내면과 소통하는 것이 가능하다는 것을 알게 되었고 이를 적극 활용하여 스스로에게 집중하는 것을 배우게 된 것이다.

  나는 예의 없는 사람들을 지극히 싫어했거니와 현재는 예의 있게 행동했을 때 비로소 선순환과 긍정적 에너지를 만들어낼 수 있다고 강의하고 있다.

  예컨대 대로에서 흡연하는 사람들을 보면 기분이 좋지 않음을 자각하는 순간 흡연을 하지 않는다면 얼마나 좋을까 하는 생각으로 이어지고 이는 바로 금연구역이라는 아이디어가 나와서 활용이 될 수 있도록 하는 것이다. 다시 말해 자신이 정말 싫다는 것을 자각함과 동시에 그럼 어떻게 하면 될까 하고 자신이 원하는 세상을 만들기 위한 아이디어를 낼 수 있게 되었다는 것이다. 이러한 교육과 깨달음을 통해 진정한 나를 찾아 공부하기 시작했고 작금에 이르러 평생 명강사라는 타이틀로 활동을 하게 된 것이다.

  이 세상에 나라는 존재는 유일무이하다. 따라서 무엇인가를 하고 싶고 더 알고 싶다면 우선은 자기 자신부터 알아야 할 것이다. 아직 갈 길이 멀기에 나 역시 나라는 존재에 대해 더 알기 위해 공부를 게을리하지 않는다. 새로운 강의를 듣고 이를 활용할 수 있을 때 스스로 도취되어 행복감을 느끼기 때문이다. 한 가지의 강의를 듣더라도 각가지 방법으로 응용을 하다 보면 불쑥 창의적인 아이디어도 나오기 마련이다. 특히 불편함을 느낄 때 나는 이렇게 이야기한다.

  "와! 또 내 삶에 즐거움을 보탤 또 하나를 찾았어!"

  그렇기에 평범한 삶이라 할지라도 늘 기적이고 즐거움이 따르는 것이다.

스스로의 성장

경찰서: 수고 많으십니다. OOO 경찰서 OOO입니다. 뺑소니가 접수되
　　　　어 연락드렸습니다.

OOO: 무슨 말씀이세요. 저는 오늘 나가지도 않았는데요.

경찰서: 오늘이 아니고 엊저녁에 피해자가 병원에 다녀온 후 오늘 아
　　　　침 신고를 해주셨습니다.

OOO: 전혀 몰랐는데 진위 여부를 따지지도 않고 뺑소니라고 이야
　　　기하니 기분 나쁘네요.

경찰서: 우선 경찰서로 오셔서 얘기하시죠.

OOO: 내가 잘못하지도 않았는데 왜 가야 하죠?

경찰서: CCTV가 확보되어 있습니다. 자진해서 나오시면 정상 참작
　　　　이 되니 나오시죠.

　나는 억울했다. 혹시 차에 치었다고 해도 일부러 그런 것도 아니고
뺑소니라니. 어찌 되었든 결과는 정상 참작된 뺑소니였다.

　세상을 살다 보면 내 자신도 모르는 사이에 내 행동이나 태도에 책임
을 져야 할 때가 있다. 그런 상황은 누구도 부딪히고 싶지 않겠지만 그
렇다고 해서 해결될 일도 아니다. 먼저 자신을 돌아보며 왜 그런 일이
발생했는지 원인을 파악한 다음, 비록 내가 잘못하지 않았더라도 상대
방의 입장에서 보아 불쾌할 것이라고 생각된다면 즉시 사과하고 용서
를 구하는 용기와 배려가 필요함을 느끼게 되었다. 또한 내 자신을 더
욱 성장시켜야겠다는 생각과 더불어 겸허히 수용할 줄 아는 내려놓음
의 미학도 알게 되었거니와 평생교육을 통해 행복해하는 사람들, 그에

관련된 이슈가 있다면 기꺼이 책이나 인터넷을 통하여 정보를 얻을 수 있도록 돕고 있다.

세상이 아무리 불공평하다 해도 나에게 피해만을 입히는 일은 없을 것이다. 설령 본의 아니게 피해를 당했다 할지라도 이를 기꺼이 수용할 것인지, 그리하여 이를 통해 다시 한 번 나를 성장시킬 기회로 만들 것인지는 오로지 자신의 의지에 달려 있다. 여기서 한 가지 덧붙인다면 내가 싫어하는 것을 알아차리는 순간 감정이 아닌 이성적으로 판단하고 행동할 수 있다는 것이다.

그 누구도 온 세상을 책임지는 일은 할 수 없다. 그러나 내 감정은 나 말고 그 누구도 책임질 수 없다는 것을 깨달아야 한다. 스스로를 다독여 더한층 매진하는 것이 바로 깨달음에 대한 답일 것이다.

나는 공부를 싫어했거니와 지금도 공부라는 글자가 달갑게 다가오지 않는다. 그럼에도 프로필과 포트폴리오를 정리하다 보니 자격증과 수료증을 합하여 10개가 넘는다. 이는 공부를 싫어하는 것이 아니라 필요하지 않다고 생각하는 것들을 의미 없이 해왔던 사실이라는 것이다. 그리하여 요즈음은 나에게 필요하다고 생각되는 순간 지체 없이 인터넷을 검색하거나 유익한 강의를 받았을 때는 더 배우려 노력한다. 아니, 하나라도 더 내 삶에 적용해보려 고심하는 것이다.

금주, 금연, 다이어트를 통해 나를 찾고 내개 원하는 삶을 영위하고 있으니 이 얼마나 행복한가.

물론 아무리 유익하다 한들 모든 강의가 나에게 맞는 것은 아니다. 그렇다 해도 그 강의 내용을 내 삶에 여러 모습으로 적용했을 때 하나하나 변화하는 모습이 얼마나 큰 성취감을 주는지, 덕분에 아내와 아이들과의 소통이 원활할 뿐만 아니라 신나는 세상, 한껏 즐거운 세상을 만끽하고 있지 않은가. 뿐이랴, 활력이 넘치니 병치레 한번 없으니 금상첨화 아니겠는가.

더욱 더 나를 행복하게 해주는 것은 더욱 부모님과 친밀해졌다는 것이다. 공부를 하기 전에는 상대방을 탓하기 쉬웠고 어김없이 불통, 울화통 등으로 이어졌으나 함께하는 세상, 더불어 사는 세상의 소통을 통해 부모님뿐만 아니라 많은 사람들과 행복한 삶을 누리는 있는 것이다.

역경에서 피어난 꽃

결혼하고 둘째아이가 태아일 때 우리는 분가를 했다.

아담한 단독주택으로 안채는 다른 세입자가 있었지만 낮에 잠시 업무를 보러 오는 정도였기에 저녁이면 늘 우리 세상이었다. 비가 오면 여기저기 빗물이 새기도 했지만 작으나마 마당이 있었기에 고기도 구워먹고 큰아이와 비눗방울 놀이도 하며 웃음꽃을 피울 수 있었다. 이런 행복을 가져다 준 것은 당연히 내 0순위 꽃인 아내라고 할 것이다. 항상 남편을 지지하고 응원하는 사랑스런 아내가 없다면 이런 행복을 상상하지도 못했을 것이다.

돈이 없어 카드를 긁어가면서도 교육의 열정은 더해만 갔고, 원하는 것을 생각하고, 하고 싶은 것을 상기시키며 오히려 지금의 상황이 강사로서의 삶에는 더없이 좋은 환경이라는 생각을 하게 되었다.

그러던 차에 사글세로 들어갔던 그 집의 1년 계약 만료가 다가왔다. 모아놓은 목돈은 없었지만 사업비가 들어오면 다시 1년 연장이 가능할 수 있겠다는 생각을 했다. 그러나 아내는 이제 그곳에서는 그만 살고

싶다는 것이었다. 밖에서 일하는 내가 봐도 불편했을 그 집이 아이 둘을 키우는 엄마로서는 정말 힘들었을 것이라는 생각을 했다. 그래도 마침 〈기적의 NLP〉 책이 출간되었기에 저자 인세수입이 들어올 것이라는 기대가 있었다.

그간 통장 정리를 해보니 월 400~500만 원, 많게는 1,000만 원까지도 수입이 있었다. 평균 500만 원! 비록 빚을 갚느라 돈을 모으지는 못했지만 그래도 더 벌기 시작하면 이보다는 나아지지 않을까 하는 기대감이 있었다. 그리고 론다번이 시크릿 멤버들을 만난 것처럼, 상상을 현실로 만들어 가는 사람들과 함께 활동하는 상상을 하면서 그 기분 좋은 설렘을 담아 몇 곳에 프로필을 넣었다.

아울러 그 기분 좋은 설렘을 조금 더 누리기 위해 명상을 했다.

명상 이후 눈을 떠보니 부재중 전화 한 통과 문자가 와 있었다.

'한국평생교육원 유광선 원장입니다. 통화하고 싶습니다.'

곧바로 통화가 되었고 마침 강남에 계시다고 하기에 그날 저녁 고속버스터미널 역에서 만나기로 했다.

종일 교육과 상담을 진행하고 약속시간보다 일찍 도착해 기다렸다.

오전에 상상했던 것은 모두 까마득하게 잊어버렸다. 하지만 유광선 원장님을 만난 지 10분도 안 돼 말씀을 드렸다.

"제가 상상하던 분이 제 앞에서 제가 상상했던 이야기를 해주고 계셔요."

스스로도 전율이 느껴졌다.

그때 유 원장님께서 말씀하셨던 요지이다.

"열정을 가지고 열심히 하는 사람들을 조금만 도와주면 크게 성장할 수 있는데도 불구하고 그런 사람들이 이용을 더 많이 당해 지쳐서 멈춰버리는 경우가 많다. 바로 그런 사람들이 대한민국을 밝고 힘 있게 해 줄 사람들인데 그게 너무 아깝다. 그래서 그런 사람들을 위해 돈을 쓰고, 돈이 없어 공부 못 하는 사람 없는 대한민국을 만들고 싶다."

빚이 없고 먹고 쉴 수 있는 정도면 자신이 하고 싶은 일에만 집중할 수 있고 그런 사람을 교육시키면 개인의 성장은 물론 또 다른 누군가에서 선한 영향을 주게 된다는 것이다.

그렇게 7개월, 같이 지내며 배우고 느낀 것은 언행이 일치하는 실천가라는 것이었다. 이를 하나의 책자로 출간하였음은 나 자신에게도 영광이 아닐 수 없다.

"와일드 이펙트 본성으로 살아라. 남 눈치 보고 돈에 쫓기면 어떻게 본성으로 살 수 있을까. 그리고 그 본성을 최고로 끌어올리고 활용하는 것이 바로 평생교육이다."라고 주장하신다.

나 역시 강의를 하는 또 한 명의 강사지만 현재 한국평생교육원에서 하는 엄선된 강의들을 자주 들으며 나의 변화는 끝이 없겠구나 하는 생각만으로도 신이 난다. 강의 사례가 넘치고 넘쳐서 이제는 삶이 강의가 되고 강의가 내 삶이 되었다.

얼마 전 평생 명강사 탄생과정에서 잠시 스피치가 있었고 그때 유광선 원장님을 처음 뵙던 날이 떠올랐다. 그분은 정말 많은 사람들의 꿈을 현실로 만들어 주시고 계신다. 엄선된 교육들을 통해 사람을 성장시키고 정신적, 물질적 가난이 없는 세상을 만들겠다고 하셨거니와, 내가 꿈꾸던 삶을 살아가고 계신 분과 함께하고 있다는 생각만으로도 눈물겹고 감사한 일이 아닐 수 없다.

　끌어당김의 법칙을 알고 있는 사람들과 어울려 활동하고 싶다는 나의 바람은 이루어졌다. 생각한 것보다 더 감동적이게 말이다.
　역경 속 감사를 생각하고 그 감사는 사랑하는 아내와 존경하는 유광선 원장님이라는 꽃을 나에게 선물로 준 것이라 생각한다.

평범함의 비범함

　나는 교육을 통해 삶이 사례가 되어 강사로서 행복하게 살아가고 있지만 평범한 것이 사라지지는 않는다. 그리하여 나는 평범함을 즐기기로 했다.
　솔직히 큰 병이나 집안의 문제가 없다는 것은 참으로 감사한 일이다.
　나는 강의 장소가 바닷가 인근이라면 낚시 장비와 캠핑 장비를 준비하여 즐겁게 출발한다. 그곳에서 캠핑을 하며 낚시질도 하고 바비큐를 즐기며 가족 혹은 동료 강사님들과 즐거운 시간을 갖는다. 그리고 그 소소한 일상의 감사들과 일어났던 에피소드들로 다시 새로운 강의를 만들어간다.
　그 어느 나이든 어떠한 모습이든 큰 병을 겪지 않아도, 대단한 학벌이 아니어도 얼마든지 할 수 있는 일들이다. 평범한 일상을 즐겁게 살다 보니 많은 사람들이 함께 여행을 가고 싶은 사람들 손에 꼽는 사람이 되었다.
　드디어는 그 여행의 아이디어와 함께 '여행하는 사람들'이라는 타이틀로 새로운 일정을 생각하고 있다. 너무 평범한 아이디어인가? 혼자

사는 사람들이 많은 요즈음 정말 재미있는 여행을 원하는 평범한 사람들과 또 행복한 일들을 만들어가고 그 과정은 또 하나의 강의주제가 될 것이다.

나는 무엇인가를 외우고 기억해야 하는 것들에 대해 불편함을 안고 산다. 물론 외우는 것이나 새로운 지식에 관심이 많은 분들이 있겠지만 나는 교육을 통해 내 삶에 바로 적용되는 것들이 좋다. 강의를 많이 듣다 보니 사뭇 비슷비슷한 내용들도 많이 나오지만 또 새로운 것들을 계속 접하게 된다. 더욱 놀라운 것은 같은 강의를 같은 강사님에게 들어도 또 다르게 들린다는 것이다.

어떤 이들은 한 권의 책을 100번 읽는 것이 더욱 효과가 있다고 이야기한다. 나도 동의한다. 좋았던 책은 몇 번을 읽어도 새롭게 알게 되는 것들이 생기기 때문이다. 많이 안다고 생각하며 살고 있지만 더 많이 알아서 삶에 더 좋은 영향을 미칠 것이 있다고 생각하면 죽는 그날까지 학습을 하는 것은 삶의 행복과 즐거움이 되리라 확신한다.

강 종 우

(현) ㈜국제NLP연합 대표
(현) NLP컨설팅센터 대표
(현) 백석대 대학원 외래교수(NLP)
(현) World Peace Corps Academy–Megaversity 교수
(현) 지구촌교회 글로벌상담소 전문상담사
(현) 서울시 건강가정지원센터 전문강사
(전) SK, LG그룹연수원 팀장
(전) 인천지방법원 상담위원
(전) 한국액션러닝협회 상임이사, 전문코치
(전) 동덕여대, 명지대 대학원 외래교수(NLP)
(전) 건국대 미래지식원 주임교수(NLP)

변화와 성장에 탁월한 NLP

NLP란 무엇인가

SK와 LG그룹연수원에서 18년간 근무하면서 커뮤니케이션, 대인관계 향상, 팀 빌딩, 리더십 등 주로 경영교육 관련의 과정개발과 강의를 해왔다. 특히 커뮤니케이션에 역점을 두어 과정설계를 강의하였고 이를 수강한 임원 및 팀장들이 원활하게 활용되기를 기대하면서 강의 후에는 업무 현장을 모니터링하였다.

그러나 커뮤니케이션 과정을 수강한 사람들이 자신의 마음이 편할 때는 팀원이나 직원들의 이야기를 잘 경청하며 공감하였으나 어떤 이유로든 자신의 마음이 불편할 때는 전혀 경청 및 공감이 안 된다는 것을 알 수 있었다.

이러한 문제점을 알고 난 후 커뮤니케이션 학습 이전에 자기 자신의 감정을 어떻게 잘 조절해야 할 것인지가 선행되어야 할 것이라 생각되었고, 이에 대한 해결방안을 고심하던 차에 지인으로부터 NLP를 권고받고 2001년에 NLP를 접하게 되었다.

NLP는 지적 호기심과 내 잠든 영혼을 불러일으키기에 충분하였다. 내친 김에 2001~2002년도에 NLP 프랙티셔너와 마스터 프랙티셔너를 수료하고 나아가 2003년도에는 미국의 NLP 마스터 트레이너인 Tad James로부터 ABNLP 인증 국제공인 트레이너자격을 취득하여 현재까지 활동하고 있다.

그동안 국제공인 NLP 프랙티셔너와 마스터 프랙티셔너를 양성하고 NLP 스트레스 상담코치 자격과정과 NLP 원리와 기법을 활용한 커뮤니케이션 과정, 발표 자신감 향상과정, 갈등관리 과정, 리더십과정 등을 강의해왔다. 또한 기업체 임직원, 상담사, 코치, 의사, 일반인, 주부, 자원봉사자 등 다양한 조직과 대상에게 강의를 해왔고, 상담과 코칭을 병행하고 있다.

NLP는 Neuro-Linguistic Programming의 약자로서 1970년대 초에 미국 캘리포니아 대학교에서 심리학 석사과정인 밴들러가 동 대학의 언어학 교수인 그라인더와 함께 개발한 변화와 성장 모델이다.

NLP의 'N'은 신경을 말한다.
인간이 오감을 통해 정보를 받아들이고 처리하는 과정을 담당하는 것이 신경인데, 우리의 마음을 지칭하기도 한다. 즉 그것은 어떤 방식으로 마음을 만들어 내는지에 대해 설명하는 것이다.

'L'은 언어를 의미한다.
인간이 어떻게 언어를 사용하며 언어가 개인에게 어떻게 영향을 미치는가에 관한 것이다.

'P'는 프로그래밍을 뜻한다.

이는 인간이 일정하게 반복하는 행동체계를 나타낸다. 우리의 행동체계를 변화시키면, 두려움과 같은 감정을 제어할 수 있게 된다. 즉 NLP는 신경, 언어, 프로그래밍의 상호 작용이 어떻게 인간의 의식이나 행동에 영향을 미치는가에 대한 이해와 응용에 관한 것이다.

이제 무의식에 특성에 대해 알아보자.

우리의 모든 과거의 경험과 기억은 해마 속에 기록되고 저장되며 그 기억은 오감으로 구성되어 있다. 이 해마 속에 저장된 기억은 우리의 말과 행동에 90% 이상 영향을 미치게 되고, 한 번 경험된 사건과 그에 따른 감정은 향후 유사한 사건을 만나게 되면 그 경험된 감정이 강화되는 경향이 있다.

따라서 그 사건들과 유사한 경험을 계속하게 되면 그 감정의 강도는 무의식 속에서 점점 강해지고 무의식의 또 다른 특성인 실제와 상상을 구분하지 못하는 점으로 인해 인간의 행동에 더욱 큰 영향을 미치게 된다.

변화와 성장의 원리

누구나 아침에 눈을 떠서 저녁 잠자리에 들 때까지 다른 사람과 만나서 대화를 하게 된다. 가족 간의 대화, 친구들과의 대화, 직장과 관련된 사람과의 대화…….

국제공인 NLP트레이너 취득 후 축하 파티-Arthur.Heinz | 국제공인 NLP자격 과정을 마친 후 기립 박수

　대화를 할 때 마음이 편한 경우는 상대방의 이야기를 잘 경청하지만 기분이 나쁘거나 감정이 불편할 때는 상대방의 이야기에 집중을 하지 못한다. 또는 자기 생각에 골몰하여 자신의 생각을 상대방에게 전이시켜 강요하는 형태가 되어 대화가 잘 이루어지지 않기도 한다.

　이처럼 우리의 감정 조절이 잘 안 되는 이유 중 하나는 지금 자신이 말하고 행동하는 많은 것들이 과거의 경험과 기억에 영향을 받고 있기 때문이다.

　과거의 경험과 기억을 여러 차례 반복하다 보면 결국은 그것이 자신의 신념과 가치관이 되어 버린다.

　내면에 형성된 신념과 가치관은 기대감과 욕구를 불러일으켜 기대나 욕구가 충족되어 긍정의 감정이 생성된다. 그렇지 않을 경우는 부정의 감정이 생기고 이를 말이나 행동으로 표출하게 되어 문제를 야기시키는 원인이 된다.

　따라서 자기감정을 잘 조절하려면 긍정적 경험은 삶의 자원으로 활용하고, 부정적 경험은 하시라도 빨리 벗어나야 한다. 그리함으로써 상호 소통이 원활하게 이루어지고 문제해결은 물론 만족감을 얻게 되는 것이다.

그 결과 몸과 마음의 건강이 유지되어 삶의 질이 높아지며 항상 기뻐하고 매사에 감사할 줄 아는 생활이 될 것이다.

NLP 적용 사례

포경수술 사례

이런 유머가 있다.

버스를 타고 가는데 한 초등학생이 두 다리를 쫙 벌리고 앉아 있었다. 이를 보던 대학생은 초등생이 너무 건방져 보여 버릇을 고쳐 주려고 옆자리에 앉았다.

그런데도 이 초등학생은 다리를 더 벌려 대학생을 옆으로 미는 것이었다.

대학생 역시 이에 질세라 두 다리를 쫙 벌려 서로 밀어내기를 했다.

한참 옥신각신하던 끝에 초등학생이 대학생에게 물었다.

"아저씨도 포경 수술했어요?"

쩍벌 초등학생을 본 대학생은 어떤 생각이 떠올랐을까?

아마 대학생은 '이런 건방진 놈, 버릇을 고쳐주어야겠다.'라는 생각이 떠올랐고 자신의 생각이 옳다고 믿어 바로 생각을 행동으로 옮겼을 것이다.

그야말로 "무의식적인 자동반응"이었다.

이 일화를 통해 우리는 무의식적인 자동반응을 잘 조절하지 못하면 불편한 감정과 함께 인간관계에서 갈등이 일어나게 됨을 알 수 있다.

자동으로 떠오르는 생각은 개인의 삶의 경험에서 형성된 것이기 때문에 사람마다 같은 상황에 처하더라도 행동 양식은 다를 수밖에 없다. 이러한 상황에서 서로의 갈등을 줄이기 위해서는 자동반응으로 떠오르는 생각을 조절할 수 있어야 한다.

떠오르는 생각은 어쩔 수 없지만 과연 '내 생각이 옳을까?', '무슨 사연이 있겠지.' 등으로 생각을 전환하는 습관이 필요하다.

사고 전환의 습관은 인간관계에서 갈등을 줄일 수 있는 좋은 방법 중 하나이다.

도로의 무법자 사례

자동차 도로상에서 벌어지는 끼어들기나 급차선변경, 추격전, 고성과 욕설은 이제 사회문제가 되고 있다.

어느 날 법원에서 하는 심화 상담을 위해 고속도로를 달리고 있었다. 내 오른쪽 차선에는 큰 트럭이 가고 있었는데 갑자기 승용차 한 대가 트럭 앞을 지나 내 앞으로 끼어들더니 속도를 내며 쏜살같이 사라졌다.

필자 역시 예전 같았으면 끝까지 쫓아가 놀란 가슴이 진정될 때까지 폭언을 퍼붓거나 끼어들기를 하는 등 감정조절을 하지 못하고 불편한 심기를 드러냈을지 모르겠다.

불편한 감정을 어떻게 조절할 수 있을까?

우선은 "화나 분노를 조절하기 위한 15의 법칙"을 이해할 필요가 있다. 화가 날 때는 순간적으로 욱 하면서 분노호르몬이 급상승하게 되는

데 이 분노 호르몬은 15초면 정점을 찍고 분해되기 시작한다. 그 후 15분이 지나면 분노호르몬은 거의 사라진다. 이것이 15의 법칙이다.

이때 '저 사람은 무슨 사연이 있을 거야.', '나도 다른 사람들을 화나게 했던 적이 있었어.'라는 생각을 하며 자신의 긍정적인 경험을 떠올리다 보면 15초는 잠깐 지나게 되고 다시 차분한 상태로 돌아가게 된다. 중요한 점은 처음 15초를 어떻게 다루는가에 달려 있다.

발표 불안 사례

많은 사람들은 다른 사람 앞에서 발표를 하면서 크고 작은 불안감을 경험했을 것이다. 기업에서 근무하는 사람들 중 발표에 대한 불안으로 어려움을 겪고 있는 사람들이 의외로 많다.

이를 위해 발표력 향상을 위한 책을 본다거나 세미나를 듣거나 하지만 변화가 없는 경우가 대부분이다.

발표 불안으로 이어지는 중요한 이유 중의 하나는 어렸을 때 발표하는 자리, 예컨대 유치원에서 재롱잔치를 하거나 초등학교 때 급우들 앞에서 발표했을 당시의 트라우마 때문이다. 이런 경우는 책이나 세미나가 별 도움이 되지 않는다.

우리 뇌 중 일부인 해마는 과거의 모든 경험(특히 충격적인 것, 반복적인 것)들을 기억하고 저장하는 기능을 한다.

살아가며 그와 유사한 상황을 만나게 되면 자신도 모르게 무의식적으로 해마에 저장된 그때의 감정이 튀어 나오게 된다.

불편한 경험들을 자주 할수록 불안감정의 강도가 점점 더 높아지게 되고 급기야 신체의 질환으로까지 나타나게 된다.

발표불안을 느끼는 사람은 과거의 어떤 경험이 아직도 영향을 미치고 있는지 되돌아보아야 한다. 불안을 야기하는 경험을 찾아낸 후 그 경험에 달라붙어 있는 감정으로부터 자신을 분리시켜야 한다.

분리한 후에는 자신감이 있었던 긍정 경험에 몰입하여 반복적으로 긍정의 감정 상태를 축적한 후 미래의 성공모습을 상상해 본다.

미래의 긍정적 모습을 이루기 위해 필요한 것을 학습하여 해마에 축적하는 일련의 과정을 거쳐 발표불안을 극복하게 되면 자연스럽게 성공적인 발표를 할 수 있게 된다.

한마디로 자신이 바라고 원하는 것이 무엇인지 구체적이고 명확하게 파악하여 그것을 방해하는 과거의 관련 경험들을 찾아 분리 작업을 해야 한다는 뜻이다.

몸에 잘못 익혀진 것들을 버리고, 자신이 바라고 원하는 모습을 상상하며 그것이 잘 이루어지기 위해 새로운 학습이 이루어졌을 때만이 본인이 의도한 바를 이룰 수 있게 될 것이다.

폭력 남편 사례

밤늦은 시간, 나에게 상담 코칭으로 많은 변화와 성장을 경험하신 분이 본인의 오빠 일로 급히 상의할 것이 있다고 전화가 왔다. 다음 날 약

백석대대학원 NLP 현장실습 수업 장면

NLP 스트레스 강사과정 실습 지도

속 장소로 갔더니 그녀는 이미 오빠라는 사람과 함께 와서 기다리고 있었다.

그녀의 오빠가 신혼여행을 다녀온 후 친한 동료들에게 부인을 소개하는 자리를 마련하였다. 여러 사람이 결혼하기를 잘했다고 부추기는 바람에 우쭐한 나머지 자기 주량의 배 이상을 마신 끝에 그만 필름이 끊겨버리고 말았다. 그 와중에 다시 2차를 가게 되었고 몸은 이미 주체할 수조차 없게 되었다.

그대로 잠자리에 들었으면 될 것을 귀가해서는 장롱이며 세간을 부수고 부인에게 욕설을 하며 손찌검까지 한 것이다. 부인이 경찰을 불러서야 소동이 진정되었지만 그가 아침에 일어났을 때에는 이미 부인은 장인 장모가 데리고 갔고 집안은 난장판이 되어 있었다.

이런 경우 과연 어떻게 도움을 줄 수 있을까?

'다음부터는 술을 줄여 보세요. 그러면 안 되지요. 정신 차리세요. 부인에게 다시는 안 그러겠다고 각서를 쓰세요.' 하는 충고나 조언은 도움이 되지 못한다.

오빠와 이야기를 나누다 보니 그의 아버지 역시 그와 유사했었다는 것을 알게 되었다. 대물림이었다. 그의 아버지도 술을 마시지 않으면 점잖고 기품이 있었지만 정작 술만 마시면 가재도구를 부수는 것은 물론 그의 어머니를 구타하기 일쑤였다.

그때마다 그는 무서워 벌벌 떨면서 이불을 뒤집어쓰고 '나는 죽어도 아버지처럼 되지 말아야지.' 하며 이를 악물고 다짐했다고 한다.

여기에서 뇌의 특성을 이해할 필요가 있다.

우리의 뇌는 부정어를 구분하지 못한다.

예를 들어 '노란 사과를 생각하지 마세요.'라고 하면 노란 사과를 생각하지 말아야 하는데도 노란 사과가 떠오르게 된다.

'나는 죽어도 아버지처럼 되지 말아야지.' 하고 되뇌일수록 뇌는 아버지가 가구를 부수고 어머니를 구타하는 모습을 떠올리게 된다. 이러한 일이 거듭될수록 기억은 점점 더 생생하게 해마 속에 각인되어 유사한 상황과 조우했을 때 자신도 모르게 무의식적으로 해마 속에 각인된 기억대로 행동을 하게 된다.

이와 같은 악순환을 겪지 않으려면 어떻게 해야 할까?

'내가 바라고 원하는 아버지는 어떤 모습일까?'라는 생각을 하는 것이다. 그가 그린 미래 모습은 퇴근 후 집에 도착하여 아파트 키 번호로 집에 들어가면 아기가 아자아장 걸어오면서 아빠에게 안기는 모습이었다.

아이의 환하고 천진스럽게 웃는 모습, '아빠.' 하고 부르는 정겨운 목소리, 아이를 안았을 때 느껴지는 따뜻한 촉감, 아이의 젖 냄새, 가슴으로 느껴지는 행복감. 그야말로 시각, 청각, 촉각, 후각 등 모든 감각을 동원한 긍정적인 모습이었다. 이러한 아버지에 대한 긍정적 모습을 해마에 각인시켜야 한다.

해마에 각인된 긍정적 기억은 자연스럽게 악순환이 아닌 선순환을 하게 되어 행동을 교정할 수 있게 된다.

이런 원리를 기본으로 하여 일차적으로 그가 현실에서 경험하여 해마 속에 저장된 부정적인 프로그램으로부터 분리 작업을 하였다.

이차적으로 자신이 바라고 원하는 아버지의 모습을 상상하여 만든 긍정적인 프로그램을 저장하고 긍정적 행동을 이루기 위해 부단히 노력한 결과 부정적인 습관에서 벗어나 행복한 부부 생활을 할 수 있게 되었다.

경 영 숙

서울시립대학교 대학원 사회복지학과 석사
원광대학교 대학원 사회복지학과 박사 수료

행복 & 인성교육강사
(현) 한민족운동단체연합 공동대표
(현) (사) SOS 기금회 이사
(현) 양천구 국제코치연합 후원회장
(현) 양천나눔교육 사회적 협동조합 이사
(현) 국제기구 문화예술총연합회 사회복지위원장
(현) 서울시교육청 교육 멘토단
(현) 대한민국명강사개발원 명강사
(전) 서울시 양천구의원

행복은 함께 만들어 가는 세상

"아무리 어려운 상황에서도 꿈을 잃지 마라. 꿈을 잃으면 죽은 것이나 마찬가지이다. '나는 할 수 있다.'는 자신감을 갖고 꿈을 가져라. 큰 인물이 되기 위해서는 뼈를 깎는 고통과 살을 베이는 아픔을 참고 견뎌 나가라. 꿈을 키우기 위해 열심히 노력하여야 한다."

20대 중반에 고 안병욱 교수님이 논어를 읽기 쉽게 풀어 쓴 책에서 감명 깊게 본 글귀이며 지금까지 이 글귀를 삶의 지표로 삼고 있다.

내 어릴 적 꿈은 선생님이었지만 어려운 집안을 돕기 위해 상업학교로 갔다. 스스로 선택한 길이었음에도 고등학교 3년간은 '대학을 포기해야 한다.'는 생각에 좌절과 방황의 시간이었고 인문계 고등학교로 전학하고픈 마음에 친구도 없었다. 학교가 싫으니만큼 친구 또한 사귀기 싫었던 것이다. 따라서 누군가 나를 특별히 기억해 주는 사람도 없고 기억해 주는 것도 바라지 않았다.(혹여 흔하지 않은 경 씨 성이라서 특별히 기억할 사람은 있을지 모르겠다.)

나는 말이 없고 소극적이었으며 덕분에 외톨이 신세를 면치 못하였다. 고등학교를 졸업 후 취직과 더불어 경리과에서 회계업무를 맡아 열심히 일했지만 시간이 흐를수록 배움에 대한 목마름은 해소되지 않았고 그 갈망은 점차 용광로처럼 타올랐다. 그리하여 인문학에 관한 저서의 탐독은 물론 강연도 들으러 다녔다. 그때 접한 책 중에서 안 교수님의 글은 금세 나에게 전이돼 꿈을 꿀 수 있는 희망을 가지게 되었던 것이다.

배움! 함께 만들어가는 세상의 시작

1985년, 방송대학교 불어 불문학과에 입학하게 되었고 새로운 학문의 모색과 설렘, 기쁨으로 밤을 새운 적이 한두 번이 아니다. TV 방송과 테이프, 동아리 모임을 만들어 열심히 했지만 직장을 다니며 학업을 계속하기란 쉬운 일은 아니었다. 특히 통신을 통해 외국어를 공부하는 것은 예상보다 더 난제여서 대상포진에 걸리고 위장병으로도 고생하였지만, 그럴수록 더욱 꿈을 붙잡고 견디어 나갔다. 그리하여 졸업할 때에는 몇몇 졸업생들과 마찬가지로 몸 상태가 좋지 않은 또 다른 한 명에 포함되었다.

배움에 대한 열정은 끝이 없었고 대학 입학과 더불어 모 일간지의 '역사 강좌.'라는 문구를 접하자마자 H 단체에도 참여하여, 단국대 Y 교수님이 진행하는 단군과 고조선에 관한 강의를 한 시간가량 들었다.

비록 한 시간의 강의였지만 우리나라 역사와 문화에 대해 너무 무지했다는 부끄러움과 새로운 것을 알게 되는 놀라움의 시간이었다. 이를 계기로 이후 모임을 결성하여 3~4년 정도 우리나라 역사와 문화, 독립운동가들에 대해 공부를 하게 되었다.

단재 신채호의 '조선상고사'는 민족의 주체성을 재정립한 책으로, 이 책을 통해 고구려 역사도 관심을 갖게 되었다. 또한 국민이 주인의식을 가져야 자주적인 국가를 형성할 수 있다는 것도 알게 되었다.

그 후 항쟁의 터와 인물, 민족혼과 얼이 담긴 문학 작품의 배경이 되는 곳을 찾아 조사하였고, 시간이 갈수록 국가에 대한 사랑과 대한민국 국민이라는 자긍심과 민족의식이 증대되었다.

대학 졸업 후인 1993년에는 독서지도사 과정을 공부하게 되었고, 곧 독서지도사들로 구성된 동화 연구 모임 회장으로서 회원들과 함께 동화내용을 분석하여 좋은 책을 선정하고, '책은 재미있고 유익하니 책을 많이 읽자.'며 책 읽기 운동도 하였다.

1996년부터 10여 년간은 아예 학원을 개설하여 초 · 중 · 고 학생들에게 독서 토론과 논술지도를 하였다. 학생들에게는 우리 모임에서 좋은 책으로 선정된 책을 추천해 주어 읽도록 했고 독서를 통한 토론 수업도 진행하였다.

학생들은 처음엔 서먹서먹하고 쑥스러워했지만 '잘한다.'고 칭찬해주자 자신감이 생겨 토론방식과 내용 또한 늘어 창의적인 사고로 변했고 문장력도 탄탄해졌다. 이에 힘입어 나는 그림과 음악, 신문, 영화를 보고 자기 생각을 발표하고 쓰도록 했다. 또한 사회에서 일어나는 사건을 책의 주제와 연결하여 발표하도록 했고 현장 수업도 병행하였다.

자연 속으로, 박물관으로, 과학관 등으로 학생들과 함께 나가 보고 들은 것에 대해 토론을 하게 되자 학생들은 관찰력과 사고의 폭이 더한 층 넓어졌다. 주도적으로 학습하는 습관도 가지게 되었다. 질서도 잘 지키려 하고 서로 배려하고 협력하였다.

스스로 자료를 찾아 공부하는 학생들의 모습을 보며 보람을 느꼈고 나 자신 학생들을 통해 배울 점도 많았다. '셋이 걸어가면 한 명은 스승이다.'라는 말처럼 학생들도 나의 스승이었다.

2010년도에는 성공회 대학교에서 사회적기업가학교 기초 과정을 공부하였다. 기업을 운영하여 이익의 일부를 사회에 공헌하는 기업경영을 배우기 위해서이다. 그러나 사회적 기업과 협동조합이 일자리 창출을 하기에는 아직은 준비 단계인 것 같았다. 그리하여 꾸준히 협동조합에 대해 연구하였고 2015년에는 양천구청에서 지역 주민들을 대상으로 사회적 기업과 협동조합에 관하여 교육하기에 참여하였다.

이후 교육에 참가한 사람들과 함께 교육 사회적 협동조합을 만들어 조합의 이사로서 협동조합 운영에 참여하면서 진로인성분과를 이끌고 있다.

진로인성분과 조합원들은 매월 2번씩 인성과 진로, 과학, 게임 등에 대해 각자 하고 있는 분야에 대해 발표하고 서로 조언해 준다. 그것은 강사 조합원 각자 앎의 깊이와 넓이가 커질 뿐만 아니라 자녀의 인성교육과 진로에 도움이 되고 있다. 또한 자녀와 학부모 간의 소통에도 도움이 되고 있다.

민족정기 회복을 위한 시민사회활동

1990년 초 나는 M 단체를 만들어 역사 바로 세우기를 위한 대중운동을 펼치기 시작하였다. 친일파 이완용 자손이 국가를 상대로 땅 찾기를 하기에 이를 저지하기 위한 서명운동을 펼쳤다. 그리고 민족의 혼과 정체성 살리기 운동으로 광복군 달력을 만들어 배포하였다.

그러자 전국의 유치원 원장선생님과 초등학교(그 당시는 국민학교) 교장선생님들이 독립정신과 민족정기를 심어두는 데 좋은 교육 교재라면서 열렬한 응원의 박수를 보내주었다. 그 이후 광복단체나 정부에서 '이달의 인물'을 선정하였다. 아마도 우리가 만든 광복군 달력이 '이달의 인물 선정'의 근간이 되지 않았을까 여겨진다.

1995년 8월 15일 광복 50주년으로, '국민학교' 명칭을 '초등학교'로 개정시켰다. '국민학교'라는 명칭은 일제 강점기 제국주의의 획일화된 전체주의 사상을 보급하기 위해 히로히토 칙령으로 만들어진 것이기에 나는 M 단체 대표가 되어 몇 년간 서명운동을 하였다. 그러면서 여러 단체로 구성된 협의회를 만들어 공청회를 하는 등 학교 명칭을 바꾸기 위해 앞장서 활동하였는데, 드디어 광복 50년 만에 일본식민의 잔재인 '국민학교' 명칭은 사용할 수 없게 결정된 것이다. 그리고 학교 명칭은 여론 조사를 반영하여 가장 선호하는 초등학교로 정하였다.

그 후 나는 도산 안창호 선생님이 세운 흥사단에 들어가 부정과 부패를 척결하고 깨끗한 사회를 만들기 위해 활동하였다. 그리고 민족문제연구소 서울 남서지부장으로 강서·양천지역에 여러 단체들이 함께 행사하는 양천평화마을축제에서 친일·항일 인물 사진전을 열었다. 또한 친일파를 기록한 '친일인명사전'을 지역주민들에게 알리는 등 나라 사랑과 자주 정신, 친일 청산과 반민족자 처벌을 위한 활동을 하였다.

현재는 한민족운동단체연합 공동대표로서 해마다 3·1절, 광복절, 개천절 민족공동행사를 진행하며 자주적 평화 통일과 세계 인류 공존과 상생을 위해 활동하고 있다. 아울러 국제기구 세계문화예술총연합회에서 세계 각국에 우리 문화와 예술을 알리고 교류하기 위하여 금년 10월에 열릴 세계문화예술 엑스포대회를 준비하고 있다.

소외계층, 취약계층을 위한 의정활동

통일운동과 시민사회 운동에 참가하다 제도권 안에서 민족, 국가, 소외계층을 위해 일하고픈 의지는 2006년 서울시 양천구의원이라는 직함이 주어졌고 전문성을 갖고자 상임위원회인 복지건설위원회에서 4년간 활동하였다. 그럼에도 전문지식을 얻고, 의정활동에 도움이 되기 위해 대학원 사회복지학과에 적을 두어 공부를 계속했다.

의원 재직 시에는 한국청소년육성회, 민족통일협의회, 여성민우회 등에서 활동하며 장애인, 여성, 북한이탈주민, 청소년 등을 위한 정책을 펼쳤지만 그중에서 장애인 분야에 좀 더 관심을 가졌다. 지역 사회 속에서 차별과 편견 속에 살고 있는 장애인들의 처지를 이해해야 했기 때문이다. 그리하여 2006년 국내에서 처음으로 장애인, 장애인 단체, 시민단체, 의원들과 함께 네트워크를 이루어 일본 동경으로 장애인 자립생활 구축 환경 정책을 배우기 위해 연수를 갔다.

연수 중에는 동경의회, 동경도청, 마치다 시청, 여러 복지 단체 등에서 장애인 자립과 복지정책을 습득하였고 이후 4년 동안 양천구 장애인 복지 발전을 위해 매진하였다.

2009년에는 전국의 여성지방의원들을 인솔하여 일본으로 연수를 갔다. 2008년 2번째 장애인 정책을 습득하기 위해 일본에 갔을 때 오오타구 공무원을 만나 여성의원들과 함께 연수를 오겠다는 약속을 한 적이 있기에 기획한 것이다.

우리는 동경, 가나가와 현 6개 지역의 교육, 환경, 경제, 다문화정책 등을 들었고, 재일동포들과 일제 강점기 시기 일본으로 가신 어르신들과도 만나 뜨거운 조국애를 나누며 앞날을 기원하였다.

귀국 후 일본에서 얻은 내용과 우리의 정책을 넣어 공동으로 '공부하고 발로 뛰는 여성지방의원, 일본을 가다.'라는 책을 발간하였다.

내 글은 일본에 살고 있는 재일동포들의 상황과 가나가와 현의 다문화에 대해 기록이었다. 그리고 양천구에 거주 중인 북한이탈 가정과 다문화 가정에 관해 좀 더 복지정책을 펼쳐야 함을 피력하였다. 뿐만 아니라 보육, 환경, 장애인, 다문화 정책 등에 관해 양천구 행정에 맞도록 반영한 것이다.

이런 활동들을 밑바탕으로 '양천구 중증장애인 자립생활 지원조례'를 대표 발의하여 제정시켰고(2009년), 예산도 지원해 주었다. 이런 정책들로 인해 장애인이 지역사회 속에서 자립 생활을 할 수 있는 터전이 마련된 것이다.

또 다른 의정활동으로는 양천구청 여성복지과와 양천경찰서, 한국청소년육성회를 연결하여 지역아동센터, 어린이집, 학교에서 성폭력·학교폭력 예방 캠페인과 교육 등을 하였다. 또한 전국에서 4번째로 아동과 여성이 성폭력·학교폭력으로부터 보호하고 예방하기 위한 '양천구 아동·여성 보호 위한 조례'를 대표 발의하여 제정시켰다(2009년).

장애인 자립생활 지원 조례나 아동과 여성보호 조례는 서울시 조례가 없는 상태에서 이루어진 것이다. 상위법인 서울시 조례가 없어 구에서 조례를 발의하여 제정시키는 것은 쉽지 않았지만 지역 주민들과 지역사회 공동체들과 연계하고 협력하면 주민과 지역발전을 위해 해낼 수 있다는 자신감이 생기고 존재감도 커졌다.

이런 활동에 관해 서울시에 있는 각 의회 회의록을 (사)한국장애인인권포럼이 모니터링하여 '서울시 지방의원 장애인정책 우수의원'으로 선정하였고 상을 받았다(2008년과 2009년). 경찰서에서는 청소년 선도 공로 감사장, 그리고 주민들로부터 감사장 등도 받았다. 또한 한국매니페스토실천본부(2009년)가 주최한 '제1회 매니페스토 약속대상'에 공모하여 기초의원 분야 최우수상도 수상하였다.

2009년 서울시 지방의원 장애인정책 우수의원 수상

2014년 8월 15일 광복절 행사(남북공동 선언문 발표)

2009년 '제1회 메니페스토 약속대상' 최우수 수상 장면

진로 분과 활동 모습

행복한 세상을 위한 강사 활동

알랭은 '행복은 인간의 권리이고 의무다.'라고 주장하였다. 즉 내 행복이 중요하지만 남의 행복도 중요하다는 것이다.

행복은 주는 사람이 행복하면 받은 사람도 행복하여 주는 사람이나 받은 사람이 서로 행복감을 느낄 수 있다. 친절하고, 타인을 배려하고, 고운 말과 바른 말을 사용하고, 칭찬해주고 희망을 주면 서로 행복감을 느낄 수 있고 소통도 원활해질 수 있다.

집안이 어려운 학생에게 장학금을 지원하고, 독거노인이나 연세 드신 어르신께 미용과 발마사지를 봉사하고, 북한이탈가정이나 다문화 가정의 학생들에게 언어나 학습지도 등의 나눔 활동으로 행복한 마음을 나눌 수 있다. 또한 정부와 정치인들은 국민들이 안전하고 편안하게 살 수 있도록 신뢰성이 있는 복지정책을 펼치고, 믿을 수 있는 행동을 하면 정의롭고 행복한 사회와 국가를 만들어 갈 수 있지 않을까?

나는 현재 인성교육강사, 행복강사로 활동하고 있다. 그리고 대학원에서 사회복지학과 박사를 수료하고 논문을 쓰고 있다.

'나는 죽을 때까지 재미있게 살고 싶다.'를 쓰신 이근후 선생님은 "인생은 여기와 지금이다. 행복을 즐길 시간과 공간은 지금 여기이다."라고 말씀하셨듯이 일생에 있어 '지금이 더욱 중요한 시기'라고 생각한다.

그래서 대한민국명강사개발원에 입단하여 매월 한 번씩 워크숍에 참석하여 행복지도사, 행복교육, 인성교육 강의와 강의 연습, 교안작성을 배웠다. 그리고 사회복지사, 인성지도사, 행복지도사, 부모교육상담사, 가족심리상담사, 리더십지도사, 요양보호사 등 10개 이상의 자격증을 취득하였다. 아울러 인성교육에 관한 책도 공저자로 2권 저술하였다. ('행복강사들의 행복한 인성교육', '행복강사들의 톡톡 튀는 인성특강'.)

나는 자살 1위, 이혼 1위, 청년실업, 노인 빈곤 등 여러 가지 어려움 속에 살고 있는 사람들에게 희망을 주어 편안하고 행복한 세상과 나라를 함께 만들어가기 위해 오늘도 동분서주하며 강의를 다닌다.

그리고 수용자와 수형자들이 성실하게 생활하고 사회에 나가 사회의 구성원으로 더불어 함께 살아가기 바라는 마음으로 대전 · 청주 교도소에서 강의하고 있고 복지시설, 학교 등에서도 인성교육을 바탕으로 행복과 복지를 강의하고 있다.

강의는 많은 공부와 정보가 필요하다고 생각한다. 배움은 끝이 없고 평생 하는 것이다. 언제, 어디서, 누구한테라도 배울 수 있다. 조조는 '세상은 곧 스승이다.'라고 말하지 않았던가! 따라서 나는 다른 사람이 강의하는 것도 보고 그들과 서로 정보를 교환하며 친목도 다지고 있다. 배울 수 있는 곳이라면 가서 함께 어울려 강의의 질 향상에 노력하고 있다.

서유석이 부른 노래에 '너 늙어봤나 난 젊어봤단다.'가 있는데, 노래 가사에 '인생이 끝나는 것은 포기할 때 끝나는 것이다.'라는 구절이 있다. 아무리 척박한 삶이라도 포기하지 말고 꾸준히 노력하며 살라는 뜻으로 노래처럼 인생은 포기하면 끝나는 것이다.

그래서 나는 삶이 끝날 때까지 공부하고, 봉사하고, 강의하며 밝고 행복한 사회, 민주적이고 자주적인 국가가 이루어지도록 힘쓸 것이고, 세계 속에 우리의 위대한 언어와 문화예술을 알릴 것이다. 또한 조국 독립과 민주화를 위해 싸우셨던 선열들의 고귀한 정신도 전파할 것이다.

구 기 모

(현) 한국평생교육원 이사
(전) 유한대학교 교양학부 교수
(전) 스마트스토리 대표
(전) 한국고용정보원 책임연구원
(전) 어반컴퍼니 기획팀장

(저서) 프로세일즈맨의 스마트워크(새로운 제안),
       최고의 인재들은 어떻게 일하는가(새로운 제안)

강사에게 필요한 스마트워크

도전이라는 단어를 좋아했던 20대, 제대를 하고 남들처럼 복학해서 평범하게 학교를 다닌다는 것이 싫었다. 그리하여 학교 수업을 야간으로 옮기고 작지만 나만의 사업을 시작하게 된다. 전산소모품의 유통과 무역, 인터넷 쇼핑몰까지 하루 24시간이 모자랄 정도로 열심히 일을 했다.

당시 목표는 사업을 통한 수익의 극대화였고 노력에 비해 적지 않은 성공도 거두었지만 그리 길지 않았고 졸업 후 몇몇 회사에 몸을 담기도 했다. 그러던 어느 날 뜻하지 않게 강사라는 직업을 만나게 된다.

2008년, 지인의 소개로 모 대학의 모의 면접관으로 참여했던 바 면접관으로서 학생들의 자세나 답변이 마음이 들지 않아 예정에 없던 1시간 특강을 진행했다.

내 열정이 전달되었는지 학생들의 반응이 좋았고 이에 모의 면접 담당자는 다른 강의에 나를 추천하면서 강사로 데뷔를 하게 되었다.

사회에 첫발을 내딛으며 단지 돈을 많이 벌고 싶다는 막연한 생각에

사로잡혔었다. 하지만 강의를 하는 시간이 늘어날수록 사람들의 의식이 변하고 또 다른 무언가를 새롭게 시작하려고 하는 모습을 볼 때 그무엇도 비교할 수 없는 희열을 느꼈고, 강사라는 직업에 대한 소중함과 자부심을 갖게 되었다.

뿐만 아니라 강의를 준비하고 진행하면서 나 또한 많은 것을 배우지 않으면 안 되었다. 따라서 나만의 특화된 콘텐츠를 구성하고, 그 부분이 차별화되면서 점차 강의 역량을 키워나갈 수 있었다.

이제 지면을 통해 강사에게 필요한 5가지의 역량을 정리해보자.

강사는 우선 좋은 콘텐츠가 있어야 한다. TV 등 매스컴을 통해 유명해진 사람들이나 스포츠 스타들은 그들의 삶 자체가 콘텐츠로서의 역할을 할 수 있지만 대부분의 강사들은 특화된 콘텐츠 없이는 롱런하기가 어렵다. 유머나 동기부여가 되는 말로 1~2시간 이야기를 할 수는 있지만 1년 후나 5년 후에도 같은 형태의 강의는 절대로 통하지 않는다.

콘텐츠라고 하면 자신의 전공과목이나 업무와 연관 지을 수도 있지만 관심 있는 분야나 자신만의 암묵지도 콘텐츠가 될 수 있다. 다만 어려운 것은 형식지화하는 것이다.

강사로서 두 번째 필요한 역량은 정보 수집 및 관리이다.

형식지는 정보 수집 및 관리와 매우 큰 연관성이 있다.

대부분의 사람들은 매스컴과 인터넷 검색으로 정보를 수집하고 메모장이나 PC의 저장장치를 통해 관리를 하고 있지만 검색을 통한 정보 수집은 2가지 문제점을 지닌다.

첫째는 제대로 된 정보를 찾는 데 걸리는 불필요한 시간이며

둘째는 찾았다 해도 제대로 된 정보가 아닐 수도 있다는 것이다.

따라서 정보는 반드시 스스로 찾아오도록 하는 것이 바람직하다. 관리 또한 마찬가지이다.

PC의 저장장치를 이용하게 되면 고장이 나거나 분실할 경우 복구가 불가능하다. 하지만 클라우드를 활용하면 언제 어디서나 관리가 가능하며 스마트폰이나 태블릿PC에서도 동기화되어 손쉽게 수정하거나 확인할 수 있다.

예를 들어 정보 수집은 구글 알리미와 RSS의 수집도구인 Feedly 그리고 뉴스 어플리케이션인 지니뉴스 등을 사용하면 편리하며, 관리도구는 구글의 클라우드서비스인 구글드라이브와 에버노트를 사용하면 아주 효과적인 수집과 관리가 가능하다.

그중에서 구글 알리미와 RSS를 알아보자

구글 알리미는 구글에서 하는 서비스 중 하나이다.

원하는 정보에 대한 키워드를 입력하면 구글 검색로봇이 종일 정보

를 찾아 돌아다니면서 입력되어 있는 그 키워드에 가장 유사한 검색결과를 요청한 주기에 맞게 구글메일(지메일)로 보내주는 서비스이다. 이는 간단한 정보 수집 방법이지만 사용하는 사람에 따라서 그 효과는 달라진다.

예컨대 마케팅에 대해 알아보고자 경쟁업체의 상호를 입력하면, 경쟁업체에서 새로운 프로모션을 진행하는 것을 포함해 거의 대부분의 정보를 실시간 받아 볼 수 있게 된다.

취업을 앞둔 학생이라면 입사하고 싶은 기업이나 그 분야에 대한 키워드를 입력하고, 주식 투자를 하는 사람이라면 투자한 종목이나 앞으로 투자하고 싶은 종목을 입력하면 되는 것이다. 만일 사업가라면 국가에서 하는 과제나 관련된 투자를 받을 수 있는 키워드를 입력하면 필요한 정보를 받아볼 수 있다.

교사의 입장에서 가장 바람직한 것은 학생들과 필요한 정보를 함께 수집할 수 있다는 것이다. 과목에 관련된 새로운 키워드 혹은 학생 개인에 따라서 필요한 키워드를 함께 찾아나가는 과정까지 더해진다면 더할 나위 없을 것이다.

아울러 강사라면 관심 있는 분야, 새롭게 만들고 싶은 콘텐츠 키워드, 국가기관에서 진행하는 교육과정 등을 입력하여 필요한 정보를 얻을 수 있지만 가장 중요한 것은 애써 그 정보를 찾으려 하지 말고 자신에게 필요한 정보가 찾아오도록 하는 것이다.

RSS는 Rich Site Summary로 포털사이트나 블로그와 같이 새로운 콘텐츠가 지속적으로 업데이트되는 웹사이트를 매번 방문하지 않고 피드를 구독하는 것을 이야기하는데, 사이트에서 제공하는 RSS 주소를

RSS Reader에 등록하면, 새롭게 업데이트된 콘텐츠를 한 곳에서 모아보기를 할 수 있다.

RSS 블로그 운영자는 구독자에게 쉽게 콘텐츠를 제공할 수 있으며, 구독자는 관심 있는 콘텐츠를 쉽고 빠르게 조회할 수 있다는 장점이 있다.

사용가능한 RSS Reader는 넘치는 정보나 블로그만큼 그 종류가 다양하지만 가장 사용하기 쉽고 보기도 편한 것 중 하나가 Feedly이다.

이동시간만이라도 위 도구를 사용한다면 큰 도움이 될 것이다.

혹시 부족한 부분이 있다면 구글이나 유튜브에서 키워드로 검색하면 사용법부터 활용법에 대한 많은 글과 영상을 확인할 수 있다.

이렇게 수집된 정보와 자료를, 디지털 도구에서는 정리 대신 검색을 위주로 관리하게 되면서 유사한 형태의 정보끼리 새로운 구조로 모이게 된다. 이런 형태를 라벨 혹은 태그 구조라고 하는데 새롭게 구성된 정보와 자료들이 아이디어와 메모 등과 충돌되면서 신선하고 강력한 콘텐츠로 탄생하게 되며 이런 식의 관리가 형식지화하는 데 매우 큰 도움이 된다.

강사로서 필요한 세 번째 역량은 바로 강의력이다.

강사의 제스처, 목소리, 말의 내용 등 모두 중요하지만 가장 중요한 것은 어렵고 복잡한 내용을, 어렵지 않고 복잡하지 않게 알려주는 것이다. 그럼에도 불구하고 일부 대학의 교수님들이 그렇지 않아도 어려운 내용을 더 어렵게 전달하는 경우가 종종 있다. 참된 교수법은 초등학생이라도 쉽게 이해시킬 수 있는 능력일 것이다.

강사로서 필요한 네 번째 역량은 강한 멘탈이다.

강의를 오래 하다 보면 기분 좋은 강의도 있지만 때로 그렇지 않은 경우도 있다. 강의 전에 기분이 좋지 않았거나 혹은 강의 중 수강생의 돌발행동이나 분위기 등으로 강의가 힘들어지기도 하는데 이럴 때 슬기롭게 대처하는 능력이 필요하다.

특히 강의를 하던 도중에 멘탈에 문제가 생기면 그 다음 강의까지 영향을 미치게 됨으로 마음속 깊이 새겨야 할 일이다.

무엇보다 강조하고자 함은 강사 본인의 마음가짐일 것이다. 만일 종교가 있다면 개의치 않고 기도를 하거나 의지를 한다지만 그렇지 않다면 강사로서의 명확한 사명감을 인지해야만이 그 어떤 난관이라도 헤쳐 나갈 수 있을 것이다.

'나는 왜 강의를 할까?'라는 자문을 통해 사명감을 띠고 핵심가치를 세워 강한 멘탈을 만들어야 한다.

강사로서 필요한 마지막 역량은 마케팅 능력이다.

소비자 이론 중 AIDMA와 AISAS 이론이 있다.

AIDMA는 Attention(주의), Interest(흥미), Desire(욕구), Memory (기억), Action(행동)의 머리글자를 딴 것으로 소비행동의 과정이라고 하는데, 소비자가 어떤 물건이나 서비스를 알게 되고 구입하는 과정이며 커뮤니케이션의 반응과정이라 할 수 있다. 하지만 인터넷이 상용화되면서 AIDMA는 AISAS로 Attention(주의), Interest(흥미)까지는 동일하지만 Search(검색), Action(행동), Share(공유)로 바뀌었다.

예를 들어 새로운 스마트폰이 출시되었다고 하자.

AIDMA 시절에는 광고를 보고 제품을 구매했다면 지금은 광고로 제품을 접하기는 하지만 구매하기 전에 검색을 통해 전문 큐레이터 혹은 SNS의 친구들에게 제품에 대한 정보를 얻고 구매하게 된다. 그리고 여기서 끝나는 것이 아니라 인스타그램, 페이스북, 블로그 등 본인의 소셜미디어 채널에 공유하게 된다.

강의는 대면을 통해 자신의 콘텐츠를 판매하는 영역이다. 하지만 소비자들은 매스미디어나 잘 알지 못하는 사람들보다는 본인이 신뢰하는 전문가나 SNS로 소통하고 있는 친구들의 메시지를 더 신뢰하며 교육 담당자들도 마찬가지다. 아마도 세대교체가 이루어질수록 이 현상은 더욱 뚜렷해질 것이다.

이제 바야흐로 책이나 신문보다는 스마트폰이 익숙한 디지털 시대로, 궁금한 것이 있으면 바로 스마트폰으로 검색하고 순식간에 원하는 것을 찾는다. 따라서 강사 역시 마케팅을 잘해야 하고 브랜드가 필요하며, 브랜드를 만드는 방법은 3가지가 있다.

첫째는 전문적인 콘텐츠를 생산하는 것이다. 콘텐츠에 대한 이야기는 지면의 앞부분을 참고하자.

둘째는 SNS 채널로 꾸준한 소통을 하는 것이다. 이에 반드시 해야 하는 SNS는 블로그이다. 대부분의 채널은 휘발성이 강해 금방 지나가버리지만 블로그는 언제든 쉽게 찾아볼 수 있으며 대부분의 소비자들은 블로그를 신뢰하는 편이다.

블로그의 성공 조건은 여러 가지가 있을 수 있지만 단 한 가지를 꼽는다면 꾸준함이다. 꾸준함을 이길 수 있는 무기는 없다.

그 다음으로 연령층 등을 고려해야 한다.

2~30대 고객이 많다면 페이스북과 인스타그램을 통해 소통을 해야 하며, 4~50대 고객이 많다면 카카오스토리와 밴드에서도 소통을 해야 한다.

60대 이상이라면 대면이 가장 좋다고 할 수 있다. 60대 이상은 검색을 통해 제품을 구매하는 경우는 드물기 때문이다.

꾸준한 소통과 더불어 한 가지 더 생각해야 할 것이 있다면 바로 경청의 자세다. 이는 소통의 기본이라고 할 수 있는데, 밴드나 페이스북 그룹에 들어가 보면 다들 본인 이야기만 하고 남의 이야기를 듣지 않

모습을 보게 된다.

좋은 콘텐트를 지속적으로 공유하는 것보다 타인의 이야기를 경청하는 모습에 고객들은 감동받는다. 그리고 언제부턴가 내 이야기에 주목하는 모습을 보게 될 것이다.

마지막으로 DM 관리이다. 블로그나 SNS에 포스팅하는 나만의 콘텐츠와 강의에서 표현하기 어려웠던 것이나 1~2분 내로 이야기할 수 있는 내용이면 무엇이든 좋다.

반드시 텍스트와 이미지로만 만들지 않아도 된다. 100% 동영상으로 제작해도 무방하다. 오히려 동영상이 더 좋을 수도 있다. 이렇게 제작된 콘텐츠를 유튜브youtube.com나 슬라이드쉐어slideshare.net에 업로드하고 URL을 고객의 휴대폰SMS으로 발송한다.

이메일은 스팸이 될 가능성이 크고, 우편은 비용도 많이 들고 반송될 수도 있지만 SMS는 요즈음 거의 무료이며 도달률 또한 가장 좋다.

SMS를 받은 고객은 URL(링크)을 클릭하게 되고 자신이 만든 콘텐츠를 보게 된다. 만약 콘텐츠가 너무나 좋은 정보라고 생각된다면 어떻게 될까? AISAS의 마지막 SShare 즉 공유하게 되며, 고객의 SNS 채널에 공유함에 따라 자연스럽게 가망고객이 늘어나게 되는 것이다. 또한 그 정보를 접한 가망고객이 검색을 통해 나를 알게 되는 선순환 구조가 일어나게 되는 것이다.

기업처럼 브랜드 가치를 갖기는 어렵다. 하지만 나만의 노하우가 콘텐츠가 되어 여러 채널로 공유가 되고 검색이 되면서 나도 모르는 사이 브랜딩이 될 것이고, 이는 이 시대에 반드시 필요한 마케팅 전략이라 할 수 있다.

이제까지 강사로서 필요한 5가지 역량을 살펴보았다. 이 외에도 평생교육을 통해 더 많은 것을 배우려고 하는 자세, 자신의 지식과 노하우를 아낌없이 나누려는 마음 그리고 강의와 삶과 행동이 일치할 수 있도록 노력하는 습관도 중요하다고 할 수 있다.

김 경 화

국제코치연합 여성CEO코칭연구소 소장
(사)한국코치협회 인증 전문코치(KPC)
(사)한국코치협회 코치인증 심사위원
(사)한국코치협회 협회보 편집국장
한국코치협동조합 코쿱북스 편집장
Active Coaching 연구소 이사
한국코칭연구원 전문코치
생애설계코칭포럼 위원
여성CEO 리더십, 청소년 리더십 강사
베이비부머 사무직 · 생산직퇴직자 생애설계 강사
숙명여자대학교 평생교육원 강사 역임
서울신문사 및 서울문화사, 주부생활사 기자 · 편집장 역임
공동번역서 〈코칭의 역사〉

수십 년 굴려온 바퀴를
멈춰 세우기는 어렵다

수십 년 굴려온 바퀴를 멈춰 세우기는 어렵다

대학을 졸업하고 첫 직장 생활을 잡지사에서 시작했다. 기자가 되고자 했던 나는 몇몇 신문사 공채에서 고배를 마신 뒤 잡지사로 방향을 틀었고, 당시 여러 종류의 잡지를 발행하고 있던 J사에 입사했다. 30여 년 전인 당시에는 지금 같은 '일인 미디어'나 '온라인 서비스'는커녕 미디어 매체들도 많지 않았으므로 패션, 요리, 육아, 연예, 시사, 경제 등 모든 분야를 총망라하는 종합여성지의 구독률이 매우 높았고 그만큼 영향력도 컸다. 이후 신문사에서도 잡지 창간의 붐이 일었고, 해외 유명 잡지들이 라이선스 형태로 국내에 연이어 창간되면서 잡지 시장은 전성기를 구가했다. 잡지사 수습기자로 시작한 나의 이력도 신문사 출판 기자, 외국계 미디어 회사의 라이선스 잡지 편집장 등으로 이직과 승진을 거듭하며 성장해 갔다.

잡지계는 일반 직장보다 훨씬 자유로운 분위기였고 일하는 데 있어 남녀차별을 느낄 수 없었다. 유능한 여성 데스크도 많았고, 일 잘하는 여기자들이 넘쳐났다. 당시에는 해외 취재도 많아 세계 각지를 다니며 다양한 사람들을 인터뷰하고, 화보도 촬영하면서 앞선 트렌드를 전달했다. 내가 취재하고 기획한 기사와 화보들이 화제가 되고, 독자와 동료들로부터 좋은 반응을 얻으면 하늘을 날 듯했다. 까다로운 취재로 머리에 쥐가 날 때도 있었고, 칼 같은 마감 때문에 야근도 잦았지만 정말 신나게 일했다. 피곤에 절어 있다가도 책 한 권이 어엿하게 나오고 나면 언제 그랬나 싶게 감쪽같이 회복되는 경험은 마법 같았다. 편집장이 되어서는 판매율 전쟁 때문에 노심초사하기도 했지만 젊은 날의 열정과 에너지를 바치기에는 충분히 멋진 일이었다.

하지만 어느 시점부터 배터리가 방전된 듯 일이 힘들어지기 시작했고, 그러다 보니 성과도 나지 않았다. 예전 같으면 쉽게 해낼 일인데 아예 덤벼들 의욕조차 생기지 않았다. 사람들과의 관계가 불편하게 느껴지고, 체력의 한계도 왔다. 무엇보다 행복하지 않았다. '그만둘 때가 왔다.'는 생각이 들었다. 그때가 2002년, 40대 초반이었다. 결국 20여 년 직장 생활을 끝냈다. 아무 대책 없는 퇴직이었지만 처음에는 무거운 지게를 벗어던진 듯 홀가분하기만 했다. 20여 년 쌓인 직장 스트레스를 다 풀어내는 것만으로도 몇 년은 걸릴 거라고 농담도 하며 여유를 부렸다. 그런데 그게 아니었다. 얼마 지나지 않았는데 점점 '아무 일도 안 하고 있다.'는 생각에 초조한 기분이 들기 시작했다. 넘쳐나는 시간을 어떻게 써야 할지도 난감했다. 그동안에도 사직서를 몇 번 내보았지만, 모두 다음 갈 곳이 정해진 경우였지 이처럼 대책 없는 상황은 처음이었다. 20여 년 굴려온 바퀴를 그대로 멈춰 세운다는 것은 생각보다 어려운 일이었다.

내가 좋아하고 잘 하는 일을 새롭게 발견하다

"뭘 하지?"라는 막연한 질문에서 '내가 하고 싶은 일, 잘할 수 있는 일은 뭘까?', '내 경력을 어떻게 살릴 수 있을까?'라는 생각이 꼬리를 물었다. 20여 년 직장 생활을 하면서 나를 대변했던 기자, 편집장 등의 이름표를 모두 모아 붙여 이제 또 다른 새 이름표를 만들어내야 했다. 주위 선배들에게 자문도 구하고 관련 책과 자료도 찾아 읽고 시장조사를 하면서 두 번째 커리어 설계를 시작했다. 마침내 그동안의 실무경험을 담은 커리큘럼을 만들어 몇몇 대학 평생교육원에 '잡지기자 양성과정' 강좌 개설을 제안했다. 당시에는 잡지기자가 여대생들에게 특히 인기 직종이었다. 실무경험자로서 현장에서 요구하는 취업 준비를 제대로 시키고 싶다고, 취업준비생들에게 꼭 필요한 과정이라고 담당자를 설득했다. 드디어 S 여대 평생교육원에서 내 제안을 채택, 강의가 개설되었다. 실무 위주의 강의에 수강생들이 모여들었고, 현직에 있는 후배 기자, 편집장들과 연계한 특강도 주효했다. 학생들의 만족도가 높아지면서 강좌는 인기를 끌었고, 나중에는 학생들 취업까지 연결해 주는 예상 밖의 성과도 생겼다.

이 과정에서 '내가 강의하기를 좋아하고, 교육에 소질이 있다.'는 사실을 깨달았다. 대학 때 교직과목을 이수하고 중등교사자격증까지 따두었지만, 기자가 되는 바람에 장롱 면허가 된 지 오래였다. 좀 더 긴 안목으로 봐서 강사로 머무를 게 아니라 교육 관련 사업을 해야겠다 싶었다. 직장생활만 해온 내게 큰 도전이었다. 이것저것 사업성을 고려해서 독일 유아교육 시스템을 도입한 유아교육기관을 차렸다. 미취학 아이들에게 창의력과 리더십 교육을 주로 하는 놀이학교였는데, 아이들

공동번역자 및 PM으로 참여한 〈코칭의 역사〉 강의 중.

특성화고 학생들의 진로 지도를 위한 그룹코칭을 하고 있다.

과 함께 하는 생활은 뜻밖에 즐거웠다. 천진난만한 대여섯 살 아이들이 주는 기쁨은 '손익을 따져야 하는 사업'이라는 사실을 잊게 할 만큼 컸다. 또 다른 나의 재능과 흥미를 발견한 시기였다. 원장으로서 교사들을 관리하고, 학부모 상담을 주로 하다 보니 공부의 필요성을 느꼈고, 이것이 '코칭'을 만나게 된 계기가 되었다.

처음엔 누구나 초보코치다

8년 정도 운영한 놀이학교를 이런저런 사정으로 접고 본격적으로 코칭 공부를 시작했다. 교육이나 코칭은 모두 다른 사람의 성장을 위해 헌신하는 것이므로 크게 보면 같은 것이라고 생각했다. 그런데 아니었다. 코칭은 가르치려 들거나 훈계하는 대신에, 상대방의 잠재력을 믿고 상대방 스스로 해법을 발견하고 실행해 나갈 수 있도록 지원하는 과정이었다. 또한 코치 역할을 잘하려면 코치로서의 마음가짐뿐 아니라, 경청하고 질문하고 인정하는 숙련된 코칭 스킬이 필요했다. 전문 코치로 활동하기 위해서는 그에 맞는 자격과 스펙도 필요했다.

처음 코칭 실습을 할 때는 상대방의 얘기를 있는 그대로 온전히 듣기보다 '뭔가 행간의 뜻이 있지 않을까?' 하는 비판적인 기자의 시각을 갖기도 했고, "듣기만 하려니 답답해. 이미 저 상황에는 정답이 있는데 그냥 답을 알려주는 게 빠르잖아."라며 가르치려 든 적도 있었다. 또 상대방의 문제를 효율적으로 해결해 주는 게 코칭의 목표라고 여기고 문제에만 매달려 해결책 찾기에만 골몰하기도 했다. 하지만 숙련된 코치들은 문제 자체가 아니라 그 뒤에 있는 '사람' 요소를 본다. 사람은 누구나 남과 다른 독특한 존재이고, 가치관과 성품, 개인의 역사가 나름의 가치와 깊이를 지니고 있기에, 같은 문제라도 그 배경은 완전히 다르기 때문이다. 그렇게 많은 시행착오를 거치면서 나는 점점 '코치'가 되어갔다.

코치는 변화하고 성장하는 진행형이다

　처음 코칭의 문을 두드렸을 때 나의 앞길이 어떤 모습일지 정확하게 그려지지는 않았다. 코치라는 직업을 택하면서도 고객이 얼마나 있을지 몰랐고, 이것으로 돈을 벌 수 있을까도 의문이었다. 그런데 코칭을 시작하면서 점점 코칭의 매력에 빠져들었다. 코칭은 고객에게서 성찰을 이끌어내고, 자극하고, 도전 의지를 심어주었다. 고객의 변화를 눈으로 확인하면서 코칭의 파워를 실감하는 경우가 많아졌다. 코칭 과정을 통해 고객만 성장하는 게 아니라 나도 함께 성장하고 있었다. 물론 코칭이 잘된다 싶다가도 새로운 고객과 새로운 이슈 앞에서 좌절한 적도 많았다. 하지만 처음엔 누구나 초보코치 아닌가. 고객을 만나 코칭 경험을 쌓고 계속 발전해 나가면서 탁월한 코치가 돼가는 것임을 깨달았다. 이후 코칭을 하면서 나의 코칭에 점점 자신감이 생겼다. 나름대로 코치로서 나의 강점과 특징을 인식할 수 있었다. 많은 코치들이 각자 독특한 영역을 구축하고 왕성하게 활동하고 있다. 나도 조금씩 영역을 넓혀 나가는 중에 '여성CEO코칭'을 만났고, '생애설계코칭'을 만났다. 코칭은 세션이 다 끝났다고 종료되는 것은 아니다. 고객의 성찰과 변화된 행동이 습관이 되고 삶 자체가 완전히 바뀔 때까지 계속 진행형이다. 코치 자신도 마찬가지다. 나 역시 계속 성찰, 변화, 성장하는 진행형 코치가 되고자 한다. 또한 코칭에만 머무르지 않고 강의나 트레이닝, 컨설팅, 멘토링까지 다양한 접근을 시도해 최고의 시너지 효과를 내고자 한다.

내 안의 자원으로 전문영역을 찾아가다

나는 여성들을 위한 잡지를 오랫동안 만들어오면서 많은 여성들을 취재원으로, 독자로 만났다. 그리고 나 또한 수습기자에서부터 부서장까지 모든 직급을 경험했고, CEO로서 경영도 해본 터라 '일하는 여성'에 대해서는 많이 안다고 자부해 왔고, 그들에 대한 공감도 쉬웠다. 그러다 보니 전문코치가 되고 나서 자연스럽게 '일하는 여성'을 대상으로 한 코칭과 강의를 많이 하게 되었다. 물론 코치가 고객의 분야에 전문가일 필요는 없다. 너무 잘 알고 있다는 데서 오는 잘못된 판단과 선입견으로 자칫 좋지 않은 영향을 줄 수도 있다. 코치가 '모든 사람은 온전한 존재이고, 해답을 내부에 가지고 있으며, 창의적인 존재'로 보는 코칭 철학을 제대로 갖추고 코칭에 임할 때, 고객을 잘 알고 있다는 게 강점으로 작용한다.

여성 임원들을 대상으로 코칭을 하다 보면 직장 생활뿐 아니라 부부관계, 고부관계, 자녀관계, 이직·전직, 재취업, 이미지 메이킹까지 다루게 되는 경우가 많이 있다. 예를 들어 성과 향상을 주제로 코칭하다가 저성과 원인이 가정 문제에 있음을 알게 되어 라이프코칭으로 자연스럽게 넘어가는 경우가 있다. 결국 비즈니스코칭, 라이프코칭, 커리어코칭, 생애설계코칭까지 아우르게 된다. 코칭의 주제는 개인의 삶이냐, 혹은 조직의 성과나 리더로서의 역량 개발이냐에 따라 달라지지만 그 접근법은 기본적으로 같기 때문에 결국 '고객, 그 사람'에게 초점을 맞추다 보면 명확한 경계 구분이 무의미해지는 경우가 많았다.

코칭을 접목한 강의로 차별화하다

기업의 여성 임원과 관리자들을 코칭하다 보면 직원들을 위한 특강을 의뢰받기도 하고, 학교나 지자체 등에서도 강의를 하게 될 경우가 많이 있다.

〈감정노동 여성을 위한 감성코칭〉, 〈성공하는 여성들의 특별한 습관〉, 〈일과 가정의 균형 찾기〉, 〈성격유형별 소통의 기술〉, 〈자존감 향상을 위한 마인드 셋〉, 〈직무능력 향상을 위한 커뮤니케이션〉, 〈여성 CEO의 TPO 스타일링 전략〉, 〈여성 CEO의 공감리더십〉, 〈리더의 성공 대화법〉, 〈리더의 이미지메이킹〉, 〈워킹 맘으로 살아가는 필살기〉, 〈경력단절여성의 재취업 도전〉, 〈취업 역량 향상을 위한 커리어 멘토링〉, 〈인생 후반기, 이력서 새로 쓰기〉, 〈코치형 리더, 코치형 부모〉 등 대상에 따라 다양한 주제로 강의를 하고 있다.

강의는 내가 갖고 있는 콘텐츠를 동시에 많은 사람들에게 전달할 수 있는 좋은 수단이다. 하지만 콘텐츠만 일방적으로 전달하는 주입식 강의는 이제 아니다. 청중을 제대로 파악하지 않은 채 준비해 간 이야기만 늘어놓는다면 무조건 실패다. 나와 소통할 대상인 청중에 대한 이해가 필요하다. 청중의 눈빛을 읽고 그들에 대한 공감 능력을 키워야 한다. 그리고 강의에 코칭 기법을 접목한다. 일방통행이 아닌 쌍방향의 상호작용과 그룹 내 역동이 일어나도록 강의를 설계하고, 진행한다. 그러려면 여러 가지 다양한 도구와 매체, 사례들을 접목해서 콘텐츠를 풀어나가는 훈련이 필요하다. '코칭을 접목한 재미있고 품격 있는 강의', 내가 늘 도전하고, 시도하는 내 강의의 이름표다.

성공한 여성들에게는 뭔가 특별한 게 있다

D 일보 여성 섹션 지면에 '성공한 여성 리더'를 인터뷰하는 연재 칼럼을 쓰고 있다. 유수한 기업에서 임원의 자리까지 오른 그들에게는 뭔가 남다른 것이 있지 않을까, 바로 그 특별함이 무엇인지 찾아보자는 게 취재 의도였다. '여성'과 '성공'이라는 공통점 외에는 분야도, 커리어도 다 다른 수십여 명의 여성 임원들을 인터뷰했다.

실제 만나 보니 그들도 대다수 일하는 여성들처럼 일과 가정 사이에서 균형 잡기에 고민하고 있었고, 육아 문제로 애태우는 엄마이기도 했으며, 냉혹한 비즈니스 현장에서 고군분투하며 유리천장을 경험하고 좌절한 적도 있었다. 결국 일하는 여성들이 보편적으로 겪는 고충을 다 겪고 있으며 그들에게만 특별히 안락한 환경이 제공된 것은 아니었다. 그런데 '그럼에도 불구하고' 그들이 성공할 수 있었던 것은 무엇 때문일까? 인터뷰 결과 그들에게서 다음과 같은 특징들을 발견했다.

첫째, 그들은 꿈을 갖고 있었다. 자신이 진정으로 원하는 것이 무엇인지 알고, 그것에 도전했다. 자신의 일에 비전을 갖고 있었고, 그 비전을 실현시키기 위한 목표를 세워 나아가고 있었다. 더 큰 꿈을 꾼다는 것은 사실 더 큰 두려움을 동반한다. 당면한 현실에 안주하거나 타협하는 것은 편안하다. 하지만 그들은 "안정을 버리고 도전을 선택하는 용기를 가져야 한다."고 강조했다. 꿈이 있어야 성장하고 발전하는 것은 당연한 일. 성공한 사람들은 확고한 신념을 갖고 자신의 꿈, 어느 한 지점을 향해 온전하게 자신을 바친 사람들이라는 것을 알 수 있었다.

둘째, 그들은 실수를 두려워하지 않았다. 그래서 더 많은 도전을 할 수 있었다. 실수를 통해 배우고, 그 경험을 통해 더 잘할 수 있다는 확신을 갖고 있었다. 무엇이 잘못 되었는지 스스로 평가하고 다음에는 더 현명한 선택을 하도록 자신을 유연하게 다룰 줄 알았다. 그리고 다시 기회가 왔을 때는 실수하지 않았다.

셋째, 그들은 도움을 요청할 줄 알았다. 일하는 여성이 가장 마음이 흔들릴 때가 바로 육아 문제에 봉착했을 때다. 아이가 아프거나 돌봐줄 사람이 없어 여기저기 전전할 때면 사직서를 수십 번 썼다 찢었다 하게 된다. 그럴 때 그들은 일을 포기하는 대신 주변에 도와줄 수 있는 사람을 적극적으로 찾았고, 도움을 요청했다. 직장 내에서도 마찬가지였다. 상사나 선배 중에 멘토를 구했고, 주변 동료와도 돕고 도움을 받는 관계를 맺어나갔다. 그들은 입을 모아 "재능 있고 똑똑한 후배들이 육아나 가정 문제로 일을 포기하는 게 가장 안타깝다."고 말하며 "주변에 고민을 털어놓고 도움을 요청할 수 있는 조력자를 구하라."고 강조했다. '나 혼자 할 수 있어.', '남에게 민폐가 되면 안 되지.' 하면서 도움을 구하는 것을 주저하는 사람들이 많다. 자칫 능력 없는 사람으로 비쳐질까 봐 더욱 조심하기도 한다. 하지만 도움을 구하는 것은 관계를 맺어 가는 과정의 하나다. 그들은 '이 세상은 상호의존적이어서 언젠가는 내가 상대를 도울 수 있는 기회가 반드시 있게 마련이므로 필요할 때 도움을 요청할 줄 아는 것은 부끄러운 일이 아니다.'라는 사실을 잘 알고 있었다.

넷째, 그들은 경청을 할 줄 알았다. 직원들을 잘 관찰했고, 말을 끝까지 들었으며, 보내오는 신호를 잘 파악했다. 성급하게 판단하거나 해결책을 제시하지 않고 기다릴 줄 알았다. "저는 직원들의 말을 중간에 끊지 않습니다. 끝까지 들으며 그들이 마음을 열고 다가올 수 있도록 기다립니다." 한 임원의 말이다. 상사가 '들리는 소리를 듣는' 단순한 행위가 아닌 진정성 있는 관심을 갖고 경청해 주면 직원은 마음을 열게되고, 스스로 생각을 정리하고, 새로운 아이디어를 만들어 낸다. 직원들의 역량이 커지면 성과가 좋을 수밖에 없다.

다섯째, 그들은 적절한 질문을 할 줄 알았다. 어떤 상황이 벌어졌을 때 성급한 질책이나 훈계 대신에 느낌은 어떤지, 어떻게 하려고 하는지 질문했다. 질문은 생각을 자극하고, 답을 찾도록 유도한다. 자신의 생각을 더 큰 틀에서 바라보게 해 준다. 또 존중의 표시이기도 하다. 유도하지 않는 질문은 스스로에게 선택권을 주기 때문에 파워가 있다. 자기 스스로 결정했을 때 동기가 부여되고 좋은 성과가 나오는 것은 당연하다.

여섯째, 그들은 공감할 줄 알았다. 직원들이 어려움을 토로하거나 불만을 얘기할 때 충고나 타이름보다는 공감을 먼저 해 주었다. 상대방이 이해받고 있다고 느끼게 해준 것이다. 우선은 공감을 하면서 부정적인 감정을 다 털어놓을 수 있는 여지를 마련해 주면 상대방은 자기감정을 다 풀어내고 새로운 시각을 갖게 된다. 질책이나 조언은 공감 뒤에 해도 늦지 않다는 사실을 그들은 알고 있었다.

　일곱째, 그들은 상대방을 인정하고 칭찬할 줄 알았다. 직원들이 작은 일에서라도 역량을 발휘했을 때 그냥 넘기지 않았다. 진심을 담아 칭찬했고, 인정해 주었다. 타인에게 인정받고자 하는 욕구는 모든 사람들에게 다 있다. 그 욕구를 이해하고 충족시켜 줄 때 사람들은 더 나은 자신을 만들어 갈 동기를 갖게 된다. 상대방을 인정해주는 한 마디 말은 그 어떤 카리스마 넘치는 백 마디 말보다 힘이 있다. 자부심을 심어주고 자신의 행동에 대한 책임감을 높이기 때문이다. 꼭 대단한 미사여구를 써야 확실한 인정이 되는 것은 아니다. 진심에서 우러나오는 인정은 말이 없어도 통할 때가 많다.

　여덟째, 그들은 좋은 습관을 가지고 있었다. 새벽에 일어나 명상을 하며 하루의 시작을 가다듬는다거나, 출근길에 신나는 음악을 들으며 에너지를 끌어올린다는 임원도 있었다. 시간 날 때마다 걸으면서 마음을

커리어 코칭의 일환으로 직업에 대한 소개 및 진로 지도 강의 중.

(사)한국코치협회 협회보 편집국장으로서 코치대회 취재 중.

비우는 습관을 가진 임원도 있었다. 모두들 스트레스 해소법 하나씩은 갖고 있었다. 한 임원은 "호수에 우아하게 떠 있는 백조도 물 밑에서는 끊임없이 발짓을 하고 있듯이 그만큼 남모르는 어려움을 이겨내는 끈기와 습관이 있어야 직장생활에서 성공할 수 있다."고 말했다.

아홉째, 그들은 시간 관리를 잘했다. 시간은 누구에게나 공평하게 주어진다. 그런데 그들은 시간을 자유자재로 늘려가며 사용하는 마법사 같았다. 출퇴근길의 자투리 시간조차 허투루 낭비하지 않았고, 일의 우선순위를 정해 중요한 일부터 먼저 함으로써 한정된 시간을 효율적으로 사용하고 있었다.

열 번째, 그들은 스스로를 가꿀 줄 알았다. 한 임원은 "커리어우먼이라면 언제 어디서 갑자기 업무 관계자를 만나게 되더라도 부끄럽지 않은 옷차림을 해야 한다."고 말하며 "옷이든 헤어스타일이든 자기를 가장 잘 표현할 수 있을 때 자신감은 저절로 따라온다. 패션도 전략이다."라고 강조했다. 외모 역시 경력처럼 가꾸고 다듬어야 할 경쟁력이라는 게 그들의 공통된 생각이었다. 그래서 TPO에 맞게 스타일링을 했고, 멋진 커리어우먼 룩을 연출하는 베스트드레서로 거듭 났다.

내가 인터뷰한 여성 임원들 중에는 코칭을 경험해 본 사람도 있었고, 코칭에 대해 들어보고 아는 사람도 있었지만 코칭이 무엇인지 전혀 모르는 사람도 있었다. 하지만 그들은 '자신도 모르는 사이에' 자신의 전문 영역 속에서 코치로서의 역할을 훌륭하게 수행하고 있었고, 셀프코칭으로 끊임없이 자신을 성찰하고 있었다. 그것이 바로 그들의 성공 비결이었다. 그들과의 만남은 내게 많은 영감과 통찰을 주고 있으며 나의 코칭과 강의에도 좋은 자원이 되고 있다.

박 금 자

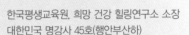

한국평생교육원, 희망 건강 힐링연구소 소장
대한민국 명강사 45호(행안부산하)

한국평생교육원 평생 명강사 탄생과정 1기
강의경력 9년(의사소통, 친절, 웃음치료)
한국노인인력개발원 전문강사(보건복지부산하)
학교폭력−성폭력 지도사, 자살예방 강사
한국노인복지 체육지도강사, 국민건강보험공단 강사(전)
건강 힐링 전문강사, 한국웃음연구소 전문위원
약용식물협회 전문위원, 웃음과 신바람 건강체조
성공사관학원 레크학장
한국안전교육강사협회 편−건강관리사

열정이 넘치는 인생

내 존재감을 드러내자

근심걱정이 밥이고 불평불만이 반찬이라면 상다리가 부러진다는 말이 있다.

돈이 없으면 없어서 걱정, 돈이 많으면 행여 잃을까 걱정, 몸이 약하면 병들까 걱정, 건강하면 다칠까 걱정, 이래도 걱정 저래도 걱정이 바로 우리 인생이다.

백 년도 채 못 살면서 천 년의 짐을 지고 사는 우리 인생은 행복할 수가 없다.

강은 강물을 흘려보내야만 비로소 큰 바다를 만날 수가 있고, 꽃이 아무리 예쁘다 한들 꽃잎을 떨쳐버리지 않으면 열매를 맺을 수가 없다. 마찬가지로 우리 인생도 쓸데없는 걱정근심과 의심, 지나친 욕심을 버릴 때 행복이라는 파랑새를 만날 수 있다.

세상에 그냥 피는 꽃은 없고 마지못해 피는 꽃도 없듯이 이 세상에 그냥 태어난 인생도 없으며 마지못해 태어난 인생도 없다. 이처럼 천하를 주어도 바꿀 수 없는 소중한 인생, 때가 늦었느니 빨랐느니 성급하게 다가서지 않고 항상 자연의 순리대로 여유를 갖고 살아갈 때 자신감이 넘쳐 열정을 불러일으키고 무한한 감사함이 넘치게 된다.

이 엔도르핀은 만 가지 병을 막아줄 뿐만 아니라 생명을 연장시킨다.

따라서 그 어떤 분노도 스트레스도 가슴속에 오래 품어서는 안 될 것이다. 스트레스는 쓰레기와 같아서 바로 버리지 않으면 몸과 마음이 썩게 마련이다. 한여름 소나기가 모두 씻겨버리듯 내 가슴속에 응어리진 근심걱정을 씻겨버려야 한다. 태풍이 휘몰아치듯 가슴속의 시기질투까지 훨훨 날려 보내야 한다.

아울러 건강하고 행복한 삶을 추구한다면, 이미 흘러간 과거를 붙잡고 아쉬워하거나 아직 오지 않는 내일을 염려할 것도 없다. 다만 이 순간, 오직 이 시간을 감사하며 즐기면 되는 것이다.

자신감은 열정을 낳고 그 열정은 나로 하여금 새롭고 멋진 날들을 기약하지 않겠는가. 근심걱정 훌훌 털어버리고, 불평불만, 시기와 질투 대신 '희망과 용기'라는 단어로 나를 채우고 한 번뿐인 인생 멋지게 살다 가면 후회나 미련조차 과거의 향수일 뿐이다.

악취를 풍기는 퇴비거름이 신선한 유기농산물을 만들듯이 현재 아프고, 아리고, 시리고, 저리고, 외롭고, 괴로운 것은 더 야무지게 다독거려 자신을 성숙하게 만드는 토양의 밑거름일 것이다.

한 송이 꽃도 비바람 맞으며 피지 않았던가. 세찬 비바람에도 줄기를 곧게 세워 이윽고 활짝 꽃을 피웠고, 드디어는 달콤한 열매가 맺는 것처럼 이 세상에 상처받지 않고 사는 사람은 없다.

한겨울 혹한을 견뎌낸 나무일수록 꽃이 더 향기롭고, 한여름 폭염을 견딘 나무 일수록 더 달콤한 열매를 맺는 것처럼 고통 또한 지나고 나면 달콤한 인생이 되리라.

잠시 잠깐 다니러 온 이 세상 돈 없다고, 못났다고 서러워할 필요는 없다. 근심걱정이나 잔뜩 찌푸린 표정을 짓는다 해도 이는 단지 그 사람의 일일 뿐이다

울며불며 매달리거나, 한바탕 배꼽을 쥐고 크게 웃는 것도 오직 선택은 자신일 뿐이다.

비록 오늘의 날씨는 뜻대로 바꿀 수 없지만 오늘의 기분만큼은 자신이 마음먹은 대로 바꿀 수 있다.

어차피 인생은 끊임없는 도전이다.

나는 세상에 하나밖에 없는, 그리하여 천하를 주어도 바꿀 수 없는 소중하고 멋지고 귀한 존재인 만큼 내 존재감에 마음껏 취하면 되는 것이다.

마음을 헤아려 화를 잠재워야 한다

초록의 지구가 아무리 눈부시다 해도 태양과 달과 별이 없다면 캄캄하기 그지없는 암흑세상일 것이다. 마찬가지로 가슴속에 자신감, 열정, 사랑이 없고 감사함을 느낄 줄 모른다면 인생 또한 암흑천지와 다를 바 없다.

나무는 뿌리가 튼튼해야 달콤한 열매를 맺을 수 있고, 새는 날개가 튼튼해야 높고 멀리 날 수 있듯이 멋진 인생을 만들기 위해서는, 항상

열정과 자신감으로 목표를 향해 꾸준히 노력해야 최소한의 성과를 낼 수 있을 것이고 나아가 인생의 프로가 될 수 있으리라.

누구나 가슴속에는 행복이라는 씨앗이 움트고 있다. 바로 자신감의 씨앗, 열정의 씨앗, 사랑의 씨앗, 감사함의 씨앗이다. 그 씨앗을 어떻게 싹 틔워 꽃을 피우고 열매를 맺는 것 또한 각자의 몫이다.

까만 조가비가 수많은 세월 파도에 씻기고 모래에 씻겨 마침내 하얀 조가비가 되듯이 온전히 내 삶을 부여잡고 혼신의 힘을 다해야 한다. 그러기 위해 우선은 마음을 다스리고 통제할 수 있어야 한다. 가슴속의 분노를 가라앉히고 제어할 수 있다면 그것이 바로 최고의 건강이고 행복이다.

통째로 한 번에 갈아엎어야 하는 넓은 땅이 있는가 하면, 조심스럽게 갈아엎어야 하는 작은 텃밭도 있다. 텃밭을 가꾸는 심정으로 조심스럽게 살포시 내 마음을 헤아려야 한다.

어차피 한 번 왔다 스쳐가는 바람 같은 인생, 따지고 원망하고 미워하고 투정한들 그 누가 알아주지 않는다. 오로지 자신의 몫인 자신만의 인생, 이제 숨 가쁘게 달려온 인생길 잠시 멈추어 뒤돌아보아야 한다. 그리고 아낌없이 나를 칭찬하자. 그동안 애썼다고, 고생했다고, 이 순간까지 잘 버틴 인고의 세월 진정 고맙다고 나를 칭찬하며 남은 인생 어떻게 다듬고 어떻게 잘살 수 있을지 고민해보아야 한다.

인생이라는 멋진 여행

누구나 저마다 큰 꿈을 안고 인생의 멋진 여행을 하게 된다. 그러나 그 길에는 가시밭길이 있는가 하면 진흙투성이의 길도 있게 마련이다.

때로는 낯선 이방인의 모습으로 고통과 슬픔, 외로움이라는 또 다른 길이 펼쳐져 있다.

그럼에도 불구하고 인생의 멋진 여행을 꿈꾸는 사람들은 고통도 슬픔도 감내하며 절망을 희망으로, 고통을 감사함으로, 슬픔을 기쁨으로, 외로움을 즐거움으로 승화시킨다.

인생은 순풍을 타고 항해하듯 마냥 순조로울 수만은 없다. 세찬 눈보라와 비바람에 파도가 넘실대듯 길은 험하고 아득하기에 때로는 잠시 멈추어 돛대를 바로 세워야 한다.

우뚝 솟은 바위가 아무리 멋지게 잘생겨도 그것을 탑이나 부르지 않는다. 탑이란 크고 작은 각가지 돌들이 모여서 얽히고설켜 메워주고 채워주면서 쌓아올린 것이다.

인생 역시 다양한 사람들이 모여 있기에 크고 작은 각가지 소리가 난다. 그러기에 탑을 쌓듯이 부족한 것이 있으면 메워주고 채워주고, 힘이 들면 도와주어야 한다. 때로 잘못이 있더라도 감싸주고 이해하고 용서하며 멋진 여행을 해야 한다.

어차피 내 마음대로 내 뜻대로만 살 수는 없다. 조금만 이해하고 보듬으며 감사하는 마음으로 살아야 할 것이다.

부질없는 근심, 욕심, 의심은 훌훌 털어버리고 신나는 인생 여행을 해야 한다.

비록 지치고 힘들었던 어제의 여행은 이미 지나갔고 희망찬 내일의 여행은 또다시 기다리기에 지금 이 순간 어찌 즐겁지 않으랴.

인생이라는 여행은 참으로 멋지고 신나는 일이다.

매일 맞이하는 아침을 처음 맞이하는 것처럼 두근거리고 설레는 마음으로 새롭게 맞이하자.

매일 만나는 사람 또한 첫사랑을 만나는 것처럼, 두근거리며 설레는 마음으로 맞이하자.

대추 하나가 붉게 익기까지는 저절로 붉어질 리가 없다. 그 붉게 영근 대추 속에서 천둥번개가 몇 개 들어 있고 태풍 또한 몇 개 들어 있다. 보름달이며 초승달이 몇 날 들어 있고 땡볕이 두어 달 들어 있다.

지금 내 가슴이 허전하다면 나를 더 야무지게 영글라는 세상의 이치, 자연의 이치가 들어 있다. 아픔은 고통이기도 하지만, 나를 더욱 성숙하게 만드는 유기농 같은 밑거름이 된다.

한 걸음이 천리를 가고, 낙숫물이 바위를 뚫고, 조각구름들이 모여 이윽고 소나기를 몰고 오는 것처럼 작은 변화가 쌓이고 쌓이면 기적을 만드는 습관이 된다.

어제는 화가 나고 슬펐을지라도 오늘은 기꺼이 웃는 변화를 시도해야 한다. 어제의 불평불만은 오늘은 감사하는 변화를 시도해야 한다.

한낱 진흙덩어리에 불과했지만 장인의 손을 거쳐 고결한 작품이 탄생하듯 내 인생을 멋진 작품으로 빚어낼 수 있어야 한다.

마중물 한 바가지로 많은 물을 퍼 올릴 수 있듯이 일단은 행복한 척이라도 흉내를 내야 바로 행복으로 이어질 것이다.

이의 모든 근간은 바로 마음이다. 우리 몸은 힘이 있고 균형을 이루듯이 마음 역시 힘이 있고 균형을 이룬다.

몸은 음식으로 힘을 얻지만 마음은 생각으로 힘을 얻는다. 또한 마음의 힘에서 자신감과 열정이 솟아난다.

행복은 내 가슴 깊이 묻혀 있는 작은 불씨에 있다. 이제라도 내 가슴의 작은 불씨를 지펴 남은 내 인생의 불꽃을 다시 한 번 찬란하게 꽃피워야겠다.

후회 없는, 인생이라는 멋진 여행을 할 것이다.

현재의 행복

쉬지 않고 꾸준히 자신을 가꾸는 사람은 그윽한 향기가 나고 청춘이라는 수식어가 따라 붙는다. 가슴이 뛰지 않고 역동적인 삶도 없다면 청춘 역시 시든 것이나 다름없다.

현재 내 나이가 너무 많아 무엇인가를 배우기에는 너무 늦었다고 생각하는 순간 이 역시 청춘은 지나간 버린 것이다.

자신감은 열정을 내포하고 그 열정은 나로 하여금 최선의 오늘을 이끌 수 있는 비타민을 제공한다.

예로부터 가난한 마음이 가난을 부른다고 했다. 세상 사는 것이 너무 힘들어 질끈 허리끈을 졸라맬지라도 자신감과 열정이 살아 있어야 내일이 있다. 이 내일은 오늘 하루를 멋진 날로 만들고 오늘의 고통을 극복하겠다고 다짐하는 사람만이 맞을 수 있다. 그러기에 내일은 어떻게 되겠지 하고 막연히 기다리지 말고 지금 당장 뛰어나가 도전해야 한다.

더 누워 있든, 일어나 걸어가든, 힘차게 뛰어가든 이 모든 것은 오롯이 자신이 선택해야 한다.

할 수 있다는 생각으로, 보고, 말하고, 바로 행동해야만 결국 날아가던 기회를 움켜쥘 수 있다.

인생은 스스로 만들고 스스로 책임지는 당연한 이치 아닌가.

행복은 먼 훗날에 있는 것이 아니고 지금 이 순간 행복을 향해가는 신나고 재미있는 멋진 여행이 바로 행복인 것이다.

라디오나 TV 채널을 맞추는 것처럼 우리의 생각도 어떤 채널에 맞추느냐에 따라 인생이 달라지게 마련이다.

따라서 어제의 낡은 것에 매몰되어서는 오늘 새로운 것을 배우고 익힐 수 없다. 살아 숨 쉬는 동안은 항상 공부하는 청춘이 되어야 하는 까닭이다.

사람이 동물과 다른 점은 '생각'하는 존재라는 것이다. 그리하여 이왕 자신감과 열정을 가지고 도전할 바에는 스스로를 명품으로 만들어 가면 금상첨화 아니겠는가. 내 얼굴은 내가 보는 것이 아니라, 모든 사람에게 보여주는 하나의 상품이기에. 가축들은 죽어서 몸값 받아 주인의 은덕에 보답하지만 사람은 죽고 나면 고작 한 줌 재만 남을 뿐이다. 그러기에 사람의 몸값은 살아 활동할 때만이 그 진가를 알 수 있다.

내 삶을 풍요롭게 해줄 인생의 저수지에 물을 채울 생각은 하지 않고 바짝 마른 바닥에 주저앉아 절망하는 사람에게 한 바가지 물을 준들 무슨 소용이랴.

천하를 주어도 바꿀 수 없는 가장 소중하고 멋지고 귀한 '나'라는 존재. 하늘이 내 이름을 부르는 그날까지, 하늘이 내 생명을 거두는 그날까지 단 하루를 살아도 그냥 사는 것이 아니라, 자신감을 가지고 꿈과 희망의 날개를 달아야 한다.

열정적으로 멋지게 살아가야 한다. 닫힌 물병에 물을 넣을 수 없듯이 마음의 문을 활짝 열어야 행운도 들어오게 된다.

사랑과 감사의 마음으로 나를 이겨야 한다

행복의 유일한 길은 언행부터 바꾸는 일이다.

'~ 죽겠다.', '난 못 해.'라는 말은 내 안의 잠재의식마저 누그러뜨리고 문제의 해결의식조차 희미하게 만들 뿐이다.

정말 행복하게 살고 싶다면, 아침에 눈을 뜰 때 의식적으로 '나는 항상 긍정적인 사람으로 나 자신을 자랑스럽게 만들 것이다.'라고 스스로를 일깨워야 한다. 스스로를 자랑스럽게 생각하면 정말 자랑스럽게 되려고 노력하게 된다.

살다 보면, 눈보라가 휘몰아치는 치는 매서운 한파도, 비바람 휘몰아치는 폭풍우도 만나게 된다. 금세라도 쓰러질 것 같은 날도 있지만 그래도 살아 있는 한 견디지 못할 일은 없으며 참지 못할 일도 없다.

다들 행복해보이고 자신만 암울하기 그지없다고 생각할 수도 있지만 어느 누구나 가슴 아픈 사연과 시련, 고통은 있기 마련이다. 그럼에도 참고 견디며 이를 악물고 사는 것은 서로 힘이 되어 주고 격려해주는 가족이 있기 때문이다.

중요한 것은 긍정적인 사고다. 매사에 긍정적인 사람은 면역력이 더해져 육체뿐만 아니라 정신건강도 긍정적일 뿐만 아니라 대인관계 또한 원만하기에 더불어 운도 따르게 된다. 그리하여 성공과 실패는 긍정과 부정이라는 두 생각에서 나오는 결과가 되는 것이다.

긍정적인 마음을 가지고 성실하게 한 걸음 한 걸음 나아갈 때 내 꿈은 이루어진다. 중요한 것은 나를 극복하는 '마음가짐'이고 결국 모든 일들은 자신을 철저히 만들어가는 것이라고 할 수 있다.

만나면 무엇에 홀리듯, 기분 좋은 사람이 있고, 함께 있으면 행복해지는 사람이 있듯이 사랑도 용서도 다 내 마음에 있고 천사와 마귀 또

한 모두 내 마음속에 있다. 마음만 먹으면 무엇이든 가능한 것이다.

나 자신을 이겨야만 꿈도 이룰 수 있다.

도전을 즐기는 사람은 그 어떤 장애물도 뛰어넘을 수 있다. 어떤 고통과 시련이 닥친다 해도 "나는 잘되게 되어 있어." 하고 반복해서 되뇌며 깨지고 부서진다 해도 도전해야 한다. 끊임없이 개발하고 변화시켜야 한다. 그러나 이왕이면 명품으로 만들어야 한다. 꿈과 희망을 가지고, 열정적으로 멋지게 살아야 한다. 더불어 함께 가야 한다.

아울러 진실로 강한 사람은 감사함으로 무장한 사람이라는 것을 잊어서는 안 된다. 좋은 인맥을 만들어 주는 것도 단 한마디 "감사합니다."이다.

행복과 건강, 성공으로 가는 길 역시 감사함이다.

하나의 촛불로 다른 초에 불을 붙여준다 해도 그 촛불이 사그라지지 않으며 그 빛은 나눌수록 더 밝게 빛나는 것처럼 인생도 촛불과 같아서 서로 나누고 함께하면 온 세상이 환해지기 마련이다.

비록 태어나고 죽는 것은 선택할 수 없지만 꿈은 자신감과 열정을 가지고 스스로 선택하고 만들어 가는 것이다.

꿈과 희망과 열정이 있는 사람은 그 어떤 불가능 속에서도 새로운 가능성을 건져 올린다. 열정은 인생을 희망으로 차오르게 하는 "소중한 자산"이다.

오늘도 심장이 뛰고, 오늘도 생생이 호흡할 수 있어 가슴 벅차고 눈물이 넘치도록 정말 감사합니다. 나날이 새로운 마음으로, 나날이 깨어 있는 마음으로, 그리고 감사하는 마음으로, 어두운 곳을 환히 비취주는 삶이 되도록 사랑과 감사하는 마음으로 함께 만들어가기를 기원합니다.

오늘도 최고로 멋지고 신명나는 하루가 되시기를 기원하며 감사드립니다.

행복하십시오!

WILD

IMAGINE

상상의 자유를 마음껏 누려라

박세인(휴먼브랜드 친절한 세인씨 대표)

박종태(한국평생교육원 교수, 한국강사협회 명강사(감사))

서필환(성공사관학교장, (주)국제강사연합 대표이사)

엄동현(HST group(주) 교육실장)

유만근(한국평생교육원 전임교수)

유성환(국제리더십개발원 대표이사)

박 세 인

휴먼브랜드 친절한 세인씨
사람북닷컴 대표
국제능력교육원 소셜마케팅 연구소장
바이럴 마케터 민간자격과정 운영
휴먼브랜드 스토리 토크쇼 휴.스.토. 기획 및 진행

흙수저에서 휴먼브랜드
친절한 세인씨가 되기까지

기회는 준비된, 아니 준비하는 자만의 것이다

웨딩촬영 기사, 상업영화 스텝, 화장품 방문판매, 보험영업, 유통회사 직원……. 29세까지 열세 가지의 직업을 가져왔던 나는 이렇다 할 경력도 학벌도, 재력도, 인맥도 없는 그야말로 대한민국을 대표할 흙수저였다.

초등학교 6학년 때부터 '나는 유명한 사람이 될 거야!' 하고 스스로를 의심치 않으며 만들어둔 사인이 있을 만큼 자존감이 강한 아이였지만, 서른이 되어 가며 인생을 돌아봤을 때에는 정작 아무것도 이루지 못한, 잡다한 경험만 가득한 '미완성 어른'이었다.

어릴 적엔 서른이면 뭔가 이루어 놓았을 거라 기대했던 내 미래의 모습과 너무 다른 내 모습에 실망할 즈음 어느 책에서 한 글귀를 맞이하게 된다.

직접 만들어 본 서른을 맞이할 때 내게 도움을 주었던 책 '인생해석사진' 북트레일러
(https://youtu.be/CKpJDzwy1no)

　'강물 위에 무수히 많은 종이배를 띄워 본 사람만이 천직을 찾을 수 있다.'

　이로써 '인생 그래프 그리기'와 '꿈 키워드 정하기'라는 작업을 통해 내가 살아왔던 과거를 돌아보는 계기를 갖게 되었다. 따라서 이제까지 선택했던 열세 가지의 직업은 쓸데없는 것이 아니라 결국 현재 하고 있는 일의 촉진제가 되었던 너무나 귀중한 경험치였다는 것을 깨닫게 되었다.

　결국 최종적으로 이루고 싶은 꿈에 대해 세 가지의 키워드를 정하고, 구체적으로 그것이 어떤 것을 의미하는지 상세하게 적어 이를 실현시키려 했다. 꿈을 구체화시키고 목표를 설정하는 작업을 한 것이다.

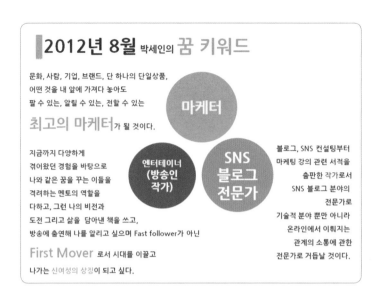

2012년 8월 박세인의 꿈 키워드

문화, 사람, 기업, 브랜드, 단 하나의 단일상품,
어떤 것을 내 앞에 가져다 놓아도
팔 수 있는, 알릴 수 있는, 전할 수 있는
최고의 마케터가 될 것이다.

마케터

지금까지 다양하게
겪어왔던 경험을 바탕으로
나와 같은 꿈을 꾸는 이들을
격려하는 멘토의 역할을
다하고, 그런 나의 비전과
도전 그리고 삶을 담아낸 책을 쓰고,
방송에 출연해 나를 알리고 싶으며 Fast follower가 아닌
First Mover 로서 시대를 이끌고
나가는 신여성의 상징이 되고 싶다.

엔터테이너
(방송인
작가)

SNS
블로그
전문가

블로그, SNS 컨설팅부터
마케팅 강의 관련 서적을
출판한 작가로서
SNS 블로그 분야의
전문가로
기술적 분야 뿐만 아니라
온라인에서 이뤄지는
관계의 소통에 관한
전문가로 거듭날 것이다.

이 키워드를 작성한 2012년 8월의 나는 이제 갓 '친절한 세인씨'라는 이름으로 창업을 하고 마케팅 대행사에서 내려주는 하루 3만 원에서 5만 원의 원고료를 받는 수동적이고 일차원적인 블로그 마케팅을 하고 있던 때였다.

그런 내가 최고의 마케터가 된다거나, 방송인과 작가로 활동하는 엔터테이너가 된다거나, SNS 블로그 전문가로 세상에 알려지기를 원한다는 것은 그 당시 허무맹랑하고 '꿈' 같은 이야기였지만, 나는 당당히 남들 앞에서 내가 바라는 삶을 피력했고, 놀랍게도 바로 그 자리에서 강의 제의가 들어왔다.

내 발표를 들었던 멘토님께서 '그럼 이 자리에 있는 친구들을 위해서 블로그 강의를 준비해봐! 강의할 수 있는 기회를 줄게!' 하고 제안을 하셨던 것이다.

단 한 번의 PPT를 만들어본 경험조차 없던 나는 그 순간 정말 많은

고민이 오갔지만, 망설이지 않고 '해보겠습니다. 아니, 하고 싶습니다.'
하고 대답했다.

그날 바로 서점으로 달려가 8권의 책을 사서 그동안 블로그 마케팅
대행사와 일하며 얻게 되었던 마케팅 팁과 내 나름의 사례를 엮어 나만
의 첫 번째 강의를 준비하게 되었다.

그러나 첫 강의는 말 그대로 '엉망'이었다. 떨리는 손은 마이크를 들
고 있기 힘들 정도였고, 목소리는 염소소리처럼 벌벌 떨려가면서도 강
단 위에서 내가 준비한 것은 꼭 해내겠다는 신념으로 식은땀을 흘려가
며 40분의 강의를 마무리했다.

그럼에도 나는 '역시 엉망이었지만 그래도 해냈어.' 하고 스스로를 격
려했다. 그런데 내 강의를 들은 멘토님의 한마디는 너무도 놀라웠다.

"세인 씨, 너무 수고 많았어. 사실 처음 강의를 맡길 때 세인 씨가 이

카이스트 MBA 페이스북 강의 중

만큼 할 수 있을 거라고는 전혀 예상치 못했어. 강의 준비기간도 짧았고 경험도 없었으니까. 그런데 이렇게 열심히 준비해 와서 정말 감동받았어. 얼마 뒤에 잡혀 있는 강의가 있는데 거기서 세인 씨가 오늘 했던 강의를 좀 더 다듬어서 해줄 수 있어? 나, 세인 씨한테 또 한 번 기회를 주고 싶어."

그때의 감동은 아마 평생 잊지 못할 것 같다.

사람들은 늘 준비된 사람이 되라고 말하지만 기회는 늘 준비된 상황에 찾아오지는 않는다. 완벽히 준비된 상황은 아니더라도, 때로는 해보겠다는 무모함과 집중력, 그리고 실행력과 도전정신이 있을 때 비로소 기회를 잡을 수 있을 것이다.

기브 & 테이크×10,000
그렇게 멘토님이 주신 강의 기회를 토대로 몇 번의 강의를 하면서 나는 강의를 준비해가는 과정과 강의를 했던 소감, 그리고 강의내용에 대한 것들을 철저히 블로그와 SNS에 기록해나가기 시작했다.

어떻게 보면 마케팅 대행사와 함께 일을 하면서 현장에서 얻은 비밀 같은 정보들을 너무 쉽게 사람들에게 알려주는 일이기도 했기에, 누군가는 그런 소중한 정보를 왜 아무 대가 없이 다 알려주느냐며 나를 바보 같다고 비아냥거리기도 했다.

하지만 나는 '주는 것과 나누는 것은 반드시 그 이상으로 돌아온다.'고 생각했고, 내 진심이 담긴 강의를 들은 분들은 '친절한 세인씨라 그런지 정말 친절하네요.'라는 말을 건네며, 진심으로 감사하다는 표현을 해주셨다.

또한 그런 진심은 수강생들의 후기로 이어졌고, 나를 긍정적으로 평가하는 리뷰가 많아지면 많아질수록 강의 제안은 늘어갔다. 아울러 점점 내 영역이 확장되면서 블로그와 페이스북만을 통한 영업으로도 러브콜을 받으며 전국을 오가는 강사가 될 수 있었다.

사람들은 자신이 가진 것이 특별하고 희소성이 있다고 생각하면 그것을 지키려 하고 철저히 보안에 신경을 쓰게 마련이다.

한번은 저작권에 관련된 강의를 들으러 간 적이 있었는데, 그때 강사가 강의를 하다가 계속 수강생들을 감시하며 '사진 찍지 마세요. 혹시 녹음하시는 거 아니시죠?' 하면서 강의의 흐름을 뚝뚝 끊는 행동을 했다. 저작권 강의인 만큼 자신의 PPT 저작권을 확실히 지키겠다는 의지를 표현하는 듯했지만 나뿐 아니라 다른 참석자들의 눈살을 찌푸리게 했다.

지금의 시대는 자신이 가진 것을 표현하고 나눌수록 더욱 유명해지는 시대이다.

내가 가진 재능이, 콘텐츠가 얼마나 대단하든 이를 알리지 않으면 사람들은 그 사람이 어떤 사람인지 결코 알 수가 없다.

이제는 주목받는Attetion 콘텐츠에 대해서만 관심Interest을 갖고, 관심을 가진 상품에 대해서는 직접 검색Search하고 비교한 뒤 그 상품이나 서비스를 선택한다. Action 그리고 거기서 끝나는 것이 아니라 자신의 경험을 공유Share하는 것이다.(AISAS 소비자의 행동구매 패턴 이론.)

즉 내 것을 지키는 데 주력할 것이 아니라 사람들이 내가 가진 콘텐츠와 관련된 키워드를 '검색'했을 때 '내가 나올 수 있도록' 검색 결과와

점유율을 관리하고 내 콘텐츠가 주목받을 수 있도록 다양한 자기 PR 활동을 통해 자신이 가진 강점을 효과적으로 어필하는 것이 더 중요하다는 것이다.

마지막으로 내가 내 자랑을 하는 것이 아니라 내 강의를 들은 사람들이 나를 소개할 수 있도록 후기 작성을 유도하고, 저절로 입소문이 날 수 있는 방법에 대해 항상 연구해야 한다.

예를 들어 '친절한 세인씨'라는 휴먼브랜드로 활동하던 나는 내 활동영역이 다양한 소셜미디어 채널에 기반을 두고 있었기 때문에 '소셜브랜드'라는 키워드를 세상에 조금 더 알리고 싶고, 그걸 검색했을 때 내가 언급되기를 원했다.

그리하여 사람들을 만나 나를 소개할 때 그 단어를 반복적으로 어필하고, PPT 교안에 넣고, 리뷰에 적고, 강의 제목에 키워드를 넣어서 온라인에 오픈하고, 명함에 넣고 다니며 언급했다.

그리고 스펙업의 분사였던 이즌잇이라는 동영상 강의 카페에 '소셜브랜드 만들기'라는 강연주제로 10강의 무료강의를 열었고, 강의를 무료로 제공하는 대신 후기 작성을 조건으로 내걸게 되면서, 그 강의를 수강한 200여 명 가까이 되는 대학생들의 리뷰를 얻을 수 있게 되었다. 뿐만 아니라 당시 소셜브랜드를 검색했을 때 나에 대한 자료가 네이버 검색결과에 도배되는 효과를 얻을 수 있었다. 즉 주었던 것의 몇만 배 홍보효과를 누릴 수가 있었던 것이다.

이로써 김대중 저자의 '소셜브랜드'라는 책의 띠지에 소개되거나, 휴먼브랜드 전문 언론사인 모르니까타임즈의 '2014년을 가장 빛낸 마이스터 브랜드 10인'에 선정되었다. 또한 대학생 관련 행사에 멘토로 빈번하게 초청되는 등 이제까지 소상공인이었던 수강생 타깃을 더 넓은

층으로 확장하는 계기가 되었고 친절한 세인씨라는 내 브랜드를 더욱 알릴 수 있는 좋은 기회가 되었다.

받은 만큼 주는 것이 아니라 받은 것의 만 배 이상으로 돌려주었을 때 그것은 다시 십만 배 백만 배로 돌아오게 된다.

결국 사람이 답이다

마케팅 분야 강사로 활동하며 늘 느끼는 감사함은 '난 참 인복이 많다'는 것이었다.

하루는 페이스북에 내 이름을 언급했다는 알림이 떠서 들러보았더니, 어느 한 분이 '페이스북 마케팅 관련 강의를 잘하시는 분 소개 좀 해주세요.'라는 글을 썼는데 그 아래 내 페이스북 친구 분들이 한두 분도 아니고 네다섯 분이 나를 언급하시며 '박세인 씨 추천합니다!'라고 적어두었다.

그리하여 차근차근 위아래로 글을 훑어보니 내 강의를 직접 들어보신 분들도 있었고, 한 번도 듣지 않았지만 단지 온라인으로만 소통하는 분들도 있었다. 심지어는 처음 뵙는 분도 있었다. 재미있게도 질문을 하셨던 분이 댓글에 이렇게 적어주셨다.

'세인 씨가 세상을 엄청 잘 사신 분인가 봅니다.'

이런 경험을 통해서 내가 느낀 것은 결국 '사람이 답이다.'라는 생각이었다.

사실 나는 강의를 잘하지 못하지만 늘 열심히 준비하고 내가 가진 것을 최대한 나눠주려는 욕심 많은 강사이다. 1페이지 1메시지가 중요하다고 누군가 그러지만 나는 '오늘 만난 이 시간 여러분께 제가 가진 걸다 나눠드리고 싶어요.'라는 마음으로 강단에 선다. 이런 내 모습은 큰 단점이자 장점이 될 수도 있지만 차별성이 되기도 한다.

한번은 나이가 지긋한 어르신 한 분이 내게 메시지를 보내 밥을 한번 사주고 싶다고 하셨다. 낯선 분을 뵙는 게 약간은 두려운 마음도 있었지만, 담벼락을 둘러보니 좋은 분 같아 보여 흔쾌히 승낙했다. 그때 그분께 밥을 얻어먹으며 들은 이야기다.

"세인 씨가 기억할지 모르겠지만, 처음 세인 씨가 페이스북을 시작할 때 70~80년대 같은 느낌의 노후한 개봉동 변두리 좁은 골목길에 작은 유통회사를 다니며 블로그로 장사를 하고 매일 택배를 보내는 모습을 찍어 올렸었는데, 그랬던 친구가 1~2년 만에 이렇게 될 거라고는 상상도 못 했지. 이렇게 열심히 살면서 자기 힘으로 성장하는 모습이 너무 기특해서 딸 같은 마음에 너무 잘하고 있다고 응원하고 싶어서 밥 사준다고 나왔어……."

이 말을 듣고는 정말 눈물이 왈칵 쏟아질 뻔했다. 그리고 한편으로는 그때 그 기억을 잠시 잊고 있던 내 모습에 뜨끔하기도 했지만 내 과거를 기억하는 분들이 계시기에 더욱 겸손해야겠다는 생각도 하게 되었다.

내 강의의 대부분은 사람들의 소개로 진행된다. 그분들은 나를 오랫동안 지켜본 분들도 있고, 다른 사람의 후기를 보고 연락이 오는 경우도 있으며, 강의 담당자에게 직접 소개를 받아서 오는 경우도 있다.

이는 내가 강의를 잘해서가 아니라 내가 겪어온 성장 과정을 잘 기록해옴으로써 노력에 대한 가치를 평가받고, 한 번의 강의로 끝나는 것이 아니라 지속적으로 수강생들과 관계를 이어가며(블로그 이웃이나, SNS

친구로서 소통을 통해), 소개해주신 분들에게 작지만 보답을 이어가는 것에 있었다. 결국 사람으로 인해 일을 할 수 있게 되는 것이다.

가끔 '내가 잘해서'라고 착각하는 경우가 있을 수 있다. 계속 찾아주니까 우쭐해지고 발전 없이 늘 같은 말을 반복하는 앵무새 강사가 되기도 하고 말이다.

남들 앞에 서는 직업인 강사는 늘 배워야 한다. 청중은 늘 똑똑해지고 시대는 빠르게 변하기 때문이다.

가만히 있는 것이 이제는 0의 상태가 아니라 남들이 다 앞서나갈 때 그 자리에 서 있는 것이기 때문에 후퇴의 상태가 되는 것이다.

친절한 세인씨의 삶의 자세

나는 늘 배운 것을 머릿속에 넣고 다시 가슴으로 담고자 노력한다. 특히 책은 늘 곁에 두고 살아야 할 중요한 한 부분이라는 것을 느끼기에 '휴스토'라는 휴먼브랜드 스토리 토크쇼라는 저자 토크쇼를 직접 기획해 유명한 저자 분들을 모시고 그들의 삶을 자기화시킨다. 토크쇼를 준비하는 과정은 나에게 누구보다 열심히 책을 읽게 만드는 나만의 성장 시스템이기 때문이다.

또한 매사에 '감사'하려 노력한다. 하루에 감사할 일 세 가지를 블로그에 '미라클 감사일기'라는 이름으로 연재해가며 하루하루를 돌아보는 것이다.

'세상에서 가장 귀중한 선물은 자기 자신에게 기회를 주는 삶이다'

내가 정말 좋아하는 말이다.

이 글을 읽는 여러분도 스스로에게 기회를 주고 자신이 좋아하는 일에서 평생의 일을 찾는 성공한 삶을 누리시길 간절히 바란다.

blog.naver.com/alwayslike21 친절한 세인씨의 사람북닷컴 블로그
www.facebook.com/alwayslike21 박세인 페이스북

박 종 태

성균관대학교 국정관리대학원(석사), 광운대학교 일반대
학원(박사)
국민은행 37년 근무(역촌동지점 외 3개 지점장)
광운대학교 외래교수, 대한경영평가원 전문위원,
한국평생교육원 교수, 한국강사협회 명강사(감사), 투자
상담사(증권,파생상품,부동산), 보험대리점(손해, 생명, 보
증), 부동산개발 전문가,
ISO인증심사원보(품질,보안,안전), ICPI 전문강사, 정보시
스템감리원, NCS 전문강사

강의내용 : 부자 10년 앞당기기(인테크,생활재테크), 금융
　　　　　문맹 탈출하자, 개인정보보호 요령
저서 : 정보시스템감사의 성공요인에 관한 실증적 연구
　　　금융NCS I종 기본서

금융문맹 탈출하고 행복 찾기

금융문맹 탈피의 필요성

한국인의 전반적인 금융지식은 심각한 수준이다. 마스터카드사가 2014년 하반기에 실시한 금융이해도 조사에서 한국은 아시아 태평양 16개국 중 13위를 차지했다.

1~3위를 차지한 대만, 뉴질랜드, 홍콩은 물론 필리핀(8위), 미얀마(9위), 베트남(11위) 등에도 못 미친다. 세계에서 가장 근면 성실하고 교육열이 높다고 자부하는 한국인들이 돈 문제에서만큼은 문맹에 가까운 것이다.

금융문맹의 폐해는 한국사회 곳곳에서 드러나고 있다. 멀쩡한 직장을 갖고 있으면서도 빚을 못 갚아 신용회복위원회에서 채무를 조정받은 사람(신용불량자)은 최근 5년간 14만 8,000명에 이른다. 이중에는 의사, 공무원, 교사 등도 다수 포함돼 있다. 같은 기간 일용직이면서 신불자가 된 숫자(21만 명)와 큰 차이가 나지 않는다. 여기에 개인회생 등 다른 제도를 통해 채무조정을 받은 사람까지 포함하면 최근 5년간 30만 명 이상의 급여소득자가 신불자로 전락한 것으로 추정된다. 또 매년

3,000명 가까이 돈 문제 때문에 자살하고, 전체 가구 5분의 1은 수입보다 지출이 많은 적자 상태에서 돈을 빌려 생계를 유지한다.

우리가 알아야 할 기초 금융지식

금융이해력과 관련된 항목

금융감독원에서 우리나라 최초로 전 국민 금융이해력 조사를 하기 위해 2014년 하반기에 OECD 가이드라인을 준수하여 금융지식, 금융행위, 금융태도로 구분하여 항목을 선정했다.

1) 금융지식 : 핵심적인 금융개념에 대한 지식
   가. 금융경제 기초 : 금융관련 나눗셈, 화폐의 시간 가치, 대출이자 개념, 원리금계산, 복리이자 계산, 물가상승의 의미, 분산투자 개념, 위험과 수익의 관계
   나. 금융거래 : 투자의 손실 개념, 예금보호 대상, 금융사기 인지, 개인 신용등급
2) 금융행위 : 개인금융복지에 중요한 영향을 미치는 행동방식
   가. 소득과 지출 관리 : 구매 전 지불능력 점검, 대금의 적기 납부, 예산수립, 비상지출 대비
   나. 재무설계 : 재무상황 관리, 장기목표 설정, 은퇴노후 대비, 돈을 모아본 경험
   다. 금융거래 : 대출 전 상환능력점검, 금융상품 선택방법, 금융정보 수집방법, 개인정보관리

3) 금융태도 : 금융이해력의 중요한 요소로 판단되는 가치관 선호
   가. 금융경제 기초 : 장기저축보다 현재 소비선호, 저축하지 않아
      도 미래대비 가능, 돈은 쓰기 위해 존재, 현금거래보다 신용거
      래 선호

기타 기초 금융지식
1) 대출 상환 만기 전에 갚아야 할 원금을 별도로 돈을 모으고 있는지
2) 신문 경제 뉴스나 돈에 관한 책을 읽거나 특강에 참여하는지
3) 환율인상의 개념은 알고 환율변동 시 취해야 할 행동에 대해서 아
   는지
4) 변동금리, 고정금리에 대한 이해를 하고 신중히 선택하고 있는지
5) 예금자보호 대상예금과 금액범위는 정확히 알고 있는지

우리가 알아야 할 신용관리

신용관리의 필요성
신용을 사용한다는 것은 미래 시점의 가치를 현재 시점으로 이동시
킨다는 것을 뜻하는 것이다. 과거에는 빚이라는 표현을 많이 썼지만,
현대 사회에서는 신용도 하나의 자산 도구로 활용되기 때문에 적절한
사용은 생활의 유용한 수단이 될 수 있다.
1) 개인 : 우량한 신용을 유지할 경우
   • 낮은 금리의 대출 승인가능
   • 언제 어디서든지 필요한 신용거래한도를 부여

2) 금융기관 : 정확한 신용 데이터베이스를 확보할 경우

- 신용공여능력의 극대화
- 대출부실화 및 다중채무로 인한 손실을 축소, 부실자산 감소

3) 사회 및 국가 : 신용에 대한 인식이 형성될 경우

- 금융기관의 건전성 강화로 국가 전반적인 경제적 이익
- 금융기관과 개인 간의 거래 활성화로 신용거래 질서 확립

신용관리를 통해 신용 사용에 따르는 비용과 수익을 비교할 수 있어야 하며, 신용 가치를 하락시키지 않는 범위 내에서 주로 소비 활동 계획을 수립해야 된다. 신용은 한 사람의 재무 가치를 상징하며, 동시에 그 사람이 동원할 수 있는 총 재무 능력을 뜻하기도 하는 중요한 가치라는 점에 항상 주의해야 한다.

신용정보의 관리

CB^{Credit Bureau}란 "신용평가회사"를 의미하는 것으로써 은행, 카드사, 보험사, 캐피탈, 저축은행 등의 금융기관과 백화점, 통신사, 전기/가스회사 등 비금융기관, 그리고 국세, 관세, 지방세 등 공공기관이 제공하는 신용거래 내역 및 관련 신용정보를 수집한 후, 이를 평가 및 가공하여 신용정보이용자에게 제공하는 회사이다. 또 이러한 CB에서 관리하고 제공하는 정보를 CB정보라고 한다.

CB정보는 일반적인 신용정보 범위에서 벗어나 금융거래자의 현황 (재산소유, 직업, 소득 등) 및 거래이력(상환이력, 금융거래회수) 등 금융거래와 관련한 적극적인 정보까지도 포함함으로써 개인의 신용도를 좀 더 면밀하게 표현(CB정보는 수치화 및 등급화로 제공)한다.

◆ 주요 CB사별 평가요소 반영비중

평가요소	반영비중	
	나이스평가정보	코리아크레딧뷰로
상환이력정보	40%	25%
현재부채현황	23%	35%
신용거래기간	11%	16%
신용형태정보	26%	24%

기본적인 신용상식

1) 신용정보조회를 조회하면 신용등급이 내려간다. ✕

2) 공과금, 세금, 통신요금은, 금융채무가 아니므로 신용도와 상관없다. ✕

3) 개인 간 채무관계로 법원에서 패소하더라도 신용도에는 영향이 없다. ✕

4) 연체금을 갚으면 신용도가 이전으로 회복된다. ✕

5) 금융회사 앞 보증을 서준 것은 내가 대출받은 게 아니므로 신용등급에 영향이 없다. ✕

6) 대출을 아예 안 받으면 신용등급이 좋아진다. ✕

7) 금융회사나 금융회사소속 대출모집인은 내 동의가 없어도 내 신

용정보를 알 수 있다. ✕

8) 개인회생 · 파산 · 신용회복을 받아 무사히 마쳤으면 바로 대출을 받을 수 있다. ✕

9) 변호사 등 전문직인 경우 소득이 높으면 신용등급이 올라간다. ✕

10) A 은행에서 대출을 받았지만 B 은행, C 캐피탈에서는 모를 것이다. ✕

11) 모든 거래를 현금으로만 결제하면 신용등급이 높아진다. ✕

12) 마이너스통장을 개설만 하고 사용하지 않으면 대출은 0이다. ✕

13) 소액연체는 신용등급에 영향을 주지 않는다. ✕

금융사기 예방요령

피싱 사기 유형 및 피해예방 요령

1) 보이스피싱 : 전화로 공공기관이나 금융회사 직원이라고 피해자를 속여 자금이체 유도
   - 창구, ATM 기기, 텔레뱅킹 사용유도는 100% 사기이므로 전화 끊음

2) 파밍 : PC를 악성코드로 감염시켜 사기범의 피싱사이트로 유도한 뒤 금융정보를 입력토록 하여 자금을 가로챔
   - 백신프로그램 최신 업데이트, 악성 코드 감염여부를 주기적으로 점검하고 보안점검 생활화

3) 스미싱 : 무료쿠폰 등의 문자메시지를 누르면 악성 앱 설치, 인증번호 등을 탈취하여 휴대전화 소액결제 피해

− 한국인터넷진흥원에서 배포하는 스미싱 방지용 앱 "폰키퍼" 활용, 출처 불분명한 앱 미설치

대출사기 유형 및 피해예방 요령

1) 금융회사 직원으로 속이고 대출을 중개하면서 보증보험료, 전산비용 등의 명목으로 수수료 송금을 요구하고 인출 후 잠적하거나 저축은행, 대부업 등의 고금리 대출을 받은 사람에게 은행 등의 저금리대출로 전환유도

− 대출실행 전에 보증료, 전산비용, 저금리 전환예치금 등을 요구하면 100% 사기이니 유의하고 금융감독원(s119.fss.or.kr)에서 등록된 대부업체, 모집인인지 확인

보지도 듣지도 말아야 할 불법 금융광고

1) 대부업체의 마이너스 대출광고

2) ○○캐피탈, ○○금융 휴대폰을 통해 금융회사 사칭 고금리 수취

3) 휴대폰 있으면 누구나 대출 : 휴대폰 광고

4) 카드대금 대신 내드립니다 : 카드깡

5) 개인정보, 예금통장, 현금카드 사고팝니다 : 범죄계좌

6) 원금보장, 확정수익 보장합니다 : 유사수신 광고

행복 찾기

행복의 의미

◆ 사전적 행복
- 복된 좋은 운수, 충분한 만족과 기쁨을 느끼는 흐뭇한 상태
- 만족감에서 강렬한 기쁨에 이르는 모든 감정 상태를 특정짓는 안녕의 상태(표준국어사전)
- HAPPY : 고대 스칸디나비아어 HAPP(행운)에서 유래

◆ 학문적 행복(Veenhoven의 정의)
- 전반적인 개념 : 생활만족, 욕구충족, 기쁨수준
- 세부적인 개념 : 직무만족, 자긍심, 통제신념

◆ 쾌락과 행복의 차이
- 쾌락 : 자연적 도취된 기분, 동물적이며 감각이 순간적으로 왔다가 빠르게 사라지는 것.
- 행복 : 잘살고 있다는 내적 감동을 오랫동안 갖는 느낌. 인간은 일시적 쾌락보다는 지속적 행복을 추구.

행복지수(Subjective Well-being Rankings)

- 자신이 얼마나 행복한가를 스스로 측정하는 지수(美 미시간 주립대 사회연구소)

◆ 행복의 3가지 요소(英 심리학자 로스웰 & 코언, 2002)
- 개인적 특성Personal : 인생관, 적응력, 유연성
- 생존조건Existence : 건강, 돈, 인간관계
- 고차원 상태Higher Order : 야망, 자존심, 기대, 유머

사회적 질(Social Quality)과 행복

◆ 사회적 질
- 사람들이 그들의 행복Well-being과 개인적 잠재력을 강화시킬 수 있는 상황하에서 자신들의 커뮤니티에서의 사회적 · 경제적 삶에 참여할 수 있는 정도
- 매일의 삶의 사회적 환경의 질을 측정 → 독립된 개인을 궁극적 실체로 봄

◆ 사람의 행복을 담보하는 사회적 질이 활동할 수 있는 네 가지 구조적 요인의 사회 공간
- 사회경제적 보장Socio-economic Security
- 사회응집력Social Cohension
- 사회포용Social Inclusion
- 사회역량강화Social Empowerment
▶ 사회적 질의 네 가지 영역 간의 상호 관련 속에서 사회적 질 접근이 사회적 구조들과 시민들의 행동 간의 상호관계를 이해하게 함.

삶의 질(Quality of Life)과 행복

▶ 삶의 질 : 개인이 만족감과 기쁨을 얻고, 불만족과 걱정을 피하는

데 있어 성공한 것(Shin et al, 1983)

– 자신의 행복에 비해 사회적 질에 대한 만족이 적은 경향

• 사회와 사회의 미래에 대한 확인의 침식

• 신뢰의 결여와 생활의 민영화 결과

– 특히 경제적 변화가 가족생활에 미치는 부정적인 영향

• 전통적 가치 붕괴, 가족 네트워크 파괴, 과다한 소비자 중심 주의의 결과

▶ 삶의 질의 결정요인

– 경제적 요소 : 경제적 조건 개선이 삶의 질 향상을 가져온다.

– 사회관계적 요소 : 사회적 지지가 사람의 질에 큰 영향을 미친다.

– 사회심리적 요소 : 행복한 사람은 자기존중감이 높고 사람에 대한 자기통제감이 높고, 긍정적 사고를 가지며, 외향적 성격을 가진다.

－ 제도적 요소 : 제도적 차이가 삶의 질과 높은 상관관계를 가진다.

　－ 환경적 요소 : 사회적인 것과 자연적인 것은 상호작용을 통해 삶의 질에 영향을 미친다.

　－ 신체적 요소 : 건강이 주관적 안녕에 영향을 미친다.

▶ 삶의 질을 높이는 것이 행복과 직결되어 있음.

삶의 질 결정요인과 일(직업)의 상관관계

－ 일은 행복한 삶을 위해 가장 우선적으로 살펴봐야 할 과제

　▶ 경제적 요소 : 일을 통해 소득 직접 발생

　▶ 사회관계적 요소 : 직장생활 직간접적 사회관계 발생

　▶ 사회심리적 요소 : 일을 함으로 다양한 유형의 성취를 경험함

　▶ 환경적 요소 : 소득, 직장위치, 업무내용에 따라 환경 요소 결정

　▶ 제도적 요소 : 제도에 따라 일의 위상 변화

　▶ 신체적 요소 : 건강과 일은 상호적 관계

대한민국의 국제적 행복 순위

－ 유엔 2015 세계행복보고서

　▶ 5.984 / 10점, 47위/158개국

　▶ 2013년 41위 · → 47위, 대만(38위), 일본(46위)

　▶ GDP, 기대수명, 사회보장 인식과 선택의 자유, 부패 등 기준

"금융문맹은 자본주의 사회가 낳은 21세기 문맹이고 글을 못 읽는 문맹보다 더 무서운 결과를 초래한다."

－ 앨런 그린스펀(전 미연방준비제도의장)

서 필 환

성공사관학교장, ㈜국제강사연합 대표이사
고려대명강사최고위과정 주임교수
(사)한국강사협회 주관 대한민국 명강사 제21호
한국강사은행 명예총재, (사)한국평생교육강사연합회 부회장
92개 대학원 최고경영자과정 초청강사, 대한민국 대표강사 33인
5년 연속선정

저서 | 〈인맥의 달인을 넘어 인맥의 신이 되라〉 가람출판사, 〈당
신 멋져 원더풀〉 호이테북스, 〈역서: 성공!주문을 걸어라〉 호이테
북스, 〈돈버는 스피치 인맥 넓히는 커뮤니케이션〉 성안당, 대한
민국 대표강사33인 등 15권

성공·행복·희망 명강사의 내비게이션

성공으로 가는 첫 번째 키워드, 변화와 도전

굳이 '성공'이란 단어를 끌어오지 않더라도, 인생의 즐거움은 무언가를 향해 끊임없이 노력하는 과정에 있을 것이다.

우리는 저마다 자신이 추구하는 다양한 목표를 향해 애쓰고 노력하면서 인생의 대부분을 보낸다. 실제로 사람들은 자신의 시간과 에너지를 이러한 목표를 달성하는 데 쏟아 붓고 있지 않은가. 따라서 목표달성과 자기계발에 부단한 노력을 기울이는 성실한 태도야말로 성공의 지름길이 아닐까 싶다.

우리 인생은 숱한 우여곡절 끝에 지혜로운 오늘을 맞이하지만 또다시 도전과 변화를 맞이하게 된다. 오늘 내리는 결정은 내일의 삶에 어떤 식으로든 영향을 미치기 때문이다.

현재 내 삶의 방식과 모습이 마음에 들지 않는다면 새로운 일에 대한 도전은 지금도 늦지 않았다. 이전에 한 번도 해보지 않았던 일이라 해서 그 일을 못 할 이유가 없고, 기나긴 인생에서 너무 늦는 법이란 없다. 오히려 새로운 시도를 통해 미처 깨닫지 못했던 자신의 장점과 재능을 발견하고 스스로 대견해하기도 한다. 아울러 마음속으로는 품고 있었으나 평생에 이루리라고는 생각지 못했던 꿈을 펼칠 수도 있다.

내 경우만 해도 그렇다.

23년간의 회사생활을 접고 막 판촉사업을 시작한 나에게 삼성전자 CS 아카데미로부터 전국 대리점장들을 대상으로 하는 '고객만족 특강'을 해달라는 강의 제안이 들어왔을 때, "한 번도 강의를 해본 적이 없다."고 사양했더라면 아마 '강사'로서 지금의 나는 존재하지 않았을 것이다. 하지만 예상치 않게 찾아온 그 기회를 흘려보내지 않았고, 결국 하룻밤을 꼬박 새워 의욕적으로 준비한 강의안을 갖고 다음 날 강단에 섰다.

강의가 끝난 후 쟁쟁한 베테랑 대리점 사장님들로부터 기립박수와 함께 "최고의 강의였다."는 극찬을 받았고, 이후 각종 교육과 세미나에 참여하면서 그 감동과 소감을 관계교육기관의 사이트에 후기로 남겼다. 또한 매일경제 서필환의 '참부자 칼럼'을 통해 내 관심분야인 변화리더십과 고객서비스 등에 관한 글을 꾸준히 기고한 결과, 그 칼럼을 본 각계각층에서 강의를 의뢰해오는 일이 점차 많아졌다.

결과적으로 첫 무대에서 기립 박수를 보내준 청중에게 감사의 표현으로 큰절을 올렸던 그날이 내 인생의 터닝 포인트가 되어준 셈이다. 게다가 "이왕에 강사로 나섰으니 숫자로 된 목표를 가져보라."는 어느 분의 조언에 따라, "5천 번의 명품강의를 실천하겠다."는 나 자신과의 약속을 했다.

현재도 항상 초심을 잊지 않고 그 목표를 향해 매진하고 있고, 마침내 5,000번 목표 중 3,067번째(2016년 7월 15일 현재) 강의를 실천했다.

이후 내 자신과 약속한 5,000번의 목표를 달성할 때까지 현장에서

만나는 청중들에게 먼저 다가가 내가 먼저 손을 내밀 것이며, 강의를 시작할 때는 감동을 주는 강의, 변화를 만드는 강의를 하겠다는 다짐의 큰절을, 마친 뒤에는 기쁨의 큰절을 올릴 것이다. 물론 부단한 자기계발 노력도 게을리하지 않고, 행동으로 실천할 것이다.

마찬가지로 어떤 일이든 자신의 목표를 달성하고 상대방을 만족시키기 위해서는 철저한 준비가 필요하고, 그것을 행동으로 옮기는 데는 용기와 결단력이 있어야 한다.

많은 CEO를 비롯해 주변에서 성공한 사람들의 공통점을 살펴보면, 자기가 맡은 분야에서 열정을 불태우며, 도전과 용기 없이는 최고가 될 수 없다는 사고의 소유자들임을 알 수 있다. 그들은 한계보다는 가능성에, 과거보다는 미래에 초점을 맞추고 자신들 앞에 놓인 수많은 걸림돌을 '도약의 디딤돌'로 바꿔놓은 사람들이다.

이제까지와는 다른 삶을 살고 싶다면 자신 앞에 놓인 한계를 훌쩍 뛰어넘어 그것을 실천하는 용기를 발휘해야 한다.

2011년 10월 5일 지병으로 숨을 거둔 IT 업계의 거장 스티브 잡스는 살아생전 이런 말을 남겼다.

"지금까지의 모든 것이 당신의 미래로 연결될 것이라고 믿어야 합니다. 당신은 스스로의 용기, 운명, 삶, 인연을 믿어야 합니다. 이러한 접근방식으로 저는 좌절하지 않을 수 있었고 제 삶은 바뀌었습니다."

스티브 잡스는 자신의 모든 것이 미래로 연결되는 것임을 일찍부터 깨닫고 있었던 것이다. 변화와 혁신을 주도해왔던 역사의 주인공이 남긴 짧막한 화두는 우리로 하여금 많은 것을 생각하게 한다.

인생에서 우리가 시작하기로 결심한 일들의 대부분은 이전에 해본 적이 없는 것이다. 나 역시 이전에는 '강의'라는 것은 해본 적이 없거니와, 50세가 되기 전까지는 책이라는 것을 써본 적이 없는 사람이다. 그러나 인지하듯이 경험이 없다고 해서 강사가 될 수 없거나, 책을 쓰지 못하는 것은 아니라는 사실이다.

변화와 혁신은 그것을 에워싼 두려움을 떨쳐내는 것에서부터 시작된다.

지금 자신의 나이와 경력이 얼마나 되느냐와 상관없이 항상 새로운 방향을 개척하고, 새로운 길을 탐구하며, 자기만의 '쾌감대'를 확장해 나가는 것이 중요하다.

이전에 한 번도 해본 적이 없는 일이라도 용기를 내어 시도해보자. 나를 이끌어주고 지지해줄 수 있는 주변 사람의 도움이 필요하다면 기꺼이 손을 내밀어보자.

성공으로 가는 두 번째 키워드, 인간관계 관리

새로운 일에 큰 힘이 되어줄 만한 응원자는 그동안 가장 많은 시간을 함께 해온 가족들과 동료들이다. 이 외에 멘토나 상담자, 친한 친구, 정기적으로 만나 서로에게 지지와 격려를 아끼지 않는 어떤 모임이나 단체에서도 도움을 받을 수 있을 것이다.

자신의 도전 정신과 열정에 불을 지펴주고 새로운 인생의 방향을 향해 전진할 수 있도록 격려해줄 사람은 주변에 얼마든지 있다. 무엇보다 내 안에 있는 빛나는 강점과 자원을 끄집어내어 디자인해주고, 나만의 목표를 향해 가는 것을 기꺼이 도와줄 사람들과 좋은 관계를 맺어가도록 하자.

성공하기 위해서는 먼저 내 주변 사람들이 성공의 대열에 올라설 수 있도록 적극적으로 도와야 한다. 이것이 더불어 성공하는 '상생'의 지름길이다. 성공사관학교는 지혜를 공유하는 성사데이가 벌써 116번째를 실천하고 있다. 이렇게 매월 22일을 실천할 수 있는 것은 지혜대사 이보규 교수, 이덕신 교수, 이춘옥 원장, 최창환 이사장, 김민영 왕호떡 회장, 조무경 본부장, 최규리 행사위원장, 김예원 재무위원장, 오경자, 서본학 자문위원, 최정기, 박지훈, 장복순, 원윤경 위원들의 봉사와 한광일 한국강사은행총재, 한영석 껑충연구소장, 최영선 성행희소통원장, 정인석, 손대희, 이희태, 최승애, 김현주, 문정선, 김종욱 석좌교수, 김세우, 조관일, 이영석, 허태근 석좌교수님을 처음 만났을 때, 바로 이런 분들과 함께 간다면 서로 원원Win-Win하며 성공할 것이라는 확신이 들었다. 그리고 그 대단한 우연을 필연으로 만들어 가고 있다.

성공사관학교는 다양한 계층에서 전문적으로 활동하는 사람들이 공동의 목표와 비전을 품고 뜻을 합해 결성한 교육전문가 그룹이다. 저마다 한 분야에서 특출한 재능을 지녔거나 전문영역을 가진 여러 사람들이 모여서 친목도 다지고 정보도 교환하면서 창조적인 성과를 만들어내자는 취지로 결성, 현재 2,755명의 강사·교수진이 함께 하고 있다.

이렇듯 강사들끼리 '동반자적 상생관계'를 지향하는 대표적인 행사 중의 하나가 매월 22일에 치러지는 '성사Day'(성공사관학교의 날)이다. 벌써 116회에 걸쳐 열린 성사Day는 국회의원회관에서 매번 다른 강의 주제를 통해 교수진 각자가 가지고 있는 새로운 교육이론과 강의 기법을 공유하는 시간이다. 세미나와 함께 동료끼리 다양한 홍보 마케팅 방안을 마련하고 실천하면서 성공사관학교의 공동목표 달성을 향해 한 걸음씩 나아가고 있다.

이 같은 만남에서 우리가 꼭짓점에 두는 것은 동료 간의 결속력과 소

속감이다. 지속적인 교육을 통해 전문 강사로서의 자질을 갖추고 역량을 강화해 나가는 것도 중요하지만, 소속멤버 모두가 공동의 비전과 목표를 갖고 한 방향을 향해 나아갈 때 그 그룹은 훨씬 지속적이고 탄탄하게 성장할 수 있기 때문이다.

'만나는 사람이 모두 내 인맥이다. 작은 인연도 소중히 하자.'

이것은 인간관계를 둘러싼 나의 오랜 모토Motto다. 현재 나의 인맥은 어림잡아 전국에 3만 명이 넘는다. 트위터, 페이스북, 링크나우 같은 SNS의 인맥까지 합하면 그 숫자는 훨씬 더 늘어난다.

이 중에는 수시로 전화와 이메일을 주고받으며 가깝게 소통하는 1순위 그룹이 있고, 종종 안부를 물으며 생활 자문을 구하거나 서로에게 필요한 정보를 교환하는 지인 그룹도 있다. 또한 일 년에 서너 번 정도 안부전화를 나누는 데 그치는 인간관계도 상당수를 차지한다. 접촉의 횟수로 인간관계의 거리를 잴 수는 없지만, 어쨌든 이분들은 모두 지금의 내가 있게 한 소중한 스승들이며 내 삶을 윤택하게 가꿔주고 든든하게 받쳐주는 친구들이다.

지식·정보화 시대인 21세기에 성공하는 사람들의 공통점은 인맥을 중시한다는 것이다. 과거엔 '인맥'이라 하면 연줄, 청탁 등의 성공을 위한 처세술로 부정적인 의미가 강했지만, 요즘은 상호 협조, 후원, 정보제공 등 긍정적인 의미가 강세다. 어찌 보면 오늘날의 인맥은 풍성한 삶을 누리는 데 반드시 필요한 토양과 같다고 할 수 있을 것이다.

일본의 격언 중에 '진짜 힘은 힘과 힘을 이어주는 힘이다.'는 말이 있다. 이것은 힘과 힘을 이어주는 통로야말로 참된 힘이라는 것을 의미한다. 이러한 명제를 증명하는 존재들이 바로 로비스트들이다.

일견 인맥이라는 것이 무의미하게 비칠 때도 있지만, 사회 각계에서 주시하는 위력을 가진 '로비스트'들의 힘을 생각한다면 그러한 생각은 금세 바뀌게 된다. 로비스트들은 다른 사람들의 고민거리나 현실 가능하지 않은 아이템들을 가지고 그것을 해결해 줄 수 있는 능력이 있는 사람과 연결지어주는 사람들이다. 단순한 인맥을 통해 불가능한 현실을 현실로 만들어 내는 것이다.

이렇듯 인맥은 실재하는 강력한 힘이다. 눈에 보이지 않지만, 그 어떤 힘보다도 더 큰 위력을 가지고 있다. 그러므로 꿈을 가진 분들이라면 자아실현을 위한 인맥 관리에 관심을 둘 필요가 있는 것이다.

특히 한국적 풍토에서 사람을 잘 사귀려면 무엇보다도 사람 사귀기를 즐겨야 한다. 미국의 케네디 2세조차 "사람 만나기를 즐겨 하지 않으면 대성할 수 없다."고 말한 것을 보면 이런 인간관계의 법칙은 동서양이 모두 같다는 생각이 든다.

만약 사람 사귀기를 즐기지 않는 성격을 지니고 있다면, 일부러라도 사람 사귀기를 즐기려는 노력을 기울이라고 말해주고 싶다. 또한 많은 사람들과 인맥을 형성하되, 이왕이면 신뢰할 수 있는 사람들과 인맥을 형성하는 것이 더 중요하다. 그리고 나부터 그들에게 필요한 인맥이 되도록 노력해야 한다.

개인적으로는 인터넷을 통한 디지털 인맥 관리도 중요하게 여기고 있다. 인터넷이 우리 생활 깊숙이 파고들면서 나타난 가장 큰 변화 중 하나는 바로 의사소통 방식의 변화일 것이다. 예전에는 사람을 만나서 얼굴을 마주 보는 상황에서만 대화가 가능했으나, 인터넷의 등장으로 이제는 얼굴을 보지 않고도 여러 사람들이 동시에 의사소통을 할 수 있게 되었다. 즉 사이버 세상에서 흩어졌던 동창을 다시 만나고, 새로운 친구를 사귀고, 상대를 스카우트하고, 사업 파트너를 만나는 등 '디지털 인맥 쌓기' 바람이 요즘의 대세다. 따라서 인터넷을 통해 자신을 제대로 알릴 수 있는 블로그, 미니홈피, 카페를 운영해 보는 것도 좋겠다.

디지털 인맥 관리는 오랜 시간과 정성을 요구한다. 성공적인 인맥이 될 수 있도록 고민도 하고, 열정과 끈기, 나눔의 정신, 그리고 책임감 있는 노력을 계속한다면 광맥을 얻을 뿐만 아니라 멋진 리더로 거듭나는 길이 열릴 것이다.

좋은 인간관계를 오래 유지하는 것은 절대적으로 자신에게 달렸다. 본질적인 관계에 초점을 맞추고 상대를 위해 무언가 도울 것이 있다면, 지금 당장 베풀어야 한다. 최소한 평생 의지하며 함께 할 새로운 친구 한 사람을 더 얻게 될 것이다.

또 하나의 비결은 전화통화를 할 때 또는 이메일을 주고받을 때 교육담당자와 교육생으로 만났던 사람의 이름과 직함, 그리고 공유했던 경험과 느낌을 짤막하게나마 표현하는 것이다. 그렇게 이름을 불러주어 상대방에게 관심을 가지고 있다는 것을 나타냈을 때, 대화가 보다 친밀하게 이어지고 이를 상대방도 무척 좋아하게 될 것이다.

사람은 자신의 이름에 특별한 관심을 가지고 있기에, 누군가 자신의 이름을 기억하고 불러주는 것에 감동한다. 또 그런 상대에게 호감을 느낄 수밖에 없다.

지금은 Social Network의 시대다. 즉 주변 사람과의 관계 유지를 통해 그들과 잘 소통하고, 그 관계를 바탕으로 얻어지는 자원으로 더욱 더 큰 성공을 할 수 있는 시대를 살아가는 것이다.

성공으로 가는 세 번째 키워드, 지금이 마지막인 것처럼

얼마 전 야구선수 양준혁의 저서 '뛰어라! 지금이 마지막인 것처럼'을 읽었다. 양준혁 선수는 한국 프로야구 역사에서 2,135경기로 최다경기 출전, 351개 최다홈런, 2,318개 최다안타, 1,389개 최다타점, 1,299개 최다득점, 1,380개 4사구 등의 기록을 남겼다. 이는 오로지 야구에 미친 한 사나이가 지난 18년간 차곡차곡 쌓아올린 땀의 결과물이었다. 기자와의 인터뷰 중에 본받고 싶은 한 마디가 있었다.

"당신은 왜 득점타를 칠 생각을 하지 않고 볼넷으로 걸어 나가기를 좋아합니까?"

이는 기자들은 말할 것도 없고 팬들과 야구지도자들이 툭하면 던지는 질문이었는데, 그때마다 양준혁의 답변은 한결같았다.

"안타 하나와 볼넷 하나를 얻기 위해서입니다."

안타와 볼넷을 얻는 것, 양 선수가 18년 동안 줄곧 가졌던 목표였다. 홈런을 치겠다고 달려들지 않고 안타와 볼넷을 얻는 것이 가장 잘할 수 있는 일이라는 얘기다. 4사구는 4구 볼넷과 몸에 맞는 볼 사구를 합친 용어로 볼넷의 가치를 강조한다. 나쁜 공을 치겠다고 덤비면 십중팔구 아웃되고 안타를 치고 싶은 본능을 억누르면 볼넷을 많이 얻을 수 있고 팀을 위해 희생한다는 각오가 있다면 다음 타자에게 기회를 이어줄 수 있다고 한다. 그러니까 볼넷 1,380개는 감독, 코치, 동료선수를 위한 희생의 산물인 셈이다.

결과적으로 양준혁 선수는 동료들의 마음을 얻는 데 볼넷을 최고의 수단으로 활용한 것인데, 어느 자리에서든 "안타와 볼넷을 얻기 위해서"라고 말하는 그의 위풍당당함을 본받고 싶다.

흔히 야구선수나 야구팬들은 야구를 인생에 비유하기를 좋아한다. 가만 들여다보면 야구경기가 우리 인생과 너무나 흡사하다는 것이다. 이기고 있다고 방심하다가 역전패하는 경우도 있고, 내내 질질 끌려가다 '9회 말'에 역전을 시키는 경우도 있다. 한참 잘 나갈 때 예기치 않게 부상을 당하기도 하고, 누구나 저 선수는 이제 틀렸다고 할 때 기적처럼 재기해서 그라운드로 돌아오기도 한다.

지금은 실패했더라도 삶은 지속된다. 인생은 '9회 말'까지 이어지는 것이다.

유례없는 세계적 금융시장의 위기와 함께 심각한 경제난과 취업난에 휩쓸린 요즘의 20대 젊은 세대들은 야구로 치자면 고작 '2회 초'에 있는 입장이다. 가장 기운이 팔팔한 시기인 것이다.

점수를 내기 위해 그들이 달려가야 할 길은 한참 남아 있다. 홈런과 안타 그리고 빈볼과 여러 번의 아웃을 거쳐나간다면 그들 또한 인생의 승전보를 울릴 것이다. 지금의 풀죽은 젊은 세대들은 주저앉지 말고 일어서서 달려 나가야 한다. 지금이 마지막인 것처럼 힘껏 방망이를 휘둘러봐야 한다. 아무것도 하지 않고 가만히 지레 포기한다면, 홈런의 기회는 결코 오지 않을 것이다.

마지막까지 포기하지 않고 계속된 자기계발 속에 기회를 주시한다면, 절체절명의 순간에도 인생역전 만루 홈런을 맞이할 수 있을 것이다.

그동안 나는 약 60개의 강연 주제를 갖고 무대에 서왔다. 요즘에도 늘 새로운 주제로 강연을 한다. 어떻게 하면 인생을 보다 멋있고 행복하게 살 것인가를 큰 주제로 하여 도전과 용기, 희망과 성공을 주는 다양한 주제의 강연을 한다.

초기에는 주로 고객서비스·동기부여·커뮤니케이션을 주제로 했고, 요즘엔 리더십·성공학·자기계발에 관한 내용이 많다.

그간의 경험에 의하면, 제일 좋은 강의란 자신이 경험한 것들을 쉬운 말로 솔직하게 말하는 것이다. 일상의 경험에서 느낀 것과 사람들의 행동을 잘 관찰해 그것을 콘텐츠로 하면 청중들이 쉽게 빨리 알아듣고 흡수해 감동을 받는다.

한 방을 노리기보다, 저축하듯이 안타를 쌓아올린 양준혁 선수의 기록들처럼 성공사관학교장인 나 서필환도 5,000번의 감동과 변화를 주는 명품 강의로 거듭나고자 내 시간과 정성과 에너지를 교육현장과 무대 위에서 다 쏟아내려 한다.

현재 민족대학 고려대 역사 110년 최초로 개설된 "고려대 명강사최고위과정 운영책임을 맡고 있는 주임교수, 대표강사로 현재 5기를 운영 중이며 22기까지 목표로 하고 있다.

내일이 없을 것처럼, 바로 오늘이 내 생애의 마지막인 것처럼.

자신이 하고 있는 지금의 일에, 만나는 모든 분들에게 감사하면서 기쁨으로 하루하루를 맞아들일 것이다.

엄 동 현

~~~~~~~~~~~

현) HST group(주) 교육실장
현) 한국암웨이 코리아 디지털 강사
현) 매경교육센터 디지털 분야 강사
현) 소상공인시장진흥공단 등록컨설턴트
현) 보험인협동조합 전문강사(세일즈를 위한 스마트워크 과정)
저서: 프로세일즈맨의 스마트워크 〈새로운 제안, 2014년 2월〉
　　　최고의 인재들은 어떻게 일하는가 〈새로운 제안, 2015년 12월〉

인맥관리

스마트하게 사람을 남기자

흔히 농담처럼 던지는 말이 있다.

"악어가죽 백이 아니면 검정 비닐봉지라도 있어야 한다."

많은 사람들이 농담처럼 던지는 말이지만 막상 현실에서 인맥의 중요성은 실로 매우 중요한 요소 중에 하나이다.

실제로 어느 헤드헌팅 업체에서 조사한 결과가 흥미롭다.

직장인 5년차 이상의 1,020명을 상대로 '다시 신입사원으로 돌아간다면 경력관리를 위해 주력하고 싶은 것은 무엇인가.'라는 질문을 해보았다. 이에 대한 많은 직장인들의 답은 바로 "인적네트워크 구축"이라는 답변이었다고 한다.

왜 이러한 답변이 나오게 되는 것일까?

대개의 사람들은 취직을 하게 되면 회사를 위해 평생을 함께하겠다는 생각을 하는 경우가 많지만 현실은 그렇지만은 않다. 내가 원해도 회사가 원하지 않는 경우가 있고, 내가 원하지 않아 이직을 하게 되는 경우도 있다.

어찌했든 결국 나의 위치가 변화된다는 것은 중요한 사실이다. 하지만 자신이 원하지 않은 일이 발생한다 하더라도 자신과 함께한 모든 사람은 나와 함께 존재한다는 것이다.

그런데도 어떤 사람들은 그간의 소중한 동반자(인맥)를 모두 내려놓고 새롭게 시작하려고 한다. 세상을 살면서 어떠한 일이 어떻게 다가올지 모르는 것이 우리의 삶일진대 한 번 맺은 소중한 인연을 놓친다면 이 얼마나 안타까운 일인가?

그렇다면 이러한 우(愚)를 범하지 않기 위해 우리는 인맥관리를 위해 무엇을 해야 할까?

인맥관리.

정말 많이 접하고 들은 말이지만 막상 시작하려면 무엇부터 해야 할지 막막한 것 중에 하나가 바로 인맥관리가 아닐까 생각한다. 아무쪼록 이 글을 대하는 여러분만큼이라도 인맥관리를 너무 어렵게 생각하지 않기를 바란다. 아울러 이 글을 통해 인맥관리는 그리 어려운 것이 아

니라는 것을 확인시켜 주고자 한다.

　인맥관리의 가장 중요한 포인트는 바로 상대방과의 '소통'을 기억하는 것이다.

　'소통을 기억한다?'는 것은 과연 무엇을 의미하는 것일까?

　바로 상대방을 어떠한 업무로 또는 왜 만나게 되었는지를 기억하는 것이다.

　헌데 여기에 가장 큰 어려움이 숨어 있다. 바로 '기억'이라는 것이다.

　기억의 사전적 의미는 '이전의 인상이나 경험을 의식 속에 간직하거나 도로 생각해 냄'이다. 즉 다시 생각해 내야 한다는 것이다. 그리고 시간이 지남에 따라 이 기억력은 점점 약화된다는 맹점이 있다. 그리하여 우리는 잊지 않기 위해 메모를 하게 된다.

　'적자생존適者生存'이라는 말이 있다.

　'환경에 적응하는 생물만이 살아남고, 그렇지 못한 것은 도태되어 멸망하는 현상'을 말하는 용어이다.

　하지만 현 시대에는 조금 다른 의미가 있다. 바로 '적는(기록하는) 자만이 살아 남는다.'는 것이다. 다시 말해 인맥관리의 시작이자 끝은 바로 상대방과의 소통을 기록해야 한다는 것이다.

　그럼 이렇게 기록만 하면 되는 것일까?

　그렇다! 기록만 잘하면 80%는 성공이다!

　이렇게 기록한 내용을 이제 상대방과 만나기 전에 한번 훑어보는 것만으로도 상대방과 보다 원활한 소통이 가능하다는 것이다.

한 발 더 나아가기

이렇게 메모하는 습관이 여러분의 인맥관리에 크게 도움이 될 것이다. 그러나 여기에 두 가지 문제점이 있다.

바로 인맥이 넓어질수록 늘어나는 메모의 양이다.

그리고 또 하나는 항상 휴대하는 것에 대한 어려움이다.

메모가 가장 필요한 순간은 언제일까? 바로 사람과 소통을 하기 전일 것이다. 사람과의 소통은 직접 대면하는 것이 가장 효과적이겠지만 바쁘게 현 시대를 살아가는 우리에게는 바로 유선을 통한 소통이 일상화되었다.

그렇다면 유선상으로 통화를 하기 전 상대방과의 소통 메모를 확인하고 통화할 수 있다면 어떨까? 오랜만의 통화이지만 예전 기록을 보고 보다 원활한 소통이 가능할 것이다.

그럼에도 누가 언제 전화를 할지 모르기에 그간의 메모 노트를 지니고 있어야 한다는 것이다.

과연 이렇게 비효율적인 방법으로 메모를 관리해야 하는 것일까?

그렇지 않다. 이제 효율적인 메모 관리에 대해 알아보도록 하자.

디지털을 통한 소통 메모 관리

효과적인 인맥관리가 유용하다는 것은 알고 있지만 그렇다고 이를 위해 무엇인가를 별도로 준비한다는 것은 귀찮기도 하거니와 신경이 쓰일 수도 있다. 이럴 때 아주 간단한 방법이 있다. 바로 항상 우리 손에서 떠나지 않는 스마트폰이다. 이 스마트폰을 통해 효과적인 소통 관리를 해보자!

스마트폰에는 '주소록(연락처)'이라는 항목이 존재한다. 이 주소록을 잘 활용하면 바로 위에서 언급한 아날로그식 문제점인 부피의 증가와 휴대 문제의 해결이 가능하다.

한 발 더 나아가 클라우드 서비스를 접목시킬 수 있다면 분실의 위험성에서 자유로워질 수 있다.

주소록에 들어가면 바로 '메모 또는 노트'라는 항목을 활용할 수 있다. 메모 또는 노트라는 난이 보이지 않으면 '수정(편집)'을 눌러 항목을 추가하게 되면 바로 메모가 가능한 항목이 생성되게 된다. 바로 이 부분에 소통을 기록하면 되는 것이다.

Android 메모의활용

안드로이드용 휴대폰의 경우 메모 항목 추가하는 방법.
* 아이폰(iOS)의 경우 '메모'난이 기본값으로 확인이 가능하다.

이렇게 메모난에 메모한 내용은 주소록의 이름 검색 시에 함께 검색되는 이점이 있다는 점을 기억해 활용해 보기 바란다.

인맥은 금맥이다

많은 사람들이 인맥을 만들기 위해 나름의 다양한 방법을 동원한다. SNS를 활용하고 동호회 활동을 하기도 한다. 그 어떤 방법도 좋다. 하지만 진정한 인맥을 쌓고, 소중한 사람을 만들기 위해서는 마음이 통하는 소통이 필수적이다.

물론 마음과 마음이 통하는 소통은 경청이 바탕이 되어야 한다는 것은 당연한 것이다. 그런데 경청을 잘했음에도 불구하고 그 내용을 기억하지 못한다면 이 또한 잘못된 만남이 아닐 수 없다.

첫째, 역순으로 입력하자

디지털 메모의 경우 최상단에 올라오는 메모를 가장 먼저 확인할 수 있다. 이것은 기존의 아날로그 방식의 메모와 큰 차이점이다. 물론 기존의 노트 필기식의 메모로 위에서 아래로 작성을 하여도 무방하지만, 보다 빠른 정보의 확인을 위해서라면 역순으로 입력하는 습관이 중요하다.

둘째, 주요한 내용은 최상단에 기록하자

메모를 확인할 때 알아두면 도움이 되는 내용을 최상단에 기록해 항상 확인이 가능하도록 하는 것이다.

예를 들어 카페에서 첫 미팅을 갖게 되어 음료를 마시게 될 경우 상대방이 어떠한 음료를 마시는지 간단히 기록하는 것이다. 흔히 우리는 "커피 한잔 하시겠어요?" 하고 묻는다. 그러나 종종 커피를 마시지 않는 사람도 만나게 된다.

이런 경우 메모에 '커피 마시지 않음'이라고 메모해 놓았다고 생각해보자. 그럼 바로 '이 사람은 커피를 마시지 않음'을 인지하기 때문에 다시 실수를 범하지 않을 뿐만 아니라 상대방으로 하여금 배려심이 많은 사람이라는 인상을 갖게 해 호감도가 올라갈 것이다.

〈디지털 메모의 2가지 팁이 적용된 화면〉

유 만 근

전) 대전.충남.세종에서 초등학교 근무
전) 한국스카우트충남연맹 사무처장 근무
전) 대전서부교육청 기간제 근무
현) 한국스카우트연맹 훈련교수
현) 한국평생교육원 전임교수
현) 한국상담협회 이사
현) 한국인재개발원 이사

인생을 마술처럼

　아침에 눈을 뜨면 나갈 곳이 있고 반길 사람이 있다는 것은 축복이자 보람이며 생의 즐거움을 배가시킨다. 더구나 출근하여 좋은 사람들 속에서 내 일을 할 수 있고 교육을 통해 내 삶의 질을 향상시킬 수 있다는 것은 얼마나 고마운 일인지 모른다.

　돌이켜 보건대 잠시 이런 환경의 인연을 되짚지 않을 수 없다.

　초등학교 교사로 재직하던 중 결혼을 하게 되고 아이가 둘이 생기게 되었다. 점차 자라 큰아이가 이제 막 걸음마를 하기 시작하더니 이윽고 제 스스로 걸어 다니게 되자 문득 아이들을 데리고 다니며 눈높이를 맞추어주면 보람된 일이라는 생각을 하게 되었다.

　그리하여 자청해 부수적으로 봉사활동이며 대외활동을 활발히 했던 스카우트를 맡게 되었고, 그 스카우트와의 인연은 현재 역시 스카우트 활동을 하는 계기가 되었다.

　당시 젊을 나이였기에 당연히 해야 할 일이라고 생각했었지만 나이가 들어서도 자진해 스카우트 업무를 맡았던 것이다.

　일요일이나 방학이 되면 청소년 활동은 최고 피크를 이룬다. 특히 여름방학은 비록 무더위에 지치고 때로는 장마가 들어 있기는 하더라도 활동하기에 가장 좋은 시즌이다. 텐트를 치고 야영활동의 절정을 이루는 것이다.

따라서 여름방학에는 나만의 시간을 갖기란 좀처럼 쉽지 않거니와 쉬어본다는 생각조차 해본 적이 없다.

여름 임간학교(林間學校: 주로 여름철에 아이들의 건강회복, 건강증진을 목적으로 하는 교육을 베풀기 위하여 숲속에 설치한 학교), 지구 행사, 연맹의 중급훈련(4박 5일 일전이지만 강사들은 미리 1박을 해야 한다.) 및 상급훈련(7박 8일), 그리고 시간이 나는 날은 근무조로 학교근무는 물론 틈틈이 농활활동을 하다 보면 여름 방학이 훌쩍 지나간다.

재직 중 일 년에 한 줄씩 이력서에 올리는 재미도 재미지만 좀 더 견문을 넓히기 위해 각종 연수에 참여하고 더불어 교직에 관한 연구로 매년을 표창을 받기도 했다. 현장 연구논문이며 교육자료 전시회, 과학작품, 아동 발명품등 매년 한 종목 이상 연구에 몰두했던 것 같다.

교직을 평생의 업으로 하였으니 가르치기에 앞서 내 자신을 관리하지 않으면 안 되었던 것이다.

늦깎이 공부

2013년, 방송강의를 통해 노인심리상담사 자격을 취득하고 난 후 다시 사회복지사 자격을 취득하고자 도전했다.

총 14과목 중 1개 과목은 현장실습이 있으며 학점과목인 13가지 과목을 이수하여야 한다.

1학기 때에 8과목을 신청을 하고, 등록금은 과목당 12만 원씩이었고 매일 밤 컴퓨터 앞에 앉아 1주마다 진행되는 수업을 수강하여야 한다.

물론 수강 점수가 참여하는데 많은 비중을 차지하기 때문에 소홀히 할 수 없다. 1시간은 40~50분 수업을 진행하는데 1주일에 8개 교과목 8시간을 공부하여야만 한다.

강의 도중 돌발퀴즈라는 것이 있어 수업 중 졸음을 쫓고 적극적인 학습참여를 위해 자주 쓰는 방법이다.

그러나 아무리 졸지 않으려고 여러 방법을 써도 눈까풀은 왜 그리 천 근 만 근인지 졸다 보면 조용하다.(돌발퀴즈에 응시하지 않으면 방송강의가 중단되어 조용함.)

이후 강의가 끝난 후에 실시하는 형성평가, 중간에 실시하는 토론, 리포트, 중간평가, 기말평가 등을 해서 총점수가 나온다. 물론 60점 이상이면 된다.

그럼에도 어느 과목은 중간고사 시험이 60점을 넘지 못하여 애를 태운 적이 한두 번이 아니었다. 그때마다 부가점수를 취득할 수 있는 특강 참여 과제에 온힘을 기울여 점수를 올리고는 하였다.

이윽고 한 학기가 끝나고 점수가 나왔지만 영락없이 두 과목이 D학점이었다. 이럴 때는 다시 다음 학기를 등록해야 할지 아니면 포기를 해야 하는지 선택의 기로에 서게 되었다.

사실 공부하기에는 너무 버거운 일이었다. 친구가 경영하는 학원일도 도와주어야 하고 집안일이며 밤마다 컴퓨터 앞에 앉아서 강의를 듣

는 일은 물론이려니와 틈틈이 도서관에 가서 책을 찾아 리포트를 쓰는
일도 만만치 않았다.

오죽하면 집사람은 국가나 직장에서 이미 유통기간이 다 되어 정년
퇴임이란 제도가 있는데 왜 굳이 다시 공부를 하고 자격증을 따려 하는
지 이해가 되지 않는다고 했으니 주변의 시선 또한 마찬가지였다.

그렇다면 이제 다 내려놓고 포기를 해야 할 것인가 고심하던 중 등록
마감기한이 다가왔고 고민이 아닌 결론을 내려야 했다.

그래, 들어간 돈도 돈이지만 이왕 시작한 것 끝을 내보자, 자격증을
따자고 결심하게 되었고 다음 날 주저 없이 등록을 했다.

그래도 2학기는 1학기보다 과목이 줄어들고 공부하는 방법 또한 익
숙해지니 한결 수월해진 것 같았다.

2학기 과정이 끝난 후에는 실습학점을 이수하기 위해 충남대학교로
등교해 교수님의 강의를 5차례나 들어야 했다. 물론 실습을 해가면서
해야 하는 공부이다.

첫째 날, 가보니 40여 명 중 가장 연장자로 각인되어 다들 왜 그 나이에 사회복지사 공부를 하게 됐는지 궁금해했다.

그리하여 나는 내가 살아 있는 한 공부는 계속해야 하는 것 아니냐며 비록 젊은이들을 따라가지 못한다 할지라도 최선을 다해 공부를 계속할 것이라고 힘주어 말했다. 더구나 이제 정년퇴임을 하여 시간도 많으니 오히려 공부하는 데는 최적의 조건이 아니겠느냐며 반문하기도 했다.

그러나 나이가 들고 보니 그날 배운 것을 얼마 지나지 않아 다 잊어버리고 새삼 새롭게 들리는 용어들이 있기는 하였다.

그래, 한쪽으로 들어가고 또 한쪽으로 흘러 나가는 것은 나이와 더불어 당연한 이치 아니겠는가?

평생교육원과의 인연

교용노동부 워크넷 일자리센터에서 사회복지사자격 2급, 심리상담사자격증 소지자 채용공고가 있어 그날 밤 8시경에 이력서를 제출하였더니 다음 날 아침 8시경에 낯선 전화가 왔다. 이야기를 나누다 보니 어젯밤에 서류를 제출한 회사에서 온 전화였다. 사실 그날은 오전에 복지관에서 마술공연봉사가 있기에 사정을 얘기하니 그럼 봉사를 끝내고 회사에 들러달라고 하였다.

마술봉사활동을 마치고 집에 오자마자 옷을 갈아입고 회사를 찾아가다 보니 집에서 도보로 30분 정도의 거리여서 아주 적당한 거리라는 생각이 들었다.

2014년 10월 27일, 대표님과의 면담 도중 선생님은 지금도 왜 아직도 공부를 계속하느냐고 물으시기에(그 당시에는 청소년 지도사 과목이수를 모두 마치고 면접시험 서류를 제출한 상태였다.) 전 직장에서는 회사 일에 쫓겨 공부를 못 했지만 지금은 시간이 있으니 새로운 세상에 도전하고 싶다고 대답하였다.

비록 금액은 많지 않다 하더라도 연금도 나오니 많은 돈을 바라지는 않고 다만 지금은 배우면서 봉사도 하러 다니니 재미가 있다고 하였다.(그 당시 공무원 연금공단에서 마술교육 및 수지침교육을 받고 있었다.)

좀 더 많은 이야기를 나눈 후에 대표님은 회사의 각 부서와 직원을 소개시켜 주시며 의향이 있으면 회사를 다녀보라고 하였다.

그러나 나는 당분간은 연금공단에서 공부를 하고 있으니 수료를 마칠 때까지는 마저 배우고 싶다고 했더니 흔쾌히 허락하셨다.

그런데 문제는 이사 면접이 있다고 하셨다. 아, 이사의 면접이 따로 있구나 하고 생각하며 곧 면접을 보게 될 것이라고 생각하였다.

때마침 5층에서 재창업 교육으로 컴퓨터를 활용한 다양한 교육이 진행되고 있었다.

그리하여 시간이 날 때마다 출근하여 교육을 받고, 공단에서 마술교육도 받으면서 10일이 지나고 20일이 지났지만 이사 면접일자를 알려주지 않기에 대표님에게 여쭈어 보았다. 그랬더니 현재 이곳에 계신 이사님들이 보고 계시다는 것이었다. 알아보니 근무하시는 직원 모두가 이사 이상의 직위를 갖고 있는 아주 특이한 회사였다.

얼마 지나지 않아 그에 걸맞은 직책이 주어지고 통장을 만들어주는가 싶더니 근로 계약서를 작성하고 드디어 생각보다 많은 액수의 월급을 받게 되었다.

그 당시 사회복지사 자격 및 요양사 자격 취득을 했거니와 요양원에

서 부원장으로 근무를 같이해 보자는 제의도 있었지만 이제 내 생애 이 곳에서 마무리를 해야 되겠다는 생각은 변함이 없다.

대표님은 강의 출장이 많으니 대표님이 쓰시는 방을 사용하라고 하였으나 그건 예의가 아닌 것 같아 6층 사무실 옆방에서 노트북을 놓고 나름대로 사무실이라고 생각하며 그곳에서 근무하는 것으로 하였다.

좀 어수선했지만 정리를 계속하다 보니 그럴듯하게 꾸며져 갔다. 게다가 책장을 비치하여 빈 곳에 책이라도 꽂아 놓으면 좋을 것 같아 이를 말씀드렸더니 흔쾌히 들어주셨다.

그리하여 우리 집 서재에서 머물던 책들과 아끼던 동아대백과사전 32권, GEO(지이오) 월간잡지를 정리(10년간 모은 잡지)해 놓으니 그럴듯하게 꾸며졌다.

인생을 마술처럼

나는 가끔 내 삶을 돌아볼 때 그래도 잘 살아 왔고 잘 살고 있구나 하고 생각할 때가 있다.

인생은 먼 항로를 출발하면서 가끔은 나침반의 항로 수정이 필요할 때 적절히 했나를 생각하게 된다.

내 인생은 나만의 먼 길을 떠나는 항로이다.

지금 생각해보면 마술사처럼 살았다고도 생각하게 된다. 않될 것 같은데 되고, 될 것 같은데 되지 않고, 확실히 있어야 할 곳에 없고, 없다고 하는 곳에 나타나니 말이다.

지금도 신기하게 '마술은 과학이다.'라는 생각을 하며 마술 공부를 한다.

나는 한국평생교육원에 몸담고 있으면서, 공부한 것 중 인성교육지도사, NLP 교육, 각종 심리상담 온 라인교육과, 오프라인교육, 3P 바인더교육 등 많은 교육을 받아왔지만 현재도 심리상담 중 미술심리, 마술에 관하여도 공부를 하고 있다. 배운 것으로 인천직업전문학교 노년플래너 강의, 교도소 강의, 옥천 평생교육원 강의, 중·고등학교 직업체험 강의를 진행하고 있다.

그래 죽을 때까지 하여도 다 못 할 공부이지만 평생교육원에 몸담고 있는 동안 그래도 끝까지 해 보려고 미련 없이 현재도 컴퓨터 앞에 앉아 공부를 하고 있는 나를 돌아보며 회심의 미소를 짓는다.

유 성 환

국제리더십개발원 대표이사
한국평생교육원 이사
한국상담협회 전임교수
한국인재개발원 전임교수

성공한 사람들의 리더십

성공한 사람들의 공통점을 살펴보면 남다른 노력이 있음을 알 수 있다. 또한 책을 소홀히 대하지 않고 활용하여 성공을 했다. 아울러 수많은 책을 읽으며 변화와 트렌드를 읽는 힘을 키워 나갔다.

리더의 최고봉은 섬김의 리더십이라고 말한다. 섬김의 리더십을 가진 사람을 '나리'라고 말하고 싶다. 나리는 '나로부터 비롯한 리더'의 약자이다.

나비효과라는 말을 들어 봤을 것이다. 나비의 날갯짓이 태평양을 건너가면 허리케인이 된다는 이론인데 나로부터 비롯된 작은 변화에서 세상을 변화시킬 힘을 만들 수 있다. 나비는 알-애벌레-번데기-나비의 완전 변태과정을 겪는다.

우리의 삶 역시 완전 변태를 통한 성장을 했으면 하는 바람이다.

산에 다니다 보면 많은 것들이 눈에 띈다. 봄, 여름, 가을, 겨울 계절마다 나물과 버섯 등 아는 만큼 보인다. 물론 국유림이나 임자가 있는 산에서 채취를 하거나 하면 안 된다.

장뇌삼

처갓집이 전북진안이다. 처음 장가를 가서 장모님께 더덕을 캐는 법을 배웠다. 장모님은 45년 이상 더덕채취를 하시면서 계절마다 구별하여 캐신다. 초보 눈에는 옆에 있어도 잘 보이지 않는다. 녹색은 다 풀 같다. 장모님은 멀리서도 구별을 해내시고 기가 막히게 캐신다. 벌써 결혼한 지 16년이 지났다. 지금은 나름 더덕을 구별할 줄 안다.

그런 장모님께서는 산삼을 한 번도 캐본 적이 없다고 말씀하셨다. 얼마 전 장모님과 같이 삼을 캐러 간 적이 있다. 삼을 캘 때는 집중이라는 말만으로는 부족하다. 초집중을 해야 하는 것이다.

수많은 풀들 사이에서 삼 잎을 구분해내는 것부터 시작한다. 꼼꼼히 바닥을 살피며 한 걸음 한 걸음 주변을 잘 살펴야 한다. 마음이 급해 빠르게 지나치면 삼을 발견할 수 없다. 숨은 그림을 찾듯 다섯 잎을 잘 찾아야 한다. 가끔 오가피나무에 속을 때가 있다. 너무도 유사하여 허탕을 치면 마음이 허탈하다.

이처럼 먼저 시작한 사람이 멘토가 되고 조금 늦은 사람이 멘티가 되는 경우가 많다 하여 스스로를 높이거나 자랑을 한다면 어느 순간 내가 못 하는 분야에서 곤란함을 당할 수 있다. 늘 겸손하고 서로를 존중하며 배운 것을 나누어 주는 것이 중요하다.

알 단계

리더십의 첫 번째는 관찰과 관심이다. 삶을 찾듯 사람들을 꼼꼼히 살펴야 한다. 한 사람 한 사람 관심을 가져야만 필요로 하는 것과 부족한 것을 발견할 수 있다. 알 단계에서는 수신修身을 해야 한다. 남들에게 도움을 줄 수 있다는 것은 아는 게 있어야 된다. 경험이 됐든 지식이 됐든 내가 먼저 준비하고 만들어보고 실천해 가며 내공을 키워야 한다.

아직 내가 전문적인 부분이 없다면 찾으면 된다. 나를 아는 게 가장 중요한데 잘 모르겠다면 아래의 3가지 방법을 추천한다.

1) 검사지 분석

나를 찾아가는 첫 번째 단계는 검사지를 통해서 가능하다. MBTI, 에니어그램, '위대한 나의 발견 강점 혁명' 등 책과 검사지를 통해서 나를 알아 가는 방법이 있다. 내가 외향형인지 내향형인지 사람들을 좋아하는지, 절차를 중시하는 사람인지를 파악한다. 중요한 건 검사를 한 가지만 해서는 안 된다는 것이다. 여러 가지 검사지를 통해서 성향이 맞는지 크로스 체크를 해야 한다. '위대한 나의 발견 강점 혁명'은 강점에 대해서 알 수 있는데 쿠폰이 들어 있어서 바로 검사해볼 수 있다. '워크넷'은 무료이면서 직업에 관련한 검사를 해볼 수 있다.

2) 타인 분석

장점과 강점을 파악했다면 가족이나 친구 등 지인을 통해서 다시 한 번 확인을 한다. 검사지에서 나왔던 결과와 비교해 보는 것이다. 의외의 결과가 나올 수도 있지만 나의 행동이나 성향을 다른 시각으로 볼 수 있게 된다.

3) 자신 분석

나를 가장 잘 아는 건 나다. 검사지를 통해서 타인의 이야기를 들어 보고 참고하여 한 발 뒤로 물러서서 나를 돌아보는 것이다. 잘 알고 있다고 생각했던 자신을 파악하여 직업을 고르거나 미래인생 설계에 참고하면 된다.

애벌레 단계

나를 알게 됐다면 열심히 수신을 해야 한다. 수많은 교육을 듣고 노력하는 이유는 성공을 하기 위해 단련하는 것이다. 교육을 들을 때는 유료교육을 듣기를 권장한다. 무료교육도 많이 듣지만 무료교육은 본론은 이야기하지 않는다.

필요한 걸 얻을 때는 대가를 지불할 줄 알아야 한다. 2만 원짜리 교육은 2만 원 만큼, 30만 원은 30만 원 만큼, 100만 원은 100만 원 만큼 알려준다.

한 가지 교육만 듣지 말고 여러 교육을 동시에 듣고 나만의 블루오션을 찾아야 한다. 블루오션을 찾았다면 구체적인 실천방법이 나와야 한다. 실천 방법은 도구가 필요한데 나 같은 경우는 바인더를 활용한다. 장기목표부터 연간, 월간, 주간, 일일계획을 세우고 매일매일 완료된 것을 체크한다.

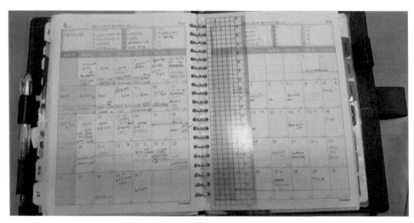

〈월간계획〉

'연간 계획을 세우지 않는 것은 실패를 계획하는 것과 같다.'고 말한다. 연간 계획을 달성하려면 목표를 작게 잘라서 월간으로 나누고 다시 주간으로 마지막에는 매일매일 실천할 것을 만들어야 한다.

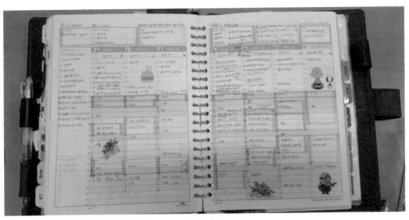

〈주간계획〉

매일매일 실천하기 위해서는 시간 관리를 철저히 해야 한다. 시간 관리에는 역산스케줄과 순행스케줄이 있다. 역산스케줄은 최종목표를 정하고 현재 할 것을 찾는 방식이다. 예를 들어 프로젝트가 잡혀 있다면 최종 일자부터 거꾸로 해야 할 일을 정하는 것이다. 반대로 순행스케줄은 오늘 할 일과 내일 할 일을 누적해 가면서 최종목표에 도달하는 것이다. 예를 들면 영어단어를 매일 조금씩 외워서 토익시험을 보는 것을 말한다. 매일 매일 할 일을 기록하고 우선순위를 정한 다음 우선순위에 의해서 일처리를 해야만 탁월한 사람이 될 수 있다.

번데기 단계

전문가가 되는 시간은 3년이면 될 수 있다. 하지만 '아웃라이어'에서 말하는 것은 10,000시간을 이야기하고 있다. 매일 하루에 3시간씩 10년을 노력하라고 한다. 3년 동안 노력을 해서 창업을 한다거나 독립적으로 사업을 한다면 망할 위험이 80% 이상이다. 왜 그럴까? 이유는 지난 7년여의 시간 동안 의외의 변수를 경험하는 시간이 필요하다. 한 방에 무너질 수 있는 경우의 수를 7년 동안 찾아야 한다.

선불리 행동을 하기보다는 심사숙고하고 변수를 찾아서 해결방법을 찾는 노력을 해야 한다. 3년 동안 전문가와 기술자의 차이는 3%밖에 차이가 나지 않는다. 거의 비슷하지만 디테일에서 차이가 난다. 심사숙고하는 동안 디테일을 보완해 나가야 한다.

찰스코웬의 가위질 이야기를 살펴보면 번데기에서 나비가 되려는 모습이 안쓰러워 잘 나올 수 있도록 가위로 끝을 살짝 잘라 줬다고 한다. 나비가 쉽게 나오긴 했지만 나오자마자 힘을 못 쓰거나 땅에 떨어져 죽었다고 한다. 이처럼 고난과 역경은 나를 강하게 만들고 화려한 나비의 모습 뒤에는 각고의 인내와 노력이 필요하다.

나비 단계

보통 명강사가 되는 시간은 15~20년 정도가 걸린다. 현금은 시간이 흐를수록 가치가 하락한다. 투자에서 절대 손해가 나지 않는 투자는 나의 몸값을 높이는 것이다. 전문분야를 찾고 실력 있는 사람이 됐다면 다른 사람을 도와줘야 한다. 잘나서가 아니라 먼저 배웠기 때문에 배운 것을 공유하고 서로 윈-윈 해야 한다. 우리는 초등학교 때부터 경쟁을 배운다. 경쟁은 일시적으로 실력을 향상시키는 것처럼 보이지만 이기적으로 변하게 만든다.

내 주변에 있는 아이들이 성장하면 내 자녀와 결혼을 할 수도 있고 우리나라를 책임져야 한다. 나만 아는 이기적인 사람이 된다면 나라가 어떻게 되겠는가? 또한 잘 나누어 주면 리더가 된다. 나누어준 내용이 이해가 안 되거나 모르는 게 있다면 나누어준 사람에게 물어보게 된다. 많은 것을 나누어 줄수록 리더가 될 확률은 높아진다.

나비의 역할은 꽃가루를 옮겨주며 열매를 맺을 수 있게 도와준다. 마찬가지로 나의 노력의 결실은 타인에게 열매가 열려야 한다. 지독한 노력과 훈련을 통해 성장했다면 잘 나누어줘야 한다.

나리 단계

섬김의 리더십은 상대방이 모르게 성공을 시켜주는 것을 말한다. 전체적인 그림을 그려주고 본인이 성공한 것처럼 만들어주는 것을 말한다. 나리 단계에서는 알 단계를 섬겨주며 선순환 구조를 만들어 개인의 발전은 물론 상대방의 성장을 도와주는 게 궁극적 목적이다.

1) 내부고객만족

강의를 하다 보면 1박 2일 또는 2박 3일 장기교육이 진행될 때가 있다. 숙박과 식사를 하는데 좀 더 싸면서 좋은 시설의 숙박과 맛집이면서 가격이 저렴한 음식점을 찾아다닌다.

한번은 말도 안 되는 가격에 호텔을 잡은 적이 있다. 예약을 했다가 취소한 방을 얻어서 대표님과 함께 한 적이 있었는데 만족도가 높았다. 본인의 과거이야기를 해주시는데 미국에서 방을 구하려 10군데 다니다가 시설이 좋으면서 저렴한 곳을 잡아서 같이 간 동료들이 환호성을 질렀다는 이야기를 해주셨다. 만족은 기대 이상의 서비스를 받거나 생각하지 못한 일로 행복을 느낄 때 일어난다. 타인을 위해 발품을 좀 더 팔고 내부고객을 배려한다면 시너지가 확산되어 회사나 가정의 만족도가 높아진다.

2) 외부고객만족

최근에 강의를 하러 광주에 간 적이 있다. 우리 회사와 조인을 하여 진행하는 프로젝트였는데 상대방 대표님이 강의 전체 진행은 물론이고 운영전체를 총괄하셨다. 식당을 가는데 본인은 강사님들이 편안하게 강의하고 새로운 음식을 먹어보게 하기 위해서 맛집을 알아본다고 말씀하셨다. 강의의 만족도는 '최상의 컨디션으로 강의를 하는 강사에게

서 나온다.'고 생각한다는 말을 듣고 이분은 진정한 프로구나 하는 생각이 들었다.

식사를 하고 숙박을 하는데 호텔을 잡아 주셨다. 같이 간 동료 직원과 감동을 했다. 또한 광주에서 유명한 '양동 통닭'은 꼭 먹어 봐야 한다며 야식으로 넣어주셨다. 배려와 섬김이 만족도를 최상으로 만들었다.

만약 이분이 다음에 프로젝트를 진행하자고 제안한다면 1순위로 진행할 것이다. 작은 관심과 상대방이 원하는 게 무엇인지 알아내고 도와준다면 일을 진행함에 있어서 선순환 구조를 만들어 성공할 확률을 높일 수 있다.

성공하고 싶은가? 그렇다면 섬김의 리더십을 실천하는 사람이 먼저되어야 한다.

WILD

LEARN

꿈을 이루는
100, 100, 100의 실천

유 호 정

국제서비스교육연구소 소장
국제스트레스교육협회 회장
한국평생교육원 이사
한국상담협회 전임교수
소상공인시장진흥공단 외래교수
한국산업강사협의회 상임이사
대전지방경찰청 전문 CS강사
뉴리더스피치아카데미 CS강사
아이코리아인재개발원 수석강사

나의 가장 즐거운 놀이터 강의장

강사라는 직업은 나의 천직

천직에는 3요소가 있다.

첫 번째는 내가 그 어떤 직업보다 지금 현재의 직업이 정말 좋아서 하는 직업인지, 그리고 이 직업으로 일을 함에 있어서 정말 기쁘고 감사함과 행복한 마음으로 즐기며 하고 있는가이다.

두 번째는 그 일을 좋아서 한다고 하자! 그러나 좋아는 하지만 내가 다른 일을 하는 것보다 그 일이 제일 잘하는 일인지 생각해보아야 한다. 좋아서 하기는 하지만 그 어떤 일보다 최고로 하는 일이 아니면 다시 생각해 보아야 할 것이다.

마지막 세 번째는 직업이니만큼 수입이 되어야 한다. 내가 지금 하고 있는 직업에서 수입을 창출하는지, 또한 그 수입이 지속적으로 늘어나는지 확인해야 할 것이다.

이로 인한 세 가지가 모두 나에게 맞는다면 그 일은 바로 천직이다.

천직의 사전적 의미는 타고난 직업이나 직분이다.

그래서 나는 직업 강사가 정말 타고난 직업이며 천직이지만, 주변에 천직으로 직업을 가지고 있는 사람은 그다지 많지 않다. 그저 생활을 해야 하니까 어쩔 수 없이 직업을 가지고 생활하는 사람도 꽤 많을 것이다.

하지만 나는 강의를 하는 강사로서 천직임을 확신하고 직업 강사를 감사하게 여기며 강의 활동을 한다. 따라서 강의는 음식을 만들거나 그 어떤 일보다 좋아하고, 강의할 수 있는 달란트를 감사하게 여기고 있다. 당연히 수입도 증대되니 이 얼마나 감사한 일인가.

그 무엇보다 나는 강의를 할 때 가장 행복하거니와 강의 제의가 들어오면 내 뇌는 춤을 춘다.

먼저 나에게 강의를 의뢰해 주신 업체와 기관에게 감사함을 드린다.

우리 한국에는 강사들이 참으로 많음에도 불구하고 그 많은 강사들 중 나를 선택하여 강의를 의뢰해 주셨기에 더 감사하게 생각하는 것이다. 그래서 나는 나의 천직인 강사활동을 평생 하고 싶은 것이다. 아니, 내 건강이 허락하는 한 평생 할 것이다.

그러기 위해서 건강관리도 끊임없이 한다. 먹는 것, 생활하는 것, 그리고 무엇보다 끊임없이 공부를 하며 마음관리도 함께 한다.

강의를 위해 강의 자료를 준비하는 시간은 무척이나 행복하다.

의뢰한 업체의 강의 주제에 맞게 A4용지에 기재를 하고 그 내용을 PPT에 옮기며 강의 자료를 만들어 강의장으로 가는 시간은 즐겁게 여행을 가는 기분으로, 설레는 마음을 가득 안고 출발한다.

이윽고 강의장에 도착하여 강의를 하는 동안은 최선을 다해 내 열정을 불태운다. 강의를 하다 보면 수강생분들과의 소통 또한 즐겁고 감사

하기 그지없다. 따라서 강의를 마치고 돌아오는 시간은 기쁨과 감동으로 내 가슴이 뜨거워지며 강사라는 직업에 스스로 도취해버리고는 한다. 아주 달콤한 사랑에 빠진 듯한……

즐겁게 배워서 남 주자

배움이 즐거운 이유는 아마도 나눌 수 있는 공간인 강의장이 존재하기 때문일 것이다.

대개의 경우 스스로 배워 한껏 지식이 풍부하다 해도 이를 타인과 공유하기란 쉽지 않은 일이다. 그러나 강사라는 직업은 자신이 익히고 배운 것을 그 누군가와 공유하고 줄 수 있음에 기쁘고 감사하지 않을 수 없다. 더구나 배움에 대한 갈증으로 가득한 분들을 만나게 되면 더욱 기쁘고 행복해진다.

학자인 하버트 스펜서는 "교육의 위대한 목표는 앎이 아니라 행동이다."라고 했다.

따라서 배운다는 것은 나에게 행동으로 옮길 수 있는 기회이자 또 다른 숙제이기도 하며 비록 힘이 들고 불편하다 해도 기꺼이 행동으로 옮긴다.

한 번이 어렵지 두 번 세 번 하고 나면 어느새 몸과 마음이 하나가 되고 이는 결국 습관화되는 것이다.

어떤 사람들은 굳이 국가 자격증만 고수한다. 물론 국가 자격증도 필요하지만 민간자격증 중에도 참 좋은 것들이 많다. 하나하나 자격을 취득하며 공부를 하다 보면 어느 순간 자신도 모르게 큰 성장이 되어 있

인천공항 보안요원 대상 "즐거운 직장생활" 강의 장면

국민건강보험공단 관리자 대상 "나를 사랑하는 힐링 법" 강의 장면

음을 느낀다. 그리고 무엇보다 공부를 하다 보면 마음이 넓어질 뿐 아니라 사고의 폭도 확장돼 창의력은 물론 이해력이 빨라진다.

그리하여 나는 가장 즐거워하는 놀이터인 강의장에서 수강생분들과 함께 하기 위해서라도 끊임없이 배운다. 내가 그 어느 곳에서 놀고 즐기는 시간보다 가장 즐겁게 놀 수 있는 공간과 놀이터는 바로 강의장이다.

우리는 어려서 놀이터에서 놀다가 다치거나 친구들과 다투다가도 화해하며 새로운 놀이를 통하여 사회성과 주정을 키우며 즐겼다. 마찬가지로 어릴 때 놀았던 놀이터처럼 나는 나의 가장 즐거운 놀이터인 강의장에서 참으로 많은 것을 배우고 익힌다.

우리의 삶은 숙제가 아닌 축제라는 것을…….

강의를 하면서 웃음이 넘치기도 하고 때로는 처음 마주하는 사이인데도 불구하고 속마음을 털어 놓으며 같이 울기도 한다. 그러나 공통점은 있다. 비록 같이 울고 웃는 사이라 할지언정 그분들은 항시 열린 마음, 그리고 항상 긍정의 에너지로 무언가를 끊임없이 배우려 한다는 것이다.

평생학습을 하시는 분들과 그렇지 않은 분을 대상으로 수명을 비교해 본 결과 평생학습을 하며 끊임없이 배움을 추구하는 분들이 장수한 다는 연구도 있다. 그 이유는 학습을 통해 마음의 근육도 커지고 지혜 의 폭도 넓어지며 이해심과 배려 등으로 그렇지 않은 분들에 비해 스트 레스를 관리하는 힘도 크기 때문일 것이다. 그리하여 나는 더 많이 공 부하고 더 많은 곳을 여행하며 즐길 것이다!

배우자! 즐기자! 그리고 그 즐겁게 배운 것을 과감하게 남에게 주자!

나눔이 얼마나 행복하며 감사한 일인지 세월이 흐르면서 더욱 절실 하게 와 닿는다. 세상은 혼자 살아갈 수 없음에 함께 함이 얼마나 행복 이고 감사이며 큰 기쁨인지 말이다.

나를 믿으며 나를 사랑한다

강의를 하며 고등학생이나 대학생, 때로는 성인들에게도 같은 질문 을 한다.

'자신감은 무엇이라고 생각하나요?'

그러면 대개는 '내가 하고 싶은 것을 하는 것.'이라든가 '큰 소리로 이 야기하는 것.' 혹은 '남들 앞에서 떨지 않고 이야기하는 것.'이라고 대답 한다.

하지만 정작 자신감은 있는 그대로 한자로 풀이한다면 '자기 자신을 믿는 감정'이다.

그렇다면 사람들은 자기 자신을 얼마나 믿으며 생활할까?

의외로 자기 자신을 믿는 사람들은 많지 않은 것 같다.

내가 회사 사내 강사를 하면서 6년 반 동안 면접관으로서 면접 진행 시 질문 중의 하나는 '귀하는 우리 회사에 합격할 것 같은가?'이다.

이럴 때 세 가지의 대답이 나온다.

첫 번째는 "글쎄요?" 하며 스스로 갸우뚱거린다.

두 번째는 "붙었으면 좋겠습니다."이며 세 번째로는 "꼭 합격하리라 믿습니다."라는 대답이 나온다.

첫 번째와 두 번째는 자기 자신을 믿지 못하는 것으로 자신감이 없다는 것이다.

따라서 나는 본인 스스로를 믿고 꼭 합격하리라 확신하며 열심히 잘하겠다는 사람을 선택할 수밖에 없었다. 그것은 바로 자신감으로, 자기 자신을 믿는 사람은 그 무엇이든지 성공할 확률이 그렇지 않은 사람에 비하여 높기 때문이다.

나는 중학교 시절부터 자신감이 참 높았던 것 같다.

내가 원하는 것과 바라는 것, 그 모든 것을 항상 상상하며 외치고 그것을 쓰고 붙이며 생활해 왔다. 또한 그 상상이 당연히 현실로 이루어졌다고 가정하고 행복한 미소를 지었다.

아울러 원하는 것을 시각화하기 위해 책상 앞에 붙일 때에도 그 모든 나의 바람이 이루어졌음을 확신하며, 그 바람이 꾸준히 지속 성장하길 바라는 마음으로 잠에서 깨었을 때나 잠들 기 전에 수시로 되뇌고는 했다.

내가 프리랜서 강사로 선언하고 나자 주위에서 강의 요청들이 많이 들어왔다. 무엇보다 프리랜서 활동의 가장 큰 원동력이 된 것은 텔레커뮤니케이션 특강이었다.

사내강사 후 한 강사모임의 특강을 들으러 갔다가 인연이 된 단체에

서 임원으로 활동을 해보자는 권유에 흔쾌히 수락하게 되었고, 함께 활동하면서 임원진들의 자체 특강을 진행하는 순서로 나는 그 당시 나의 가장 강점인 텔레커뮤니케이션으로 특강을 했던 것이다.

이후 한국산업강사협의회 초대 회장님과 2대 회장님의 추천으로 대전지방경찰청에 강의를 시작하고 기타 기업체 학교 등으로 본격적으로 강의를 하게 되었다.

또한 강의를 하고 나면 피드백도 좋아 그 업체에서 또다시 불러주었던 것은 물론 또 다른 업체에 소개도 시켜주었다.

내 강의를 들은 분들 중에는 자신들이 다시 교육담당자가 되어 나에게 강의를 의뢰하신 분이 현재 네 분이나 있다. 이번 기회에 항상 감사함을 가지고 있는 우리 두 회장님과 전국에서 저를 찾아 주시는 교육담당자분께 다시금 진심으로 감사인사를 전한다.

무엇보다 나는 강의를 하는 강사로 생활을 하며 진정한 멘토를 찾아 헤맸다.

처음에는 나보다 조금만 먼저 시작한 프리랜서 강사만 봐도 멋져 보이고 멘토로 삼고 싶었던 적도 있었다. 그러나 시간이 지남에 따라 정말 언행이 일치하며 진정 멋있게 살아가는 긍정의 에너지가 식지 않는 그런 분을 찾게 된 것이다. 책 속에서 만나는 위인이 아닌 내 눈앞에서 실질적으로 움직이는 그런 멋진 멘토를……

나는 분명히 찾으리라 믿고 있었거니와 결국 2015년, 나는 그런 멋진 분을 만날 수 있었다.

그분과의 인연은 2010년 11월 우리 강사모임 특강에 참석하시어 서로 명함만 주고받은 사이였는데 작년에 다시 만나면서 더 좋은 이미지를 갖게 되었고 만나면 만날수록 알면 알수록 점점 더 가슴이 벅찰 정도의 대단한 분임을 알고 고백하게 되었다

"드디어 제가 간절히 찾았던 멘토를 이제 찾았습니다."라고…….

그분은 나와 세 가지 공통점이 있기에 더욱 끌렸을지도 모른다.

첫 번째는 긍정적인 사람을 좋아한다. 그리고 감사함을 표현할 줄 아는 사람이다!

두 번째는 힘겨웠던 상황도 기회로 삼고 그것을 또 새로운 배움의 기회로 삼는 것이다!

세 번째는 마음을 다해서 주는 것이 바로 성공의 열쇠다.

마지막으로 내가 미처 생각하지도 못한 "평생교육 사업을 하시면서 이윤추구에 앞서 사회적 가치를 창출하고 그로 인하여 성장하며 그 교육 사업을 통해 세상을 긍정적이고 아름답게 변화시킨다."라는 말씀만이 아닌 행동으로 옮기는 그분을 존경하며 멘토로 삼은 것이다.

지면을 통해 이토록 내가 행복한 마음으로 즐겁게 강의할 수 있도록 힘이 되어 주시고 한 식구로 살아갈 수 있도록 손을 내밀어 주신 한국 평생교육원 유광선 대표님께 감사드린다.

내가 좋아하는 강의를 더 즐겁게 하며, 또 80세가 아닌 평생 하고 싶다는 생각의 전환을 시켜주셨을 뿐만 아니라, 돈에 대한 가치까지도 변화시켜 주신 유광선 대표님을 만나게 된 것에 감사할 따름이다.

언제나 내가 하고자 하는 일들은 잘되어 간다. 바라는 것들은 현실이 된다.

2007년, 론다 번의 시크릿을 읽으며 나는 시종일관 놀라워하며 그 책을 읽었다. 어찌 이리도 내 생각과 같은지? 어쩌면 이리도 내가 하고 있

는 것을 그대로 글로 옮긴 듯한 그런 느낌으로 나는 시크릿을 읽었다.

내가 간절히 바라며 그 무언가를 이루고자 할 때 그것은 우주 공간에서 좋은 기운으로 함께 통하며 이루어진다는 책의 내용처럼 나는 그렇게 내 인생의 주인공은 나 자신인 것처럼 나를 믿는다.

내가 내 자신을 믿지 않으면 어찌 타인이 나를 믿어 주기를 바랄 수 있는가? 나를 믿어주고 나를 사랑해 주고 내 안에 있는 나 자신에게 칭찬과 격려와 함께 항상 관심과 정성을 쏟다 보니, 내 주위에는 또 나와 같은 긍정의 에너지가 넘치는 좋은 분들과 함께 하게 되고 하루하루는 행복과 감사함으로 넘친다.

이 많은 감사를 강의와 봉사로 풀고 기부를 하면서 정말 멋진 인생으로 살아간다.

내 인생의 주인공은 바로 나!

내 생각의 주인공도 바로 나!

행복은 항상 내 마음속에 있다.

오늘도 나는 행복하다.

나의 가장 즐거운 놀이터, 강의장이 있기에…….

경기도시흥교육지원청 주관 상담, 봉사 자원봉사 대상 "스피치커뮤니케이션" 강의 장면

대전 관내 의무경찰 대상 "고객만족" 강의 장면

진화 **이 경 희**

- 국제코치연합 생애설계코칭연구소 소장, 수필가
- 한국코치협회 인증전문코치(KPC), 서울시도심권50플러스
  센터 카운슬러, 서울시50플러스재단 컨설턴트
- 한국코치협회 협회지 편집위원, 코쿱북스 출판사 주간, 자
  서전쓰기사업단 편집위원
- 한국사회적코칭협회 회장, 한국코치협동조합 이사, 연세
  코칭연구회 이사, 다움상담코칭센터 전문코치
- 사)한국수필가협회, 사)한국문인협회, 사)국제펜 한국본부
  회원, 한국수필작가회 회장 역임
- 한국수필문학상, 경기도문학상 본상, 고양시 시장상(문화
  예술부문) 수상
- 수필집 《신을 신고 벗을 때마다》, 《마음의 다락방》 외, 공
  동번역서 《코칭의 역사》

문전옥답 인생이모작

불난 집에서 90세 노모가 반려견 두 마리보다 나중에 구조되었다는 뉴스를 들었다. 후세들에게 짐 되는 노인들이 넘치는 세상은 상상만 해도 우울하다. 게다가 한국 노인들의 빈곤율이 OECD 국가 중에 1위라니 이 문제를 어떻게 해결해야 할지, 가난은 나라도 구제를 못 한다는데 뾰족한 대안은 없는지 안타깝다. 베이비부머로 태어나 신중년에 접어드니 저절로 관심이 쏠린다. 서로를 존중하며 세대 간에 화목하고 행복하게 살 수 있는 방법을 찾지 않고서야 이 어려운 시대를 어떻게 무사히 건너갈 수 있을까. 50+ 삶에서 내가 원하는 삶은 좋아하고, 잘하고, 가치와 의미가 있는 일을 오랫동안 계속하는 것이다.

두 번째 을미년을 훌쩍 보내고 다시 병신년도 중반을 넘어섰다. 예전 같으면 할머니 소리를 들을 나이인데 아직도 지구라는 낯선 별을 탐사하는 미숙한 여행자의 느낌이 든다. 60년의 삶을 시행착오와 행운이라는 씨실과 날실로 태피스트리를 짜면서 어느 정도 내 삶의 윤곽이 드러나고 있지만 여전히 예측할 수 없는 불확실한 미래 속에 살고 있다. 매년 새롭게 출판되는 미래학 책을 읽고 지나간 역사책을 뒤져도 하루아침에 터지는 재앙과 사고의 소식에 털썩 주저앉을 수밖에 없다. 개인의 역사도 거대한 흐름을 거스르기는 어려우니 어떻게 하면 수많은 변수 속에서도 가족, 벗들과 더불어 안전하고 평화로운 노후를 보낼 수 있을까.

줄곧 그런 고민을 하다가 서울시립 도심권50플러스센터 '50+카운슬러' 과정에 지원했다. '50+카운슬러'는 생애설계전문가로서 재직 중인 베이비부머 직장인을 찾아가서 통합적인 생애설계서비스를 하는 신직종이다. 1차적인 직업의 연결이나 전직을 지원하는 것과는 차별화되며 퇴직 후가 아니라 2~3년 전에 미리 인생 전체를 조망하는 생애설계를 하고 정서심리적인 지원과 함께 구체적인 정보를 찾을 수 있도록 한다.

인생이모작은 일찍 시작할수록 효과적이고 자기발견, 재취업, 창업, 사회공헌, 여가, 건강, 대인관계를 두루 살펴가며 해나가야 하므로 '50+카운슬러' 제도의 가치는 기대가 크다. 2016년 4월부터는 서울 50+재단이 설립되고 50플러스 캠퍼스가 문을 열었다. 그곳에는 종합상담센터에 '50+컨설턴트'가 하루 3교대로 근무를 하는데 나는 일주일에 세 번 4시간씩 한 주에 12시간씩 근무하고 있다. 공공기관에서 일을 하는 까닭은 여러 유형의 50+고객들을 많이 만날 수 있기 때문이다.

생애설계와 더불어 계속 해나가고자 하는 일은 개인의 일대기, 즉 자서전을 쓰는 일이다. 글쓰기를 통해 나의 삶이 많은 성장을 했고, 그동안 만난 고객들이 놀랄만한 변화를 했다. 1988년에 문단에 등단하고, 1992년부터 꾸준히 상담, 심리치료, 코칭을 공부하며 어떻게 나만의 브랜드를 만들까 고심하던 나에게 문학과 코칭의 융합으로 길이 보이기 시작했다. 내가 먼저 인생이모작에 성공하고 베이비부머를 돕는 일이라 소명감으로 가슴이 띈다. 늘 부족한 부분 때문에 결핍을 느꼈으나 이제부터는 내 앞에 펼쳐진 문전옥답을 갈아서 나누며 인생후반전을 즐겁고 보람 있게 보낼 꿈을 꾼다. 2015년에는 도심권 50+센터자서전쓰기사업단을 중심으로 베이비부머들의 공동자서전을 기획하여 공동 집필, 공동 편집, 공동 출판을 하고 두 권의 책을 발간했다.

　며칠 전에는 '50+카운슬러'들과 함께 서울도심권 인생이모작센터에서 기획한 부부의 날(5월 21일) 특집 '꽃보다 남편, 꽃보다 아내' 콘서트에 참석했다. 〈50+희망 프로젝트 은퇴설계콘서트〉는 부부 편을 시작으로 자녀, 친구, 직장동료와 함께하는 노후 준비로 4회 차까지 이어진다. 50대~60대 퇴직 예정자들 60쌍과 도심권인생이모작센터 회원, 시민 200여 명이 참석하여 재정전문가의 강의, 부부댄서와 여행연출가로 멋진 인생이모작을 하고 있는 부부의 이야기, 공동주택으로 인생후반기의 쾌적한 삶과 안전망을 구축한 주택협동조합 '구름정원 사람들'의 사례를 들었다.

그 모든 프로그램을 통해 현실 너머의 가능성을 깨닫고, 한국과 일본의 시니어들이 답한 설문지 결과를 보며 성공적인 인생이모작을 해법이 무엇인지 예습했다. 한일 노인들이 공통적으로 후회하는 일은 '평생 할 수 있는 취미를 갖지 못한 것, 치아 관리를 하지 못한 것, 저축을 하지 못한 것, 가족과 대화를 하지 못한 것, 여행을 하지 못한 것, 이웃과 사귀지 못한 것' 순이다.

그리고 가장 나중까지 곁에 있어 줄 사람이 누구인지 생각하며, 세 개의 의자를 준비하라는 말이 인상적이었다. 고독을 견디어 내며 홀로 앉을 한 개의 의자, 서로 마주보고 앉을 두 개의 의자, 이웃이나 공동체와 더불어 앉을 수 있는 세 개의 의자… 마침 우리 동네로 이사 온 동료 코치가 생각난다. 공동주택의 옥상을 이용하여 텃밭을 일군다고 하던데 상추, 고추 모종, 꽃모종을 보태고 또 한 친구를 불러서 뒷동산 정자에 세 개의 자리를 마련해야겠다. 혈연이 아니면 어떤가, 이웃사촌이 좋다.

인생 곡선

'사람이 변화될 수 있는가?'라는 질문은 끊임없이 이어진다. 그에 대한 답은 '예.'일까, '아니요.'일까. 중년을 넘긴 분들은 대부분 자신의 삶이 소설책 몇 권은 된다고 말한다. 그렇게 우여곡절이 많은 인생도 하나의 선으로 그려서 바라보면 단순하게 한눈에 들어온다. 50+베이비부머를 위한 생애설계 상담을 하며 새로운 고객을 만날 때마다 인생 곡선을 함께 그린다. 태어날 때부터 현재에 이르기까지 좁쌀만 한 점을 찍고 이으면 오르락내리락 몇 개의 산이 그려진다. 때로는 만족을 향해 올라가고 때로는 좌절을 향해 내리꽂히는 선들은 결코 곡선이 아니지만 작은 점마다 태산처럼 많은 이야기가 담겨 있다.

내담자들은 인생 곡선을 그리며 두런두런 중요한 사건과 행간에 담긴 이야기를 풀어낸다. 이야기를 나누며 이전의 삶과 지금부터의 삶을 나누어 노래를 하거나 영화로 만들거나 책으로 쓴다면 제목이 무엇일까 묻는다. 노래, 영화, 책 속에는 자신도 모르게 삶의 주제가 있기 마련이다. 깊은 골짜기에서 다시금 거슬러 오를 수 있었던 힘이 무엇인지 하나씩 이름을 붙이고 난 후에는 '나도 참 대단하네요. 이때 어떻게 다시 일어났을까요.' 하는 반응을 보인다. 본인들은 미처 깨닫지 못하지만 지나간 일은 독특한 이야기로 기억되고 자신의 해석에 의해 편집, 저장되며 부지중에 그 각본에 충실한 역할을 하며 살아간다.

지금까지 살아온 인생 여정을 그리고 나서 하는 일은 지나온 삶에 대한 감사와 축하다. 한 마디 말로 자신에게 격려하거나 상장을 쓰는 얼굴은 환하게 밝아진다. 수많은 우여곡절 속에서도 지금까지 살아온 삶은 누가 뭐래도 대견하고 장하다. 그 다음에 필요한 과정은 다른 색 연필로 예상되는 앞으로의 삶을 선으로 그려보는 것이다. 전반기 삶에 대한 감사와 축하를 하고 나면 후반기 삶은 보다 적극적인 의지와 선택으로 표현한다. 비록 나이가 많다 해도 새로 찍은 꼭짓점 속에서 뭔가 변화를 위한 첫걸음을 찾아내고, 성격이나 환경을 바꾸기 어렵다 해도 생활에 대한 태도는 스스로 선택할 수 있다.

예를 들면 연금도 충분하고 건강하여 자원봉사를 열심히 해온 분들이 나이 때문에 사회공헌이나 자원봉사조차 하기 어렵다는 호소를 한다. 젊은 분들은 경력개발을 하여 더 좋은 직장으로 가면 행복해질 거라고 믿고, 재정적으로 어려운 분들은 조금만 넉넉해지면 모든 문제가 해결되리라고 생각하지만 꼭 그런 것만은 아니다. 세상에는 자신이 통제할 수 있는 일과 없는 일이 있다. 내가 바꿀 수 없는 일에 집중하여 똑같은 패턴으로 생각하고 행동한다면 변화할 수 없지만, 통제 가능한 일 중에 내가 할 수 있는 일을 한 가지씩 해나가며 생활방식을 바꾼다면 변화가 가능하다.

사실 생애설계나 경력설계의 시작은 현실과 이상의 차이를 깨닫는 데서 시작되며 그 사이에 어떤 다리를 놓느냐 하는 것이 과제다. 다리를 놓고 건너는 데 필요한 디딤돌은 직무전문성뿐 아니고 재능이나 흥미, 관심, 가치와 의미 속에서 찾을 수 있다. 작가로서 전문성과 재능과 흥미가 하나 되어 늘 젊게 사는 친구에게 60회 생일을 축하한다고 했더니 회갑이 무슨 축하할 일이냐고 정색을 했다. 아무리 몸매 관리를

잘하고 멋진 의상을 갖춰 입어도 가까운 글씨가 안 보이고 무릎 아픈 것이 싫다고 했다. 그래도 60년간 꾸준히 치열하게 살아서 여기까지 온 것은 대단한 일이니 축하할 만한 게 아니냐고 되물었더니 그건 그렇다며 웃었다.

70대 인생의 선배 고객님께 그동안 잘해 온 일과 앞으로 꼭 이루고 싶은 일이 무엇이냐고 여쭤보니 잘해 온 일을 꼼꼼히 적고 나서 이루고 싶은 난은 더 이상 쓸 것이 없다며 빈칸으로 내밀었다. 인생 곡선은 최선이 현상유지요, 가장 좋은 자세는 자족이라며 내리막 점선을 그렸다. 평생 가족과 사회를 위해 최선을 다한 그분의 점선은 퇴보가 아니고 가파른 산맥을 내려와 고향으로 향하는 길도 아름답다는 것을 말해주었다. 내담자의 어두웠던 눈빛이 부드럽게 밝아지는 것을 바라보며 고객들의 생애설계를 통해 더불어 익어가는 자신을 발견한다. 내가 상상하는 미래는 인생의 곡선마다 가치 있는 이야기가 풍성하고 곳곳에 맑은 샘이 넘쳐서 벗들과 더불어 마음껏 생명력을 나누는 숲속의 러닝리조트이며, 오대양을 누비는 노을 속의 인생설계 해피크루즈이다.

배롱나무꽃 필 무렵

배롱나무 붉은 꽃이 피면 여름이 깊어진다. 피지 않을 듯 시치미 떼고 있던 배롱나무에 붉은 꽃이 필 무렵이면 내 생일이 다가온다. 배롱나무꽃은 여름의 정점에 느지막이 피어나서 선선한 바람이 부는 계절까지 거의 백일 동안이나 피고 진다. 그래서 배롱나무를 목백일홍이라고 부르는가 보다. 문득 생애 50+의 고비를 넘어서서야 꽃이 피고 절정을 맞이한 나의 삶이 배롱나무와 닮았다는 생각이 든다.

탄생과 첫 생일에 대한 이야기는 그 사람에 대해 많은 것을 말해준다. 어디서, 어느 계절에, 누구의 자녀로 태어났는지, 태어날 때 어떤 환영을 받았는지, 형제 서열이 어떻게 되는지, 건강상태는 어땠는지, 사소하게 여겨지는 일들도 현재의 삶에 중요한 단서가 된다. 세계적인 사업가 워렌 버핏은 한 개인의 성공은 얼마나 많은 재산을 가졌는가가 아니라 마지막 순간에 누가 곁에 있는가로 가늠할 수 있다고 했다. 태어날 때와 죽을 때 누구와 함께 있는가, 얼마나 사랑을 받고, 사랑을 나누었는가 하는 것이 개인의 역사를 결정한다면, 100세 시대에 50+의 나이는 중간 점검할 수 있는 적절한 시기다.

나는 전쟁이 끝나고 평화가 깃들던 서울의 여름 젊은 부모님의 맏딸로 국립의료원에서 태어났다. 첫 딸이라 부모님의 사랑을 많이 받았고 가까이 살던 외가 식구들의 사랑을 독차지했지만 수줍음이 많은 아이였다. 언제나 여름 더위의 절정인 초복과 중복 사이에 맞이하는 생일이라 그냥 넘어가는 일이 많았지만 이번에는 특별한 생일이니 축하해달라며 7월 19일 0시 페이스북에 'Happy Birthday to me!' 광고를 했다. 그동안 한순간도 쉬지 않고 살아온 것만으로도 얼마나 놀랍고 고마운 일인지 기뻐하며 스스로 기념일을 선포했다. 가족과 친구들에게 미리 알린 덕분에 수많은 분들에게 마음껏 축하를 받았다. 근래에 생애설계 전문가로 활동하며 생애설계의 가장 중요한 과정이 살아온 날에 대한 감사와 축하라는 것을 깨달았기 때문이다.

어린 시절에는 누구보다 특별한 사람이 되고 싶은 기대감에 부풀었던 때가 있었고, 힘들고 어려운 시기에는 시간이 빨리 흘러가기를 빌었다. 평범하게 살고 싶지 않았기에 소설 속의 주인공을 롤모델로 삼았고, 구원에 이르도록 자라고 싶어서 세미한 음성에 귀를 기울였다. 삶의 의미를 찾는 일, 성장과 변화에 대한 욕구는 사춘기 시절부터 끈질기게 나를 따라다녔다. 그래서 끊임없이 책을 읽고, 산 위에 앉아 생각에 빠지고, 혼자 길을 걷고, 생각의 조각들을 모아 메모한 지 50년이 되었다. 외딴 섬으로 몇 주간씩 자발적 유배에 들어가기도 했다. 도대체 내 모습 그대로 산다는 것이 무엇인가. 대자연 속에서 존재를 깨우는 굉음에 놀라며 매 순간 떠오르는 단상들을 놓칠 새라 모아두었다가 치유와 성장, 변화와 발전에 관한 주제로 글을 썼다.

유독 심리학에 관심이 많아서 1992년부터 평생교육을 통해 끊임없이 상담과 심리치료, 코칭을 공부하며 '상한 감정의 치유', '죽음의 수용소에서', '상처받은 치유자', '아직도 가야 할 길', '사티어의 경험주의적 가족치료'와 같은 책을 읽고, 프로이트-융-아들러의 영역을 기웃댔다. 30년 전 '죽음의 수용소-삶의 의미요법'에서 만났던 빅터 프랭클 박사와 다시 조우할 때까지 나만의 독특한 로고스를 찾아 오래도록 순례를 했다. 이제는 벅찬 기쁨의 순간과 견디기 어려웠던 시절이 모두 지나가고 한 줄기 강물처럼 시간이 깊어지는 중이다. 평범하다 못해 소박하지만 느릿느릿 황소걸음을 멈추지 않고 흙먼지 속에서도 예까지 살아남은 내 자신이 대견하고 장하다고 격려해준다. 머지않아 곤두박질치는 시간의 폭포가 나를 큰 바다로 내동댕이치리라는 것을 알고 있지만 그 두려움 속에는 변혁을 위한 천둥 번개와 함께 눈부신 무지개가 숨어 있다고 믿는다.

지난 생일감사주간은 수요성경공부 그룹에서 생일파티를 해주면서 시작되었다. 낮이 가장 긴 계절에 목사님 댁 마당에서 바비큐를 하고 앵두를 따서 샹그리아 와인 화채를 만들었다. 꽃집을 하는 동갑내기 친구가 준비한 꽃다발을 받을 때만 해도 내 나이가 실감나지 않았지만, 미국으로 이민 간 초등학교 시절 친구를 만나 어린 시절 얘기를 나누며 '지금·여기'에 살아가는 자신을 발견했다. 헤이리 예술마을에 들러 구경과 산책을 하는 동안 반백 년 친구는 역이민을 고려한다며, 104세 되신 자신의 친정어머니를 뵈러 왔다가 앞일을 내다보니 타국에서 나그네로 사는 노후가 얼마나 외로울지 불을 보듯 뻔하다고 했다.

생일 전날은 같은 일을 하고 비슷한 성향을 가진 40대, 50대 동네 친구들과 심야식당에서 만나 밤늦도록 대화를 했다. 가까이 사는 친구들이 번개처럼 모여 희로애락을 나눌 수 있다는 것은 크나큰 복이다. 특히 평생교육 학습자가 되어 지역을 기반으로 학교에 다니고 협동조합을 만들어 '지역에서 세계로'라는 구호에 따라 사업을 시작한 코치들의 축하는 생일 다음 날까지 이어졌다.

여러 나라에 흩어져 사는 가족들과 모여 예배드리고 4대가 함께 식사하는 장면과, 친구들과 서울 시티투어 하는 사진을 페이스북에 올렸다. 연로하신 어머니는 증손녀와 증손자를 안으며 기뻐하셨고 조카는 두 아기와 함께 정성껏 만든 케이크를 가지고 왔다. 자매가 없는 내게 가족처럼 가까운 동료들이 한강 선착장에서 마련한 깜짝 생일 파티와 저녁노을은 숨 막히게 아름다웠다. 사회의 어두운 면만 부각하는 매스컴의 프레임 너머를 바라보니 서민들도 가까운 곳에서 소박하고 풍성한 삶을 누리고 있었다. 젊은이들이 야외에서 열정적인 공연을 할 때 관객들은 음악에 맞추어 자유롭게 춤을 추었다. 작은 텐트를 치고 가족, 연인들과 강바람을 즐기는 사람들, 마음껏 뛰어다니는 아이들의 모습에 가슴이 따뜻해졌다. 하늘과 강물, 저녁노을과 바람은 가장 아름답고 값진 선물이지만 누구에게나 언제든지 무료다.

지난 일모작을 기념하며 많은 추억과 가슴 가득 감사를 충전을 하고, 인생이모작의 출발을 축하하는 와인 파티를 해준 친구들은 동료코치인 '동민 여러분'들이었다. 7월 셋째 주에 로고테라피 과정을 마치고, 마지막 주에는 아이들이 표를 끊어주어 중국의 무릉도원 장가계와 원가계에 다녀왔다. 그동안 겪었던 나의 갈증과 영적인 허기는 내 안에서 별처럼 빛나는 로고스를 발견하기 위한 과정이었다. 올해로 해방시점을 선포하고 여가경력을 쌓으며 장가계 구상도 했다. 구상이란 다름 아닌 바로 나답게 살며 그동안 쓰지 않고 묻어두었던 달란트를 찾아내어 마음껏 사용하고, 내 목소리로 노래하면서 내 몸짓으로 춤을 추기로 했다. 장가계의 웅장한 풍광으로 스며들어가고 수억 년 동굴을 품은 동산 앞에 섰을 때도 대륙의 연분홍빛 배롱나무꽃이 나를 반겨주었다. 내 안에 억압되었던 가능성이 자유를 얻고, 내가 만나는 벗들의 로고 힌트를 찾아 동행하는 생애설계의 여정은 아무리 생각해도 기쁘고 가슴 벅찬 일이다.

'너는 누구냐고 신이 물었을 때 편도나무는 아무 말 없이 아몬드 꽃을 피웠다.'
— 니코스 카잔차키스의 〈그리스인 조르바〉 중에서

이처럼 인생의 겨울이 올 때까지 뜨겁게 공부하며 내 이름에 걸맞은 꽃을 충실하게 피우려 한다.

이야기 바꿔 쓰기

어린 시절에 이야기 듣는 것을 유난히 즐겼다. 할머니의 이야기는 구수하고, 이모의 이야기는 짜임새가 있었다. 할머니의 이야기는 구전된 것이라 거의 바뀌지 않지만 이모의 이야기는 원전이 있어도 수시로 각색이 되었다. 이야기는 들을 때마다 재미있었다. 똑같은 이야기라 결말을 뻔히 알고 있지만 내레이터의 편집에 따라 눈물을 흘리거나 깔깔대며 웃기도 했다. '이야기 듣기'는 '이야기하기'로 역할이 바뀌어 내 스스로 스토리텔러가 되었다. 잠자리에 세 동생들을 나란히 뉘어놓고 할머니와 이모에게 들은 이야기에 내 상상까지 보태어 구연을 해주면 동생들은 '그래서?' 하며 바짝 다가와 다음 이야기를 재촉했다.

그렇게 만든 이야기가 연극 각본이 되고 연출까지 맡아 동네아이들에게 역할을 나누어주며 유랑극단을 꾸미기도 했다. 무대는 우리 집 대청마루가 될 때도 있고, 동산의 바위가 될 때도 있었다. 그때마다 만들었던 이야기는 생각이 세세히 나지 않지만 대체로 현실적인 것과 환상적인 것이 뒤섞여 있었다. 이야기는 커지기도 하고 어처구니없이 뚝 끊어질 때도 있었다. 청중인 친구나 동생들은 듣고 나면 바로 잊어도 이야기를 만드는 나는 다시금 그것을 되새기며 새롭게 재구성하곤 했다.

우리 인생의 이야기도 그와 다르지 않다는 걸 최근 들어 깨닫는다. 남편에게 곱씹어서 하는 이야기, 어머니에게 하는 이야기, 아이들에게 하는 이야기는 늘 같은데 그중에 내 마음대로 윤색되거나 상대방의 기억과 상반되는 것이 있을 수 있다. 혹시 치명적인 오류나 왜곡 때문에 누군가 불이익을 당하거나 억울한 점은 없었을까. 남이 아니더라도 내 자신이 그렇게 기억하기로 선택하여 오늘날의 삶에 영향을 미치는 점은 무엇일까.

종종 잠깐의 갈등으로 영영 멀어진 친구가 생각난다. 그 친구는 고무찰흙으로 만든 자신의 얼굴이 마음에 안 든다고 내가 만든 작품의 코를 납작하게 눌러버렸다. 그 친구와 한동안 말을 안 하다가 그대로 헤어졌는데 다시 못 만나서 늘 마음에 걸린다. 만약에 그 시절로 다시 돌아간다면 '정말 코가 좀 낮네.' 하면서 코를 좀 더 높여 붙이거나 그 이후 별일 없었다는 듯이 말을 걸었을 텐데 말이다.

초기기억만 해도 그렇다. 큰 동생이 태어나고 얼마 있지 않아 부모님을 따라 크리스마스 파티에 갔는데 원하는 금빛 나팔 대신 산타양말에 담긴 사탕을 선물로 받고 실망했던 기억이 난다. 그 일 이후로 세상은 사람들이 모여서 잔치를 즐기는 곳이며 사람들은 나에게 관심을 갖고 주목하며 도와주려고 한다는 생각과, 모든 일이 내 마음대로 되지는 않지만 최선을 다해 얻어야 기쁘다는 신념을 가지게 되었다. 아들러의 초기기억 분석을 받고 보니 그와 관련하여 끊임없이 사람들과 더불어 일을 하며 그 가운데서 사랑을 받고자 하고, 원하는 것을 얻기 위해서 끊임없이 우월성을 추구하는 생활양식을 갖게 되었다. 이야기의 진위나 내용은 사실 큰 관련이 없고 그 일로부터 무엇을 느끼고, 어떤 세계관과 신념을 갖게 되었느냐가 중요하다.

그렇다면 우리를 짓누르는 힘겹고 괴로운 이야기도 바꿔 쓸 수 있다

는 가능성에 도달한다. 교도소의 재소자들을 대상으로 인생재설계 강의를 할 때 '앞으로의 인생을 새롭게 다시 쓰자.'는 말에 대부분 동의한다. 지금까지 일어난 일을 바꿀 수는 없지만 그 일에 대한 의미와 해석은 바꿀 수 있으며 앞으로 어떤 선택을 할 것인가는 내가 결정할 수 있다는 자기결정권에 무게를 두면 자포자기했던 마음속에 한 줄기 희망의 빛을 발견할 수 있다.

사람이 통제할 수 없는 일을 운명이나 하나님의 뜻이라고 하는데 그 부분은 이미 우리의 영역이 아니다. 흔히 사람은 바뀌지 않으며 성격은 달라지지 않는다고 하지만 우리는 생각과 생활태도를 스스로 선택할 수 있다. 문제는 바꿀 수 없는 부분에 집착하거나, 바람직한 선택을 하지 않고 좋은 결과를 기다린다는 것이다. 때로는 생각의 씨앗이 심겨져서 곧바로 싹이 나지는 않지만 조금씩 자라나고 진지한 질문 속에서 의식의 싹이 터서 태도의 변화가 생긴다. 물론 지금까지 살아온 인생에 대한 아쉬움이나 회한이 없어서 그대로 살기로 선택한다면 그것도 귀한 일이지만 인생재설계는 '삶의 이야기 새롭게 바꿔 쓰기'로 연결이 된다. 나는 내 삶의 이야기를 새롭게 쓰고 눈부신 인생의 오후를 살기로 했다. 나는 행복한 인생설계코치다.

이 병 진

국제기업코칭개발원 원장
아트라스비엑스 마케팅 본부장
(전) 한국타이어 미주본부장 / 중국본부장 /
글로벌 O.E. 부문장 / 독일 법인장 / 스페인 법인장 /
브라질 법인장 / 영국 법인장

가슴 뛰는 삶

멈춤과 휴식

2015년 한 해가 저무는 마지막 날!

상사들, 때로는 동료와 후배들에 이르기까지 정년퇴직과 명예퇴직을 바라보면서도 남의 일인 양 별로 실감하지 못했던 '은퇴'라는 말이 곧 나에게도 정말 현실로 다가왔다. 1983년 3월에 사회에 첫발을 내디뎠으니 무려 강산이 세 번 변하고도 남을 긴 세월을 동분서주했던 것이다.

막상 직장을 그만두자 다소 두려움도 있었지만 이미 수없이 생각했던 터여서 인생 2막 시작이라는 새로운 도전의 설렘이었다.

은퇴는 결코 인생의 정점이 아닐 뿐만 아니라 종착역은 더더욱 아니다. 다만 기나긴 생에 전환점일 뿐이다. 모든 비상구가 문을 열고 나가서 반대편에서 바라보면 새로운 입구이듯이 퇴직 또한 새로운 인생의 전환점이자 새로운 출발이라는 스타트 선이라는 것이다.

은퇴는 영어로 RETIRE이다. 이는 타이어TIRE를 새로 갈아 끼운다RE는 의미가 내포되어 있다.

나는 실제로 타이어 관련 일을 했었는데 이제 정말 타이어를 바꿔서 새로 달려야 하는 시점에 오게 된 것이다.

그러나 새로운 출발을 위해서는 먼저 나를 알아야 하고 나를 다스려야 한다. 무엇보다도 삼십 년 넘게 정신없이 앞만 보고 달려온 나에게 휴식이라는 선물을 주는 것도 괜찮다는 판단이 들었다. 그리하여 멈춤과 휴식이라는 선물을 주어 나를 보듬는 것이 우선이었다.

인생은 속도보다는 방향이 중요하다. 대개 은퇴 후 조급한 마음에 신중하지 못한 결정은 자칫 이제까지 잘살아온 인생을 송두리째 앗길 우愚를 범할 수도 있지 않겠는가.

음악의 음표에 쉼표가 있듯이 제2막의 인생을 위해서는 잠시 멈춤과 휴식이라는 쉼표가 반드시 필요할 것이다. 따라서 의식적으로 나를 경계하며 일단은 나를 정리하기로 했다.

수개월의 휴식은 주로 아내와의 동반여행이었다. 가급적 마음을 비워 그 어떤 잡념조차 지워버리려 노력했지만 그래도 무엇을 할 것인가 정해놓지 않은 이상 남은 인생을 어떻게 장식할 것인가에 대한 기대보다는 걱정이 앞서는 것도 사실이었다.

그러던 어느 날, 문득 2년 전 미국에 머물 때 한국에 있던 큰아들과 나눈 대화가 생각났다.

국내 굴지의 대기업 정규직으로 근무하던 아이가 이제 비정규직인 계약직으로 전직하겠다고 하였다.

"뭐라고? 회사를 그만두고 무슨 일을 하겠다고?"

자신도 모르게 목소리가 커지고 아들의 긴장하는 모습이 수화기 저편으로 전해져 왔다. 그렇지 않아도 청년실업이 사회적 문제가 되거니

와 심각한 취업난 시대에 하늘의 별 따기만큼이나 어렵다는 대기업에 입사한 지 겨우 삼 년 만에 그만두다니 그야말로 청천벽력이었다.

이런 정신력으로 어디 가서 무엇을 할까……. 세상이 그리도 만만한 줄 아는가?

아무튼 어찌 설득하지 할지 등등의 생각이 순식간에 머리를 스치고 지나갔다. 애써 당혹감과 분노를 억누르며 그럼 이제 무엇을 할 것이지 물어보았다.

예상대로 축구 관련 일을 하려고 한다고 했다. 이미 어릴 적부터 아이가 열정적으로 축구를 좋아하는 것을 잘 알고 있었다. 그러나 무턱대고 화부터 내면 역효과를 낼 수 있는 만큼 어떻게 아이를 구슬리고 달랠 것인지, 또한 구체적으로 어떤 일을 하려는지 마음을 다잡아 부드러운 말투로 재차 물어보았다.

그러자 아들은 금세 긴장감을 풀고 열정적으로 설명했다.

새로 내정된 축구감독의 통역을 하는 일이며 이미 최종 면접을 마쳤고, 신임 감독이 최종적으로 본인을 낙점하여 계약만 체결하면 된다고 했다.

하지만 문제는 객관적인 조건이 비교가 되지 않았다. 우선 다니던 회사는 당연히 정규직이었을 뿐만 아니라 입사 삼 년 만에 막 대리 승진을 했던 터였다. 더구나 본인의 어학 능력으로 보아 머지않아 해외 주재원 경험을 쌓게 되면 회사와 더불어 글로벌 인재로 성장할 가능성이 높아 보였던 것이다. 이는 내가 겪어 왔던 경로였거니와 아들에게도 낯설지 않은 길이었다.

반면 축구협회가 제시한 연봉은 이제까지의 절반 수준밖에 되지 않았다. 더 큰 걸림돌은 계약직으로 1년 근무 후 평가가 좋을 경우 정규직

으로 전환이 가능하다는 것이다.

1년 후의 평가라고 해도 아이의 능력을 잘 알고 있던 터여서 그리 걱정할 것은 아니지만 인생을 더 살아 온 내 입장으로서는 혹시나 하는 걱정이 앞섰다. 만일 신임 감독이 부임해 시행착오나 그 밖의 난제 등으로 채 1년도 채우지 못하고 중도 퇴임하면 어떻게 될지, 여러 가지 현실적인 조건이나 리스크 등을 고려하여 일단은 회사에 적을 두고 시간을 갖고 생각해보는 것이 좋을 것 같다고 신중하게 조언했다. 그러다가 아들의 한 마디에 그만 마음이 돌아서고 말았다.

"현실적으로 아버지 말씀이 다 맞아요. 그런데 저, 이번에 이 일을 못하게 되면 평생 후회할 것 같아요?"

후회에는 두 종류가 있다고 한다. 하고 나서 하는 후회와 하지 않아서 하는 후회이다. 물론 전자의 경우가 후자에 비해 훨씬 바람직하다고 할 것이다.

어떤 일을 하고 나서 잘못되어 하는 후회는 즉각적이어서 이를 깨달아 반성하고 재수정하면 된다. 그러나 아예 시도도 해보지 않은 일은 결과물이 없으므로 그 일을 할 때까지 계속하여 아쉬움과 후회가 지속될 수밖에 없다.

그렇다. 자신이 좋아하는 일을 하면서 살기에도 짧은 인생, 좋아하지도 않는 일을 하면서 시간을 낭비하다 보면 추후 정말 큰 후회로 남을 수밖에 없을 것이다.

우리가 추구하는 것은 한마디로 행복이라 할 것이다. 따라서 소위 말하는 객관적인 조건 때문에 주관적인 행복을 포기할 수는 없다.

그리하여 아이에게 다음과 같이 격려해주었다.

'직업을 보상과 좋아하는 일의 교집합으로 분류할 때 최상등급은 자신이 좋아하는 일을 하면서 보상 또한 충분한 일이다. 물론 최하등급은 보상도 적은데 싫어하는 일을 하는 경우다. 문제는 좋아하는 일을 하는데 보상이 적은 경우와 좋아하지 않는 일이지만 보상은 많은 경우인데 내 의견으로는 네 경우가 2번이라 할 것이다. 그래도 너는 3등급에서 2등급으로 올라갔으니 축하할 일이다. 네가 정말 그 일을 좋아하여 열심히 하고 네 역량도 키워나간다면 1등급으로 갈 수 있는 길이 열릴 것이다.'

아들은 요즈음 신바람이 나 있고 즐겁게 일하고 있다. 물론 일이 편한 것은 아니다. 전 직장과 비교해 근무 강도가 낮지도 않다. 오히려 더 하면 더했지 조금도 덜하지 않다.

전형적으로 근면한 독일인의 혈통을 숨길 수 없는 슈틸리케 감독은 시합이 있는 매 주말마다 경기장을 찾아다닌다. 덕분에 아들은 신혼의 달콤함과 귀여운 첫딸의 재롱을 뒤로하고 대부분의 주말을 경기장에서 보내야 한다. 그럼에도 불구하고 아들은 비록 몸은 피곤할지라도 행복해한다. 돈을 내고 관람해야 할 축구 시합을 공짜로 보고 있으니 행복

하다고 한다. 얼마나 다행인지 모른다. 게다가 슈틸리케 감독은 연착륙
에 성공하여 날로 인기를 더하니 덩달아 아들 또한 이력이 부각되어 몇
몇 매체에 인터뷰도 했거니와 강연도 하게 되었다. 미국의 명문대를 졸
업해 전직하게 된 경위를 알게 된 것이다. 작년 10월에는 축구협회 정
규직으로 전환되었으니 금상첨화라 할 것이다.

아들을 삶을 재조명해 보면서 어떻게 삶을 사는 것이 진정으로 행복
한 것인가에 대해 다시 생각하게 되었다.

그래, 나도 더 늦기 전에 이제부터라도 내가 하고 싶은 일을 하면서
가슴 뛰는 삶을 살아보자

그 일은 과연 어떤 의미가 있는가

행복한 삶을 살기 위해서는 자신이 좋아하는 일을 하면서 사는 것이
좋겠지만 누구나 좋아하는 일만 하면서 살아갈 수는 없다. 살다 보면
때로는 싫은 일도 반드시 해야만 할 때가 있는 것이다. 그러나 싫어하
는 일에 온 정신을 쏟기란 쉽지 않으며 자신이 좋아하는 일을 할 때 진
정으로 열정적일 수 있다.

그럼 과연 좋아하는 일이라고 하여 열정일 수 있다면 정말 행복한 것
일까? 그 좋아하는 일을 취미로 한다면 모르겠지만 평생 직업으로 삼
으려면 또 다른 질문과 맞닥뜨려야 한다. 그것은 바로 그 좋아하는 일
을 정말 잘할 수 있는가이다. 즉 남들보다 탁월함을 발휘할 수 있는 재
능이 있는지 자문자답해보아야 할 것이다.

아들은 정말 축구를 좋아한다. 축구에 열광하는 유럽에서 유소년기를 보냈기 때문일 것이다. 더구나 마드리드에 살 때 당시 가장 인기 있는 레알 마드리드의 전설인 라울이 인근 아파트에 살고 있었다. 그러자 아들은 그 아파트 경비에게 부탁하여 사인을 받고 열성적으로 연습장을 쫓아다녔다. 현대자동차에 다닐 때는 축구 동아리에 들어가더니 틈틈이 공부하여 FIFA AGENT 자격증을 취득하고 축구협회에서 주관하는 축구아카데미 과정을 1기로 수료했다. 더구나 일 년에 일주일뿐인 휴가 기간에는 가족과의 휴가를 포기하고 전북 현대 구단을 찾아가 인턴생활을 할 정도였다.

영국과 스페인 생활을 마치고 한국에 귀국할 당시 중학생이었던 아들은 축구 선수가 되겠다고 떼(?)를 써 한동안 애를 먹기도 했거니와 그때 아들을 설득하지 않을 수 없었다.

'축구선수가 되려면 타고난 신체적 조건이 좋아야 한다. 그런데 불행히도 엄마, 아빠의 유전적 조건을 볼 때 너는 축구선수로 대성하기는 어려울 것 같다. 공부는 중간만 하여도 괜찮지만 운동은 그렇지 않다. 축구를 좋아한다고 해서 꼭 선수로만 활동해야 하는 것은 아니다. 축구는 그냥 조기 축구회 등 좋은 취미로 즐기고 축구 관련 행정가, 마케팅 전문가, 에이전트 등 다양한 가능성이 많으니 이쪽으로 나아가는 게 좋을 것이다.'

사람의 가능성은 누구도 쉽게 예단할 수 없는 일이다. 하물며 해보지도 않은 일에 대한 그 가능성은 영원히 미지수이지만 나는 지금도 내 판단이 그르지 않다고 믿고 있다.

아들은 축구 대신 어릴 때부터 언어에 남다른 재능을 보였다. 돌도 되지 않아 말을 하였고 글도 깨우쳐 웬만한 글자는 다 읽을 수 있었다. 오죽하면 길을 가다가 간판을 소리 내어 읽어 주변 사람들이 크게 영재라고 칭찬하고는 했을까.

웬만한 동화책은 거의 모두 암송할 정도였다.

그런 아들의 언어 쪽 재능은 오롯이 아내의 현명함이었다.

다른 부모들처럼 음악, 미술, 태권도 등을 시키고는 하였으나 아이가 별다른 흥미를 보이지 않으면 더 이상 강요하지 않고 바로 포기하도록 했다. 그러다가 아이의 언어재능을 알게 된 아내는 비록 해외이지만 학교로 옮길 때마다 학업에 대한 강요보다는 바로 축구부에 가입하도록 하고 함께 여행하도록 적극 권유했던 것이다. 아이에게 자신감을 부여하고 현지 아이들과 바로 친밀해져 가장 빠르게 언어를 습득하는 방법이라고 믿었던 것이다.

덕분에 아이는 어느 곳에서든지 빠르게 친구를 사귀고 언어를 습득하였다. 한국에 와서도 인터넷을 통해 스페인 방송의 축구시합을 청취하고, 스페인 현지의 스포츠 신문을 찾아 읽는 열정이 작용한 덕분에 더욱 능란하게 스페인어를 구사하며 발전하게 된 것이다.

그 일을 좋아하는지, 잘할 수 있는지의 질문 다음으로 중요한 것은 과연 그 일이 의미가 있는가라는 것이다.

우리는 항상 '무엇을' 또는 '어떻게'라는 질문에만 집중한다. 그러나 이러한 질문 이전에 더 중요한 것은 왜WHY라는 질문일 것이다. 이 질문에 대답하기 위해서는 과연 그 일이 나에게 어떤 의미가 있는 것인지 골똘히 생각하지 않으면 안 된다. 우리의 삶에서도 '무엇이 되려고 하는가.' 하는 질문 이전에 '나는 누구인가, 그리고 왜 사는가?'라는 질문

에 답할 수 있어야 한다.

따라서 나는 가끔 아이에게 '이제 통역으로 축구와 관련 일을 시작하였으니 10년 후에는 무슨 일을 하고 싶은지, 그 일이 본인에게 어떤 의미가 있고 왜 중요한지 아울러 그 일을 위해서 지금 바로 준비해야 할 일은 무엇인지.' 등에 대해 질문을 하고는 한다. 물론 이에 대답은 아이 스스로의 몫이다.

사랑하는 사람과 사랑하는 일을 해야 한다

학창시절, 내 목표 중의 하나는 교수였다. 이는 교수였던 아버님의 바람이기도 했다. 책 읽기를 좋아할 뿐만 아니라 읽은 책을 되새겨 남에게 이야기하는 것을 좋아하는 내 성격과 잘 맞는 일인 것 같았다.

중학교 때, 추억 중 하나는 갑작스러운 사정으로 선생님이 자리를 비우면 어김없이 앞에 나가서 내가 읽은 책 이야기를 하던 일이다.

앞에 놓은 여러 가능성의 선택지 앞에서 고민할 때 학창시절의 꿈과 아들의 선택은 나에게 커다란 영감과 용기를 주었다.

당장이라도 내 1막 인생을 주춧돌로 다시 취업하는 것이 어찌 보면 가장 쉽고 안정적인 선택일 수도 있다. 그러나 이제 인생 2막은 나 역시 가지 않은 길을 선택하리라.

입버릇처럼 은퇴하면 강연을 하며 여생을 보내고 싶다고 했으니 일단 저질러보자. 자신이 진정으로 이 일을 좋아하는지 그리고 재능이 있는지 시도조차 해보지 않고 어떻게 알 수 있단 말인가?

뜻을 세우면 길이 보이는 법이다. 때마침 한국평생교육원에서 2박 3

일 일정으로 평생명강사1기 과정에 참가하게 되었고, 요즈음은 새로운 공부에 푹 빠져 있다. 특히 코칭형 리더십 과정은 내 지난 삶을 근본적으로 성찰하게 하고 새로운 길을 제시하여 주고 있다.

나에게 강사는 단순히 노후의 경제적 생활을 가능하게 해주는 수단이 아니다. 바로 어릴 적부터의 꿈을 실현해 주는 새로운 장이다. 계속 새로운 것을 배움으로써 성장을 멈추지 않고 또한 내 부족한 경험과 지식이나마 타인과 공유하며 이로 인해 누군가의 삶이 조금이나마 나아질 수 있다면 이보다 더 큰 보람과 의미가 어디에 있을까?

이 글을 읽는 여러분도 누구나 이루고 싶은 꿈이 있을 것이다.

이루고 싶은 꿈이 있다면 먼저 자신에게 물어보아야 한다. 얼마나 간절히 그 꿈을 원하며, 그 꿈이 자신에게 어떤 의미가 있는지를……

과연 그 꿈이 진정한 꿈이라면 그 꿈이 여러분을 인도할 것이다.

이 글을 읽고 있는 여러분과 언젠가 만나서 그 꿈을 나누고 있을 즐거운 모습을 상상하는 게 또한 내 꿈이기도 하다.

마크 트웨인은 다음과 같이 말했다.

'시간이 없다. 인생은 짧기에 다투고 가슴앓이를 하고 해명을 요구할 시간이 없다. 오직 사랑할 시간만이 있을 뿐이며 그것은 한순간이다.'

한순간인 인생을 사랑하는 사람과, 사랑하는 일에 사용하여 인생을 낭비하는 우를 범하지 않기를 기도하며 글을 마칩니다.

이 성 우

여의도순복음동탄교회 담임목사
서울기독대학교 기독상담학 Th,M
쉐마전인치유센터, PMTC선교훈련원 강사

아라비안나이트

    고등학교 동창이 찾아와서 아들의 결혼식 주례를 부탁했는데 조건을 제시한 주례 청탁稿託이었다. 하객들 앞에서 하나님 이야기를 하지 말라는 것이다.

    그리고 얼마 지나지 않아 결혼식 주례사가 시작되었다. 자동적으로 내 입에서 나오는 말이 '할렐루야~'였다. 이에 하객들은 약속이나 한 듯이 모두 '아멘.' 하고 화답을 하여 모두 웃었던 기억이 난다.

    나는 목사이며 평생 명강사이다. 자연스러움 속에서 서로 소통하고자 한다.

고양이와 참새 한 마리가 준 교훈

    1999년 10월 19일 새벽 4시, 아랍에미리트 두바이 공항에 도착했다. 한마디로 습식 사우나였다. 땀이 흘러내려 바지가 다리에 달라붙었다. 두바이 공항을 벗어나 아부다비로 달렸다. 밖에 높은 온도와 차 안의 에어컨 냉기로 차창에는 물기가 알알이 맺혔다

"반갑다, 아랍에미리트!"

손가락으로 쓴 글씨가 줄줄 흘러내렸다. 앞으로 살아가야 할 나라이다.

사막 위에 고속도로는 밤새 가로등불로 환하게 비추었다.

아부다비 입구에 들어서면서 신기했다. 빌딩들이 즐비했고, 가로수인 대추야자나무와 하얀색으로 지은 집들로 깨끗해 보였다.

사전 답사한 적도 없이 하나님 말씀에 순종과 믿음으로 가방 하나 메고 간 것이다.

식사는 어떻게 하는지 몰라 한국에서 한 달 동안 빵과 우유만 먹는 연습도 했었다. 문제는 매일 뜨거운 햇볕이 나를 뜨겁게 달궜다는 것이다. 그간 삼 년 동안 비 한 방울도 내리지 않았다고 했다. 어쩌면 매일 구름 한 점을 발견할 수 없는 하늘이 신기했다.

시내버스가 없어서 걸어 다닌 그날 밤은 머리가 아파서 견딜 수가 없었다. 하루에 생수 2리터나 먹어야 두통을 이길 수 있다는 말을 듣고서 매일 생수 2리터 이상 먹는 것도 쉬운 일은 아니었다.

해가 지면 더위가 없을 줄 알았다. 작은 섬으로 된 아부다비는 습도가 높아서 밤에는 습한 더위로 에어컨 없이는 살 수가 없었다. 1년 내내 에어컨 속에서 살아야 했다. 에어컨 병에 온몸이 아픈 사람도 있다. 감기에 걸리면 한 달 이상씩 고생을 해야 했다. 먹는 음식이 맞지 않을 때는 설사를 해야 했다.

더위 속에 고양이들은 주차한 자동차 밑으로 뛰어 들어가는 것을 보았다. 습도를 싫어하는 고양이들은 주차장에 세워진 자동차 밑으로 들어가서 습도를 조절하는 것 같았다. 고양이들은 아파트 1층 현관 출입문이 열리기 무섭게 뛰어 들어갔다. 아파트 관리인이 쫓아내면 뛰어나간다. 매일 고양이들이 살기 위해 발버둥 친다. 너무 덥기 때문이다. 털 달린 고양이는 얼마나 덥겠는가? 나는 중얼거렸다.

"난 온몸에 털도 없는데 더위를 못 버틸 것이 없지 않는가?"

고양이를 본 후로는 덥다는 말을 하지 않기로 했다.

운전면허를 발급받아 렌터카를 준비해서 목적지로 가는 중이었다. 오후 1시쯤 달리는 차창에 참새가 공중에서 뚝 떨어져 유리창에 부딪혔다. 더위를 못 이겨 공중에서 떨어진 것이다. 성경에는 참새 한 마리도 하나님의 허락이 없이는 떨어질 수 없다고 말씀하고 있다. 하필이면 그 시간 내가 운전하는 차에 참새가 떨어진 것이다. 보기 드문 현상이 아닌가?

나는 우연을 믿지 않는다. 모든 것이 필연이다.

"참새 한 마리도 목숨을 걸고 사는데 죽기 아니면 살기로 두려워하지 말고 강하고 담대하게 살아라."는 하나님의 음성으로 들렸다. 그리하여 목숨을 걸고 나가면 무엇이든지 해 낼 수 있겠다는 힘이 생겨났다.

아침 태양이 사막 위에 떠오르는 광경과 대추야자나무

꿈속에 본 화이트크리스마스

2004년 12월 24일, 성탄 전야 모임을 갖고 화이트 크리스마스 노래를 불렀다.

아랍에는 눈이 오지 않는 곳이다. 방안에 걸린 12월 달력에는 눈 덮인 설악산 그림이 보였다. 갑자기 눈이 그리워졌다. 잠자기 전에 하나님께 기도했다.

"하나님, 화이트 크리스마스가 그립습니다. 5년 동안 눈을 본 적이 없습니다. 눈이 보고 싶습니다."

그런 후 하나님께서는 나에게 화이트 크리스마스를 선물로 주셨다. 갑자기 눈이 내린 것이다. 아부다비 도시가 하얗다.

흰 눈이 쌓여 있는 도시를 바라보며 큰 소리를 질렀다.

"화이트크리스마스다. 아랍에 흰 눈이 내렸다! 기적이다"

"이 귀한 광경을 사진에 담아 한국에 보내줘야지!"

카메라를 들고 나와서 찍으려 했는데 어디서인가 음성이 들려왔다.

"얘야! 찍지 마라, 꿈이다."

사진 찍지 말고 계속 더 볼 걸, 아쉬워했다.

잠에서 깨어난 나는 침대에서 그대로 무릎을 꿇고 감사해서 울었다. 왜냐하면 하나님은 부족한 나의 기도를 들으시고 응답하셨기 때문이다.

내 마음속에 이런 음성이 들렸다.

"아랍 땅에 너 혼자 있는 것이 아니다. 두려워 말라, 내가 함께 함이라."

하나님께서 다 감찰하시고 보고 계셨다는 것을 체험하니 힘이 났고 감사해서 또 울었다.

아침이 밝은 성탄절 날도 여전히 뜨거운 태양으로 달궜다. 그런데 더 놀랄 만한 사건이 생겼다. 이틀 후 걸프뉴스 신문 방송에서 난리가 났다. 실제로 후자이라 지역의 돌산에 눈이 내렸다는 것이다. 그 증거로 녹지 않고 조금 쌓여 있는 사진을 보도한 것이다. 나의 작은 신음소리까지 들으시고 놀랍게 응답하시는 하나님을 찬양하지 않을 수가 없었다.

아랍에서 만난 나빌 엄마

아랍에미리트의 수도는 아부다비이다. 어떤 아버지(아부)가 잃어버린 양 한 마리(다비)를 찾으러 갔다가 발견했다고 하여 아부다비라고 부르는 작은 섬이다.

다비는 양이나 염소와 비슷한 동물로 카타르 항공기에 그려진 동물이다. 아부다비는 작은 섬이어서 자동차로 2~30분이면 섬 둘레를 돌아볼 수가 있다.

바다는 파도가 거의 없다. 바람이 부는 날에는 시민들이 파도를 구경하기 위해 모여들기도 한다.

아랍 사람들은 점심식사 후 3~4시간 동안 낮잠을 잔다. 그런데 그 시간에 가끔 중년여성이 바다를 쳐다보며 처량하게 서 있는 모습이 발견되고는 한다. 무슨 사연이 있는 것일까?

아랍 남성들은 부인을 4명까지 얻을 수 있다. 첫째 부인을 얻을 때는 정부에서 3천만 원의 결혼지원금을 받으며 남성들이 살림살이에 필요한 것들과 신혼집, 신부의 패물까지 모두 장만한다. 거기에다 신부 집에 일정한 금액까지 지불한다.

　대신 시집을 온 신부는 신랑 집의 절대권위에 따라야 하지만 신부 집의 가문이 위세하면 상대적으로 신랑의 힘이 적어지기도 한다.

　집안의 명예와 재산, 비밀을 중요시하기 때문에 친척, 혹은 형제자매끼리 결혼을 하기도 한다. 그러다 보니 지적장애인들이 많이 생겨나지만 이들을 수용하는 기관이 별도로 있다.

　부인이 여럿이다 보니 그 부인들이 받는 스트레스는 말로 표현할 수 없을 것이다.

　2005년도 어느 날, 한국인 가정에서 모임을 가졌다. 예배 후 다과시간에 아랍 여성 복장을 한 나빌 엄마 한국여성이 나타났다. 기독교인이었던 그녀는 이슬람법을 자랑하고 아랍인 남편을 자랑하며 행복하다고 했다.

　목사인 나로서는 적지 않은 충격을 받았고 무려 한 달 동안이나 나빌 엄마가 예수님께 돌아오도록 기도하였다.

　그녀는 중학교 때 어머니를 따라 미국으로 이민을 갔는데 대학재학 중 나빌 아빠를 만나게 되었고 남편을 따라 이슬람교로 개종하여 모슬렘이 된 것이다. 아부다비로 시집을 온 지 약 15년이 된 해였다.

　그녀를 만난 지 정확히 한 달 후 이른 아침에 나빌 엄마에게 전화가 왔다. 나와 상담을 하고 싶다는 것이었다. 얼마 지나지 않아 기세가 등등했던 모습은 사라지고 풀이 죽어서 찾아왔다.

　"나빌 아빠가 둘째 부인을 얻으려고 해요, 외박도 자주 해요. 저는 용납할 수가 없어요, 내 나이 40인데 둘째 여자는 25살이래요. 너무 괴로워서 밥도 안 넘어가고 잠도 안 와요. 며칠 전에는 응급실로 실려 갔었어요. 저는 남편을 믿고 남편의 하나님인 알라한테 매일 다섯 번씩 절했어요. 코란도 매년 1권씩 읽었어요. 그런데 결국 이런 고통뿐이었어요. 알라가 좋으신 하나님이시라면 여성들의 마음을 이렇게 칼로 난도질할까요?"

나빌 엄마는 울음을 그치지 않았다. 그녀는 15년 동안 알뜰살뜰 절약하면서 자식 셋을 낳고 남편만 믿고 일가친척 없는 타국으로 와서 큰 집까지 장만했는데도 남편에게 배신당한 것이다.

그녀는 아직 모슬렘 신분을 가졌기에 아무도 모르게 우리 집에서 예배를 드렸고 성찬식을 할 때는 통곡을 했다. 그녀는 "저는 예수님을 버리고 남편을 따라 모슬렘이 되었습니다. 그런데 우리 예수님은 저를 용서하시고 다시 맞아주시니 너무 너무 감사합니다. 앞으로 예수님을 위해 살겠어요." 하며 계속 우는 것이었다.

얼마 후 미국에 계신 친정어머니를 만나러 간 사이에 남편으로부터 일방적으로 이혼통보를 받았다. 이제 더 이상 아랍 땅에 들어갈 수가 없게 된 것이다. 당시 그녀에게는 4살 된 딸과 초등생인 딸, 고등학생인 아들이 있었다.

빈손으로 이혼당한 나빌 엄마는 미국에서 몇 년 동안 고생을 했지만 지금은 하나님의 은혜로 모 대학교 부속병원 간호사로 재직하고 있다.

나빌은 성인이 되어서 미국에 있는 엄마를 찾아 큰 절도 하고 용돈까지 드리고 갔다고 했다.

한국 자동차가 말썽을 부리다

아부다비 사람들은 주말이 되면 멀리 떨어진 오만과 경계인 후자이

라 도시에 간다.

그곳에는 비가 자주 내린다. 돌산으로 산맥을 이루기 때문이다.

우리 가족은 오랜만에 돌산으로 소풍을 갔다.

후자이라 바닷가에서 도시락을 먹다가 두산중공업 간판을 보게 되었고 그것이 인연이 되어 매주 2년 동안 두산 중공업 현장교회를 섬겼다.

아부다비에서 목적지까지는 약 4시간 거리이다.

아주 더운 날이었다. 갑자기 자동차문 유리가 내려갔다. 가까스로 올리면 또 내려가고 더워서 죽을 지경이었다. 그리하여 자동차를 수리하러 모 자동차 A/S 센터에 갔다가 아랍 사람을 만났다. 그는 자신의 차를 손가락질하며 나에게 항의를 했다. 그 자동차 회사 직원인 줄 알았던 모양이다.

가보니 앞 대형유리의 고무 테두리가 일부 떨어져나갔다. 너무 실망스런 광경이었다. 내가 만든 자동차도 아니었고 나 역시도 차 유리를 수리하러 왔다.

그럼에도 한국인이라는 이유 하나로 그 아랍 사람에게 고개 숙여 사과를 하고 달래야만 했다. 그러나 차를 맡기고 돌아오는 내내 마음이 씁쓸했다. 더운 나라에 자동차가 얼마나 중요한 것인데 이런 문제들이

돌산을 넘어 후자이라 도시로 가는 길

생기면 누가 한국산 자동차를 사겠는가? 한국의 모 자동차 관계자에게 항의편지를 하고 싶었다. 길거리에 한국 자동차가 넘쳐나기를 바라는 마음까지 담아서 말이다.

왕 한 사람이 보인 역량

저녁이 되면 사람들이 공원에 나와서 저녁식사를 한다.

양갈비를 숙성시켰다가 숯불에 굽는다. 마늘과 가지 소스에 양고기를 찍어 먹으면 맛이 아주 좋다.

공원마다 양고기냄새로 가득했다. 그런데 조용했던 공원 옆 도로가 광란의 차 소리로 시끄러워졌다. 연로한 자이드 왕(대통령)이 영국에서 성공적으로 심장수술을 마치고 귀국한 것이다.

이 소식을 들은 젊은이들은 차를 몰고 거리로 나왔고 해변도로여서 차들이 움직일 수조차 없었다.

아랍인들은 차를 세워놓고 경쾌하게 흘러나오는 춤곡에 맞추어 차 위에서 춤을 췄다. 청년들은 차 유리창으로 밖으로 몸을 상체를 내밀며 춤을 췄고 약 30~40분이 지나서야 조용해졌다.

국민들은 자이드 왕에 대한 충성심이 대단했다.

자이드 왕의 어머니는 임종 시 가장 필요하고 중요한 것을 국민들에게 무료로 나누어주라고 유언했다고 한다. 그것은 바로 물과 전기였다.

일반적으로 원유를 수입할 때 해외에서는 두바이산이라고 하지만 정작 두바이에는 유전이 고갈되어 없으며 유전들은 아부다비에 모여 있다.

원유를 생산 판매한 수익의 10퍼센트는 종교세로 내고, 일부 수익을

6개 토후국민들에게 골고루 나눠주는 자이드 왕이다. 가난한 사람이 자이드 왕 앞에 나가서 돈이 필요하다고 하면 흔쾌히 돈을 내주었다고 한다. 그 정도로 욕심이 없는 왕이지만 글을 모른다고 들었다. 그러나 왕의 경호원인 사람에게 직접들은 이야기인데 자이드 왕은 매우 낙천적이며 베푸는 삶을 살았다고 한다.

자이드 왕이 세상을 떠났을 때 국민들은 슬픔에 젖어 울고 나도 따라 울었다. 국민들은 물론이려니와 외국인들에게도 편하게 살 수 있도록 배려를 해준 왕이었기 때문이다. 아이러니한 것은 자이드 왕이 임종할 때는 기독교인 주치의가 예수를 영접시켰다고 들었다.

해가 지면 밖으로 나오는 사람들

아람 사람들은 해가 지면 밖으로 나온다. 그래서 아라비안나이트라 했던가?

청년들은 찻집에서 물 담배(시샤)를 피운다. 담배가루에 사과향 등을 섞어서 은박지로 싼 후 그 은바지에 구멍을 내고 불씨를 올려놓는다. 그리고는 물이 담긴 중간에 연결된 호수를 빨대처럼 빠는 것이다. 그럼 아래에 있던 물이 움직이며 소리를 낸다. 그 맛은 어떤지 모른다. 다만 한 시간 동안 시샤를 피우면 담배 한 갑을 피운 것과 같다고 하니 건강에 해로운 것은 사실이다.

축구게임을 중계할 때도 물 담배 장사는 잘된다.

도심에는 여러 공원이 있다. 우리는 '잔디밭에 들어가지 마시오.'라는 푯말을 세워놓았지만 이곳에서는 잔디를 밟고 그 위에서 여가를 즐긴다. 주로 가족단위이며 한 번 앉았다 하면 몇 시간이다.

그들이 추는 춤은 우리나라 고전무용 중 아리랑 춤과 흡사하다. 느리게 그리고 팔을 흔들며 고개를 끄덕인다. 그러나 젊은이들의 춤은 정말 볼 만하다. 빠르면서도 예술적이다. 온몸으로 뛰며 정신이 없다. 마치 우리나라의 무당춤 같다고 할까?

시리아의 전통춤을 본 적이 있다.

남성은 열두 폭이 더 되는 긴 치마를 입고 머리에는 원통형 모자를 썼다. 빠른 음악이 시작되면서 한 방향으로 계속 돈다. 토속적인 신앙에서 나온 춤이라고 한다.

이윽고 긴 치마는 힘을 얻어 일제히 오르내리다가 다시 펼쳐진다. 약 15분 정도 계속 돌며 이는 신과의 만남이라고 했다. 국가 행사가 있으면 여성들은 긴 머리를 풀어 내리고 방향을 바꿔가면서 돌려댄다.

걸프 지역에는 토속적인 신앙이 존재하며 함부로 집에 들어가지 말라고 들었다. 매직을 행하는 집들이 있기 때문이다. 잘못하면 병이 들어 죽는다고 한다. 그럼에도 불구하고 우리는 단기 학생 팀과 함께 오만 국경을 넘었다.

얼마 후 한 마을에서 주민을 만나 그의 집으로 들어갔다. 그는 88 서울올림픽 때 사격선수로 뽑혀 참가했다며 사진을 보여주었다.

우리는 그의 자녀들, 부인과 함께 한국 대 오만 체스 게임을 벌였다. 또한 노래도 부르고, 함께 식사를 했고 사진도 찍었다. 여성이 외지인과 함께 사진 찍는 일은 거의 없음에도 불구하고 온 가족이 함께 사진을 찍고 한자리에서 식사도 같이 했다. 나그네를 대접하는 좋은 풍습이 아직도 남아 있었던 것이다.

가까이서 한밤중에 결혼식 피로연이 열렸다. 남성들만의 모임이었다. 어린이들은 공중에 총을 던지고 받으며 다시 돌리고는 했다. 가수는 노래를 부르고 이란 사람들이 음식 시중을 들며 차와 카후아(커피: 약초의 맛이 곁들인)를 마시라고 준다.

아랍인은 잔에 가득 채워주면 실례가 된다. 잔의 7할 정도 또는 5할 정도의 양을 따라준다. 마시고 또 마시려면 잔을 그대로 들고 있으면 된다. 더 이상 마시기 싫으면 빈 잔을 들고 좌우 흔들면 더 이상 권하지 않는다.

결혼식 피로연은 밤새 북소리와 음악소리로 새벽까지 이어졌다.

변호사 모하멧이 우리 부부를 결혼식에 초대했다. 바닷가가 연회 장소였다.

아내는 차에서 내리자마자 여성 피로연장으로 들어갔고 나는 남성 피로연장으로 들어갔다. 피로연이 끝날 때까지는 아내를 만날 수 없었다. 저쪽에는 무슨 일이 벌어지고 있는지 남성들은 모른다. 유일하게 여성 피로연장을 들어가는 사람은 바로 새신랑이다.

신랑이 들어오자마자 신부 측 피로연에 온 여성들은 얼굴을 천으로 가렸다고 한다.

신랑만이 금색 테를 두른 검은 망사 망토처럼 생긴 옷을 입었다. 신랑이 등장하여 그의 아버지 및 형제들과 손을 잡고 춤을 추다가 음식을 먹는데 시계를 보니 밤 9시 30분이었다.

아랍인들은 저녁식사를 늦게 한다. 사이드라는 청년의 집은 밤 11시 30분에 저녁을 먹는다. 그리고 바로 잠을 자서 그런지 당뇨병환자들이 많다.

라마단은 한 달간 금식을 한다. 해가 뜰 때부터 해가 질 때까지 어린 아이, 환자, 임신부를 제외하고는 모두 금식을 한다. 낮에는 음식을 팔수 없으며 여행객들을 위해 호텔 구석에서 숨어서 먹게 한다. 학교는 학생들에게 물도 제공하지 않는다.

따라서 라마단의 밤은 새벽까지 시끄럽다. 밤새 먹고 춤추고 놀다가 새벽이 되어서야 조용했다.

낮과 밤이 바뀐 삶 속에서 산다는 것은 쉽지 않았다. 하루하루 살아가는 것이 신기했지만 그래도 살기 마련이다. 환경에 적응하려고 노력하지 않아도 된다. 다만 하루하루를 감사하게 살면 된다.

누가 아랍 여성들을 예쁘다고 했을까

아랍 여성들은 얼굴이 예쁘다. 그렇다고 쳐다보면 안 된다. 곁눈질은 괜찮을까?

사우디 청년을 만났는데 그는 사우디가 싫다고 투정한다. 백화점에서 여성을 쳐다보았다가 이맘(종교지도자)이 다가와서 '왜 여성을 쳐다보느냐.'며 회초리로 맞았다고 했다.

엘리베이터가 섰다. 나와 여성뿐이었다. 서로 양보하는 중이다. 여성이 타면 나는 다음에 타려고 했다. 여성이 먼저 타더니 함께 타도 괜찮다는 사인을 보내왔다. 도착하는 내내 엘리베이터의 벽만 보았다. 한국에 모 대학 교수가 아랍 연구를 한다고 와서 길거리의 여성들을 찍어댔다가 신고를 받은 경찰이 달려와 카메라를 빼앗기고 경찰서로 가야 했다고 한다.

우리 집 옆에 영어학원이 생겼다. 자유영어토론을 중심으로 하는 학원이었고 시설이 잘되어 있었다. 아랍인들이 대부분으로 한 테이블에 영어교사를 중심으로 둘러앉았다.

히잡을 쓴 아랍 여성들이 얼굴을 보여줬는데 한눈에 보아도 너무 예쁘고 잘생겼다. 그들과 영어로 대화하기 시작했다. 직업, 취미, 이름 등 대개 자기소개였다. 여성들 대부분이 파티마, 아이샤 등의 이름이다. 남성들은 모하멧, 압둘라로 거의 모하멧 이름이었다.

아랍 여성들과 가까이서 대화할 수 있는 좋은 기회였고 나에게 부인이 몇 명이냐 물어보기도 했다. 내가 'only one wife.' 하고 대답했더니 모두 웃었다.

여성들 중에 부인을 여러 명 두는 것에 대해 반대하는 말을 하는 여성은 없었다. 아마도 종교적인 이유였을 것이다.

그러나 한 여성은 아주 예쁘게 생겼지만 아이가 생기지 않아 남편이 둘째 부인을 얻을까 두렵다고 했다.

아랍 사람들은 대부분 고등학교를 졸업하자마자 혼인을 하지만 외국 유학을 다녀온 여성들은 시집을 가지 않고 독신으로 사는 사람이 많다. 남편한테 매여 살기 싫어서일 것이다. 그래서 어른들은 서둘러 결혼을 시킨다고 했다.

어느 날 영어회화를 마친 후 휴게실에 앉아 있을 때 점잖은 아랍인이 나에게 다가와서 한국에 관심이 많으며 한국 사람을 좋아한다고 친구를 맺자고 했다.

명함을 보니 보통의 아랍 남성들과 마찬가지로 이름이 압둘라였고 국영 방송국의 톱 매니저였다. 난 명함도 없고 선교사의 신분을 알릴 수 없어서 주머니에 손을 넣고 망설였지만 없던 명함이 주머니에서 나올 리가 없었다. 다행히도 커피를 주문하면서 명함이 아닌 말로 자기소개를 하게 되었다.

대화를 마친 후 그는 저녁에 친구들과 모임이 있는데 그 자리에 와달라고 부탁했고 난 흔쾌히 승낙했다.

갑자기 만난 압둘라로 인하여 아랍 사람들의 모임에 참석할 수 있다는 것이 너무 기뻤다. 그들에게 무슨 이야기를 해줄까, 그들은 나에게 무엇을 물어볼까 궁금해하며 마치 초등학생이 소풍가는 날을 기다리듯 그 시간을 기다렸다.

아랍 사람들은 외모를 중시하고 자기 수준에 맞는 사람을 친구로 맺는다. 따라서 그 수준에 맞도록 거울을 봐야 했다.

약속장소에 나가니 5명의 아랍인들이 나를 맞이했다. 모두 알 만한 국영기업의 중역들이었고 방금 만난 그들은 오랜 친구처럼 친절하게 대해주었다. 이미 압둘라가 나에 대해 말해주었기에 자기소개는 부담이 없었다.

그 친구들은 매일 저녁마다 같은 시간, 같은 장소에서 같은 메뉴의 차를 주문하고 화제는 당연히 돈이다. 석유로 인해 부를 누리는 아랍인들이기에 고급 자동차가 한 집에 몇 대씩 있고 제3국인들이 세차를 하며 시중을 든다.

한편 돈이 없는 총각들은 늙어 죽든지 총각으로 늙어죽기 싫은 사람

은 예멘이나 인근 나라에서 저렴한 돈을 지불하고 신부를 데려오기도 한다. 내가 만났던 압둘라는 사촌여동생과 결혼했기 때문에 돈 문제는 없었다고 한다.

압둘라는 자녀가 셋으로 자녀의 머리수에 따라 정부에서 매월 수당이 나온다고 한다.

일부다처와 일부일처

위층에 사는 하산이 저녁식사에 우리 가족을 초대했다.

맛있는 음식이 보였다. 둘째 부인 아들의 첫돌 잔치다. 첫째 부인은 아랍인이고 둘째 부인은 필리핀 여성이다. 헌데 첫째 부인은 식사를 하면서 눈물이 뚝 뚝 떨어졌고 얼굴이 어두워 보였다. 둘째 부인 아들의 돌잔치상이 넘쳐났기 때문일까, 아니면 사랑을 빼앗긴 마음의 상처 때문일까?

그녀의 눈물은 음식접시를 들고 있는 동안 마르지 않았다. 돌잔치와는 너무 대조적이었다.

나는 초대받은 표시로 "슈크란(땡큐), 슈크란(땡큐)" 하고는 집으로 돌아왔지만 밤새 쿵쾅거리며 뛰노는 춤과 노래 소리에 잠을 잘 수 없었다.

며칠 후 하산은 시리아 여성을 셋째 부인으로 맞았다고 자랑했다.

나는 하산에게 말했다.

"You are animal!(짐승 같은 놈)"

아랍 남성들은 일부다처이지만 외국에서 유학을 마치고 온 대부분의 사람들은 일부일처를 두고 2~3명의 자녀를 두고 살아간다.

친구인 압둘라는 강하게 일부일처를 주장했다. 그 이유는 압둘라 아버지인 알리 씨가 두 번 장가를 가서 압둘라 어머니의 마음을 아프게 했기 때문이란다.

알리 씨는 폐암 3기로 병원에 입원했기에 압둘라의 사촌인 세이프와 함께 문병을 갔다. 병원은 최고급의 시설로 한 병실에 한 명의 간호사가 상주해 있었다. 외국인을 위한 정부병원은 공포영화를 찍는 곳 같았는데 이와는 대조적이었다.

알리 씨는 외국인인 나를 반가워했다.

나는 알리 씨에게 '예수 사랑하심은 거룩하신 말일세…….'라는 하나님의 사랑을 노래하며 손발을 주물러드리며 기도하다 보니 그의 영혼에 대한 사랑이 생겨났다. 영혼을 사랑하면 막힌 담이 트이는 허물어지는 것일까. 마치 오래전에 만났던 동네아저씨처럼 푸근한 친밀감이 들었다.

며칠 후 알리 씨는 병원에서 퇴원을 하여 만나는 사람마다 한국인 미스터 리가 최고라며 자랑했다고 했지만 애석하게도 1년 후 세상을 떠났다. 남은 식구들, 특히 아버지의 둘째 부인 가족까지 책임을 져야 했던 압둘라는 머리가 너무 아프다고 하소연을 했다.

압둘라는 내가 크리스천인 것을 누구보다 잘 알고 있었다. 그리하여 복잡한 집안 문제를 놓고 중보기도(다른 사람을 위해 하나님의 도움을 간구하는 기도)하기로 약속했고 압둘라는 아주 좋아했다.

그는 아들의 이름은 예수, 딸은 마리아로 지었다며 나에게 이름을 잘 지었다고 자랑했다.

아랍을 떠나오는 날 그를 만났더니 국가의 상징인 금색으로 입힌 독수리 동상을 작은 상자에 담아 나에게 주었다. 그 마음이 너무 감사했

다. 사람은 인종과 국가를 떠나서 인지상정인 것일까.

아낌없이 다 주고 은혜를 베풀었더라도 배신하는 사람도 있는 반면 압둘라는 진심으로 은혜를 알고 그에 감사함을 지닌 사람이었던 것이다. 글을 쓰는 이 순간도 눈에 밟힐 듯 보고 싶은 사람이다.

우리는 살아가면서 은혜는 돌에 기억하고, 원수는 물에 흘려보내야 한다.

끝으로 이 글을 쓸 수 있도록 해주신 한국평생교육원 유광선 원장님과 관계자 여러분들을 만나게 해주신 하나님께 감사와 영광을 올려드립니다.

이 창 규

현) 한국인재개발원 원장
현) 한국평생교육원 전임교수
현) 한국상담협회 전임교수
현) 한국창업신문 편집국장
현) 대한전문응급처치협회 대전지부장
현) 한국장애인문화예술협회(대전) 전문위원
현) 법무부 교정분야 전문자원봉사자(집중인성교육)
현) 소상공인시장진흥공단 전임강사
현) 장애인기업종합지원센터 전문위원

현실수용, 긍정적 미래준비

　우리는 살아가면서 얼마만큼 자기 자신을 인정하고 수용하면서 살아갈까? 그리고 얼마나 긍정적으로 미래를 준비하고 살아갈까? 한 번쯤 생각해 볼 필요가 있지 않을까?

　대한민국 남성이라면 누구나 국방의 의무를 이행해야 한다. 그래서 남자들이 나이가 들어도 만나기만 하면 공통분모인 군대 얘기를 많이 하게 된다. 군대 얘기가 시작되면 대부분 전투력 측정에서 자신이 속한 부대가 자신이 잘해서 1등을 하고 포상휴가를 갔다, 체육대회나 체육활동 간 자신의 활약으로 우승을 했다는 등 자신이 만능 스포츠맨이었던 것처럼 군 생활의 에피소드를 늘어놓는다.

　여기서 주목할 점은 너 나 할 것 없이 자신이 잘했다는 얘기를 하지만 결국 자신이 복무했던 부대가 다른 어느 누구 부대보다 더 힘들었다고 한다. 이는 자신이 처한 현실을 직시하지 못하고 공연히 자신만의 추측으로 현상을 판단해 버린다는 것이다. 만약 그들이 말한 대로라면 다 1등만 있는 걸까?

사람이 살아가면서 얼마나 주변을 돌아보고 자신의 현실을 객관적으로 바라보고 살아갈까? 우물 안의 개구리라는 말은 누구나 다 알고 있지만 자기 자신이 우물 안에 있을 거라고는 생각하지 않기 때문이다.

一期一會(일기일회)란 평생에 단 한 번의 만남, 또는 그 일이 생애에 단 한 번뿐인 일을 말한다. 사람과의 만남 등의 기회를 소중히 해야 함을 비유한 말이다.

예를 들면 세계 인구 약 70억 중에서 평생 만날 수 있는 사람이 몇 %나 될까?

1%?(7천만 명), 0.1%?(7백만 명), 0.01%?(7십만 명)

또는 대한민국 인구 약 5천만 명 중에서 평생 만날 수 있는 사람이 몇 %나 될까?

1%?(5십만 명), 0.1%?(5만 명), 0.01%?(5천 명)

대부분 불과 0.1%도 안 되는 사람을 만나고 그들과 잠깐의 시간을 공유함에도 불구하고 이를 생각하지 못하고 서로 헐뜯고 싸우고, 타인에게 평생 잊지 못할 상처를 주기도 한다.

이는 대부분 부정적인 마인드에서 발생된다

긍정적인 마인드를 갖고 바라보는 시각과 부정적인 마인드를 갖고 바라보는 시각은 하늘과 땅 차이라고 생각한다.

긍정의 숲과 부정의 늪

긍정적인 마인드를 갖고 생활하는 사람은 상대방을 편안하게 대해주고, 칭찬과 배려하는 마음으로 타인의 의견을 존중하고 잘 들어주며,

특히 자신의 부족함을 스스로 알고 겸손할 줄 알기 때문에 하나라도 더 알려고 하는 사람으로서 자신이 아무리 힘들고 복잡한 현실에 처하더라도 반드시 자신이 나아가야 할 길을 찾아서 나아갈 수 있다. 현실을 있는 그대로 받아들이고 현실을 해결할 수 있다는 긍정적인 생각을 가지고 실마리를 찾아 하나하나씩 올바른 선택을 할 수 있고 나의 길을 찾아 나갈 것이다.

그러나 부정적인 마인드를 갖고 생활하는 사람은 불평불만으로 타인을 비난·비방하거나, 증오심으로 가득 차 타인의 의견을 무시하고 듣지 않으며, 자신의 부족함을 감추기 위해 아는 체하는 사람으로서 어려운 상황에 부딪히면 자신이 나아가야 할 길을 결코 찾지 못할 것이다. 아울러 현실을 직시하지 못하고 불평과 비평만 늘어놓을 뿐 해결의 실마리를 찾지 못하고 결국은 부정의 늪으로 점점 더 깊이 빠져들 것이다.

서로 다름을 인정하라

이 세상에 똑같은 사람이 존재할까? 물론 없다. 일란성 쌍생아도 비슷한 성향을 가지고 있지만 각기 다른 성격과 외모를 갖고 있다. 그럼에도 불구하고 사람들은 서로 다름을 인정하지 않고 자신의 의도에 타인을 끌어들이려고 함으로써 서로 다툼이 생기고 싸움이 발생되는 것이다.

예를 들면 부부가 결혼하여 아내가 정성스럽게 밥상을 차려왔는데 남편이 다짜고짜 맛이 없다고 한다면 아내는 얼마나 불쾌하고 황당할까? 여성의 입장에서 생각해 본다면 당장 이혼도장 찍을 일 아니겠는가?

이 세상에 똑같은 사람도 없는데 하물며 똑같은 가정이나 집단, 문화가 있겠는가?

각 개인의 성격이 다르고, 각 가정의 생활, 문화, 식습관이 다른데도, 다르다고 보지 않고 자신만의 판단으로 옳고 그르다고 판단한다.

서로 다름을 인정한다면 위에서 보듯이 남편은 맛이 없다고 표현하지 않을 것이다. 자신이 살아온 환경차이를 서로 공감하고 이를 극복하기 위해 조금씩 양보하고 상대를 배려하고자 노력한다면 아무런 다툼이나 어떠한 문제도 최소화될 것이다.

탈숙고하라

심리학자 프랭클Frankl의 의미치료 기법에 기대불안과 지나친 숙고는 자발성 및 활동성을 방해하므로 지나친 생각에서 탈피하여 원치 않는 패턴을 깨뜨려 불안과 공포의 악순환의 고리를 끊음으로써 회복할 수 있다는 이론에서 든 예를 보자.

"지네가 있었는데 그 적이 지네에게 너의 다리들이 어떤 순서대로 움직이는가? 하는 질문에 어떤 순서로 움직일까라는 지나친 생각을 기울였을 때 전혀 움직일 수가 없었다."

사람이 살면서 많은 생각들을 하게 되는데 그 많은 생각들이 과연 삶에 꼭 필요한 것인가 하는 의문을 가져 볼 필요가 있다.

톨스토이는 "과거는 이미 존재하지 않고, 미래는 아직 닥치지 않았으며, 존재하는 것은 오직 현재뿐이다."라고 했다. 즉 우리가 살아가면서 과거에 크고 작은 상처와 실패와 좌절을 경험하지 않은 사람은 없을 것이다. 과거에 사로잡혀 스스로를 묶어두지 말고, 과거에 있었던 사건들을 거울삼아 긍정적인 미래를 설계하고 준비하면서 지금 현재에 충실하라는 것이다.

가장 늦다고 생각한 때가 가장 빠른 때이다

초등학교(당시는 국민학교)를 졸업하고 중학교를 진학하지 못했던 이유는 집안 형편이 어려웠기 때문이다. 지리산(경남 하동군 화개면) 자락에서 부모님이 어렵게 살았기에 어린 마음에 상처는 받았지만 어쩔 수 없이 1년간 농사일을 거들면서 내년에는 보내 주겠지 하는 기대감으로 보냈다. 그러나 다음 해에도 역시 아버지는 나를 중학교에 보내주지 않았다.

친구들이 교복을 입고 학교를 다니는 모습이 너무도 부러웠고 오기도 생기기 시작했다. 마음속에서는 '무능한 아버지, 무식한 아버지'라고 생각하게 되었다.

하루는 어머니가 시장을 가시는 날 함께 따라가 어머니를 졸라 영어 단어장(포켓용) 하나를 구입하여 아버지 앞에서 영어 단어를 외우면서 1인 시위를 펼쳤다. 그래도 아버지의 반응은 거의 무관심에 가까웠고 내내 말씀이 없었다.

나는 결판을 내야 한다고 결심했고 중학교로 달려가 입학지원서를 내고 아버지에게 사실을 보고했다. 그러나 내심 아버지가 화를 내면 정말 집이라도 나가야겠다는 각오로 말을 꺼냈는데 정작 아버지는 화도 내지 않고 물끄러미 나를 쳐다보고는 다시 말씀이 없었다. 처음에는 집이라도 나가려 했던 마음이었지만 기다릴 수밖에 없었다.

그러던 어느 날 아버지는 입학이 임박해서야 등록금(육성회비)을 냈고 우여곡절 끝에 중학교를 가게 되었다.

중학교 진학 후 2학년 기말까지 수학이 너무 어려워 꼴찌 그룹에서 헤매고 있었고 기말고사 성적발표 후 수학선생님은 나를 교무실로 불렀다.

나는 매를 맞을 각오를 하고 교무실로 갔다. 그런데 의외의 상황에 감동할 수밖에 없었다. 수학선생님은 나에게 "가장 늦다고 생각한 때가 가장 빠른 때이다. 집안사정으로 학교를 늦게 들어와서 따라가기 힘들 거라고 생각한다. 그레도 아직 1년이나 남았으니 기죽지 마라." 하고 격려해 주셨다.

나는 감동을 받고 수학만큼은 공부를 해야겠다고 결심했고 겨울방학 동안 수학공부에만 몰입하면서 정말 열심히 했다. 그 결과 3학년 첫 시험부터 수학은 100점을 놓친 적이 없다. 수학선생님은 지금의 내가 있도록 성장시켜 준 은인으로 이 글을 통해 다시금 깊이 감사드린다.

포기하지 마라

중학교를 졸업하고 고등학교를 마산으로 진학했다. 학력고사를 치르고 나니 또다시 가정 형편상 대학교 진학을 포기해야 한다는 절망적인 소식이었다. 당시 나이 20세였고 집안사정을 뻔히 알기에 받아들일 수밖에 없었다.

이제 일을 하기로 마음먹고 일자리를 찾다가 마산역 부근의 룸살롱에서 웨이터를 시작했다. 당시 월급 5만 원으로 오후 6시에서 새벽 3시까지 근무를 하게 되었다.

근무시간보다 한두 시간 빨리 출근하여 청소하며 정말 최선을 다해 일했지만 한 달 반 만에 그만두었다.

하루는 사장님이 갑작스럽게 파티를 준비하라고 해서 알고 보니 내 송별 파티였다.

"이 군은 이제 대학교로 가라. 여기 더 있으면 물든다."고 하면서 당시 100만 원이 든 봉투와 양복 한 벌, 구두 티켓 한 장을 주시면서 학교에 가라고 한 것이다. 정말 꿈같은 일이 벌어진 것이다.(진심으로 감사드린다.)

다음 날 학교로 가서 담임선생님께 말씀드리니 후기대(부산 모 전문대)를 추천해 주셨고, 전문대일망정 이제부터는 혼자서 모든 것을 해결해 나가야 했다.

사장님이 주신 돈으로 등록금, 월세 방을 구했지만 생활비를 벌기 위해 아르바이트를 해야 했다. 그러나 당시 형님이 군복무 후 부산에서 직장생활을 하고 있어서 도움을 받고, 근로 장학생, 간부(학생회장 등), 군고구마 장사, 순대 장사, 신문 배달, 한동안 친구에게 도움을 받으면서 대학을 졸업하고 나니 또 다른 길이 열리게 되었다.

이제 육군 제3사관학교로 들어가 육군소위로 임관하여 24년간의 군 복무를 하였고, 복무기간 동안 학부과정(영문학과 졸업)에 들어가 못다 한 공부를 하게 되었다.

또 다른 전환점을 맞게 되다

군 복무 중 강하훈련 도중 허리 부상(수술 3회)으로 병원생활을 1년간 하면서 또 다른 변화를 맞이하게 된다.

병원 생활 중 극심한 우울증으로 자살까지 생각했었지만 심리상담사

자격증을 따기 위해 공부하면서 배웠던 긍정마인드를 깨닫게 되면서 허리는 급속도로 호전되고 또 다른 꿈과 비전을 찾게 되었다. 상담심리학을 조금 더 공부하고 싶었고, '이창규, 너도 충분히 할 일이 너무 많아, 아직 늦지 않았어.'라는 생각으로 늦은 나이에도 불구하고 대학원(상담심리학 석사) 공부를 하게 되었다.

석사과정을 시작하고 얼마 지나지 않아 한국평생교육원 유광선 원장과의 만남으로 새로운 인생이 시작되었다.(깊이 감사드린다.)

한국평생교육원에서 근무하면서 다양한 공부를 하게 되었고, 그 결과 50개가 넘는 자격증(국가자격증, 민간자격증)을 취득하고 하루하루 급성장하고 있으며, 나이를 넘어 할 수 있는 날까지 자기계발을 멈추지 않을 것이다.

결론

중학교 진학과 대학교 진학, 그리고 군 복무, 전역 후 또 다른 삶을 접하게 되면서 느끼는 것은 좌절과 역경이 닥칠 때마다 바람직한 방향으로 갈 수 있었던 원동력은 "될 거야! 할 수 있어!" 하는 긍정의 마인드에서 비롯되었다고 확신한다.

톨스토이는 삶의 지혜를 주기 위한 3가지 문답을 주었다.
첫째, 세상에서 가장 소중한 사람은 지금 같이 있는 사람이고
둘째, 세상에서 가장 소중한 일은 지금 내가 하고 있는 일이며
셋째, 세상에서 가장 소중한 시간은 지금 이 시간이라는 것이다.
그 의미는 결국, 지금 자신이 처한 현실을 직시하고, 현재 상황에서

최선을 다할 때 우리의 미래는 긍정적이고 밝을 것이라는 것이다.

나 이창규는 지금 현재의 나 자신을 수용하고, 지속적인 자기계발과 긍정적인 미래를 준비하여 대한민국을 넘어 세계적인 명강사가 되겠다고 다짐한다.(Step by step!)

이 창 희

현) 노사발전재단 CEO코치
현) 신성장경제연합회 자문위원
현) 하나파워PTES 부사장
전) 하나금융자산BU 법인영업그룹 대표
전) 하나대투증권 홀세일총괄 전무
전) 하나은행 본부장

연세대학교 경영전문대학원 최고경영자과정
고려대학교 정책대학원 Real Estate & Finance Management CRO
강원대학교 일반대학원 부동산학박사과정 수료
경희대학교 경영대학원 경영학석사

경영지도사. 신용분석사. AFPK

다시 뛰는 베이비부머

퇴직 쓰나미

우리나라도 미국이나 일본처럼 전쟁의 영향 등으로 특정 연령층을 중심으로 베이비붐 세대가 형성되어 있는 인구 구조를 갖고 있다.

1차 베이비부머는 1955년에서 1963년생까지로 무려 712만 명에 달하고, 2차 베이비부머는 1968년에서 1974년생까지의 606만 명이며, 1차 베이비부머들의 자식들 세대인 에코 베이비붐 세대는 1979년에서 1985년생까지의 540만 명으로 구성되어 있다.

1차 베이비부머들은 6·25동란 이후 출생한 세대로서 성장기에는 보릿고개와 오일쇼크를 겪었고, 졸업 후 직장을 갖고 가정을 일구고 나서는 IMF 외환위기와 금융위기 등 격동의 세월 속에서도 민주화 등 사회 변혁을 선도하기도 하고 우리나라 경제성장의 역군으로서 치열하게 살아 왔지만, 이제는 정년 도래나 임금피크 등으로 2010년부터 본격적으로 시작된 퇴직이 2020년이 되면 대부분 마무리된다.

하지만 국내 민간기업의 실질적인 퇴직연령 평균이 53세인 점을 감안하면 정년 훨씬 이전부터 명예퇴직, 특별퇴직 등으로 평생 다니던 직장을 베이비부머들이 그만두기 시작했었다.

이들 1차 베이비부머들의 규모는 우리나라 인구의 14%를 상회하고 생산가능인구의 20% 수준이며, 이들의 퇴직은 거대한 집단의 사회적 퇴장이어서 마치 쓰나미같이 사회 전반에 많은 충격을 줄 것 같다. 1차와 2차를 합친 전체 베이비부머는 무려 1천 3백만 명을 상회하여 경제 활력에도 지대한 영향을 미치게 될 것이다.

통계에 따르면 이들 베이비부머들의 평균자산은 3억 9천만 원이지만 자산의 대부분은 부동산에 묶여 있고 금융자산은 6천만 원에 불과하기 때문에, 이들을 두고 현금 없이 은퇴하는 첫 번째 세대라고도 한다.

또한 이들은 부모를 부양한 마지막 세대이자 자식으로부터 부양받지 못하는 첫 세대가 될 것으로 예상되는 가운데, 노후생활 준비에 대한 만족도는 매우 저조하며, 은퇴 빈곤층으로 추락할 위기에도 노출되어 있다.

1960년생까지의 베이비부머들은 '정년 60세 연장법'의 혜택을 받지 못하고, 퇴직 후 국민연금을 받는 시기까지는 6~7년의 소득공백기가 생긴다.

1961~1963년생들은 만 63세부터 국민연금을 수령하게 되어 있어서 퇴직 후 3년 이상의 소득공백기를 피하기 힘들다. 그래서 이들을 두고 퇴직은 했지만 완전은퇴를 자발적으로 하지 못하는 반퇴反退 세대라고도 하는데, 퇴직 후 일자리를 구하지 못한 베이비부머들은 불리함을 무릅쓰고 국민연금 조기수령을 신청하는 사례도 속출한다.

서울대와 메트라이프에서 공동 조사한 은퇴자금 준비정도를 2014년 기준으로 살펴 보면, 충분한 은퇴자금을 확보했다는 응답자는 6.1%에 불과할 정도로 노후준비가 매우 취약하다.

그런데 베이비부머들을 더욱 곤혹스럽게 하는 것은 이 소득공백기에 자녀 학비와 결혼으로 추가적인 목돈이 들어가야 하는 것이고, 이것이 노후를 더욱 불안하게 하는 요인이 되어 부부를 위한 노후자금을 별도로 준비하는 것이 쉽지 않은 실정이라서, 모 연구소 조사에서도 실제 노후준비도가 100점 만점에 47점 수준으로 아주 저조한 것으로 드러나기도 했다.

이와 같은 현실로 실제 은퇴연령은 우리나라 남성 71.4세, 여성 69.9세로 멕시코와 더불어 조사대상국 중에서 가장 높다고 OECD가 발표했으며, 한국보건사회연구원(2010년) 조사에서는 은퇴 후 활동 준비를 83.4%가 특별히 하지 않았다고 하니, 퇴직 후 소득 공백기와 이후 연금 수령기까지 퇴직 후 일자리를 포함함 노후준비를 체계적으로 하지 못한 것으로 분석된다.

저출산, 고령사회 도래

현재인구를 유지할 수준의 출산율은 2.1명이며, 이보다 낮으면 '저출산'이고, 1.3명이라면 '초저출산'이라고 하는데, 한국은 이미 2001년부터 15년째 초저출산 국가이며 2015년에는 1.25명으로 세계 220위이다.

우리보다 뒤에 있는 나라는 홍콩, 타이완, 마카오, 싱가포르 4개국뿐인데 대부분 도시국가들이니 세계 224개국 중에서 한국이 꼴찌 수준인 것이다. 합계 출산율이란 가임기(만 15~44세) 여성이 평생 낳는 아이 수인데, 우리나라는 2000년 1.47명에서 2001년 1.3명으로 떨어진 뒤 줄곧 1.3명을 밑돌고 있다. 대략 1명 정도 낳는다고 보면 되니 평균적으로 둘째를 낳지 않는 나라인 셈이다.

또한 우리나라의 평균수명 추이를 살펴보면, 1970년에는 남자 58.7세, 여자 65.6세이던 것이 2014년에는 남자 79세, 여자 85.5세로 놀랍게도 20년씩이나 늘어났다. 아울러 우리나라 100세 이상 노인이 2005년에는 875명이었는데 2014년에는 15,006명으로 급증하는 것을 보아도, 100세 시대 도래는 이제 보편적 상식이 된 것이다.

2014년 통계청의 '생명표'에 의하면 2060년이 되면 남자 86.6세, 여자 90.3세로 기대수명을 예상하면서, 현재 살아 있는 50~60대 베이비부머들은 남자는 90세 전후, 여자는 95세 전후로 생존할 것으로 예상했다.

한편 우리나라는 2001년에 65세 이상 노인인구 비율이 7% 이상인 고령화사회에 도달된 후, 14% 이상인 고령사회는 2018년으로 예상되고, 20%인 초고령사회는 2026년에 이를 것으로 전망된다.

프랑스는 115년, 영국은 91년, 미국은 88년이 걸렸고, 장수국가인 일본도 36년이 걸린데 비하면, 한국이 26년 만에 초고령화사회에 도달하는 것은 세계 역사상 전례가 없는 초스피드인데, 고령화율이 2030년이면 미국과 프랑스를 제치고 2050년쯤이면 일본마저 추월하는 것으로 전망된다.

또한 우리나라 노인 중에서도 80세 이상의 노인인구가 1980년에는 0.5%에 불과했으나 2010년에는 1.9%이었고, 2030년에는 5.3%, 2040년 9.5%, 2050년 14.5%로 예측되고 있어, 한국이 세계에서 최장수국가가 될 날이 멀지 않았다.

따라서 초저출산, 평균수명 연장의 영향으로 노인 1명당 부양인원 추이를 보면 1980년에는 생산가능인구(15~64세) 16명이 부양하는 것을, 2010년에는 6.6명, 2030년에는 2.6명, 2060년에는 1.2명이 부양하게 되는 심각한 상황이 예상되고 있다.

세계적인 경영학자 피터 드러커도 인구변화는 인터넷으로 시작된 정보기술 혁명이 가져온 충격과는 비교도 안 될 정도로 미래를 변화시키는 원인이라며, 인구구조의 변화에 더 주목하라고 조언하기도 했다.

이렇듯 고령화는 생산가능인구의 감소에 따른 국내 경제성장율의 잠식과 정부세수의 감소뿐만 아니라 고용 패러다임의 변화와 산업구조의 전환 그리고 재정파탄, 노인 빈곤, 세대 갈등 등 우리사회 제반 분야에 지대한 영향을 끼칠 것으로 예상된다.

필요 은퇴소득

2016년 2인 가구 최저생계비는 110만 원, 4인 가구 최저생계비는 176만 원으로 보건복지부가 발표하였고, 대법원인정 최대생계비는 1.5배 수준인 2인기준 165만 원이다. 그래서 자녀 교육과 결혼까지 보낸 후 부부노후생활 적정생활비 규모는 최저생계비가 100만 원이라면, 필요생활비는 200만 원 수준이며, 여유생활비 수준은 300만 원 이상으로 설정해 볼 수 있다.

일단 최저생계비는 대부분 공적연금으로 해결하고, 필요 생활을 위해 소요되는 추가 1백만 원은 사적연금과 주택연금으로 충당한다. 여유생활비 규모는 라이프스타일에 따라 크게 다를 수 있지만, 여유 자산

및 근로소득으로 조달하는 전략을 세워 본다.

먼저 공적연금으로 최저생활비인 100만 원 이상을 확보하는 것이 최우선이다. 이는 종신수령이 가능하고, 물가에도 연동되기 때문에 가장 우선적으로 가입해야 하고 최소의무 납부기간을 충족하도록 해야 한다. 최근에는 소득 없는 가정주부들도 국민연금 임의가입제도를 활용하여 납입하는 추세가 확산되고 있다. 또한 국민연금수령 연기제도를 활용해서 연 6.2%씩 최대 5년 연기하면 당초 수령액보다 최대 36% 인상된 연금을 수령할 수도 있다.

다음은 필요생활비를 위한 추가 연금 확보방안은 퇴직연금과 개인연금 그리고 주택연금을 들 수 있다. 퇴직연금은 급여생활자의 경우에 필수적으로 DB. DC. IRA 상품으로 가입하고 있고, 개인연금은 연말정산

시 소득 공제받는 절세형 금융상품으로 은행·증권·보험사 등을 통해서 가입할 수 있다. 주택연금은 9억 이하 1가구 1주택자인 경우, 부부 중 1명이라도 만 60세 이상이면 연령이 낮은 사람 기준으로 주택연금을 수령하며, 부부 중 한 명이 사망하여도 남은 한 명이 사망 시까지 전과 동일한 조건으로 지급받으며, 부부 모두 사망 시에는 사망 당시의 당해 주택가액이 기지급 연금보다 낮아도 상속인들이 별도로 상환 부담하지 않으며, 만약 주택가액이 높으면 정산해서 잔여액은 상속인에게 지급하는 제도이다. 이것으로도 필요생활비가 부족하다면 2억까지는 비과세가 되는 거치식 즉시연금을 통해서 보충할 수 있을 것이다. 다만 즉시연금의 경우는 목돈자금의 여유가 있는 가계에서 가능한 수단일 것이다.

마지막으로 여유생활비를 확보하기 위한 추가 금액은 수익성 부동산에서 월세 등 임대소득을 올리거나, 여유 금융자산이나 투자자산에서 금융수익이나 배당소득 또는 자산을 안분하여 확보할 수가 있다. 하지만 중요한 것은 지속적으로 현금흐름을 창출하는 것인데, 일을 통해서 소득을 안정적으로 획득하는 것이 가장 중요하다. 앞에서 설명한 필요생계비 추가 확보방안이 여의치 못한 경우에도 재취업이나 창업 또는 창직을 통해서 해결할 수 있다.

저금리시대 일의 가치

2008년 금융위기 이후 미국이 경기부양을 위해 금리를 제로(0) 수준으로 낮추면서 양적완화 정책으로 글로벌 주식 시장을 부양시켰으며,

위기는 일단락되고 시장이 안정되는 듯한 모습을 보였다. 그래서 금리인상은 기정사실화하고 후폭풍 우려로 그 시기를 조율하던 미국도 최근 영국의 블렉시트로 오히려 금리인하 카드를 꺼내들 가능성까지 점쳐지고 있다.

일본은 아베노믹스로 경기진작을 위해서 돈을 맡기면 보관료를 오히려 금융기관에 지불해야 하는 마이너스(-) 금리상황이니, 저금리 현상은 세계화된 지구촌 경제권의 공통적인 흐름으로 이미 자리 잡았다.

한국도 최근 금융통화위원회에서 기준금리를 1.5%에서 1.25%로 역사상 최저수준으로 인하하였는데, 영국의 EU 탈퇴 가결 이후 우리나라 경제에 주는 충격파를 축소시키기 위한 선제적 조치의 일환으로 금융당국은 금리인하 카드를 만지작거리고 있는 실정이다. 추가 인하한다면 기준금리 1%가 될 듯하니, 이제는 과거의 고금리 환상은 더 이상 가져서는 곤란할 것 같다.

저금리시대에는 낮은 이자 수익에 만족하지 못하는 투자자들은 위험을 감수하면서 수익을 좇다가 원금 손실까지 당하는 뼈아픈 경험을 하게 되는 경우가 허다하다. 그래서 금융회사에서는 중위험 중수익 금융상품들을 많이들 추천하지만, 퇴직금 같은 거액의 목돈을 쥐고 있어도 저금리시대에는 예금이자로 생활비를 충당할 수 없는 게 사실이다. 특히나 자금규모가 적은 베이비부머들에게는 더욱 그러하다. 그래서 자금이 적게 소요되고 투자 리스크도 매우 적고 사기당할 우려도 없는 '나'라는 인적자산에 투자해야 하는 것이다.

사실은 금리가 하락하면 돈의 가치는 하락하지만 인적자산의 가치 즉 '일의 가치'는 높아지기 때문이다. 예를 들면 금리가 10%일 때 정

기예금 10억 원을 예치하면 매월 833만 원을 받을 수 있지만 금리가 1.25%인 요즘은 104만 원까지 떨어졌다. 그래서 월급 100만 원은 예금자산 10억 원과 비슷한 현금흐름^{cash flow}이 생기는 것이니, 결국 저금리시대에는 일을 통해서 소득을 확보하는 것이 가장 안전한 투자책이다.

즉 일의 가치는 오래 살수록, 저금리일수록 더욱 상승하기 때문이다. 그러므로 퇴직 후 일자리는 선택이 아닌 필수라는 생각을 가져야 한다.

Encore Career

베이비부머를 위시해서 50~60대 장년층을 위한 일자리는 사실 턱없이 부족한 데다 일자리를 찾는다 해도, 사업전망이 불투명한 자영업에 뛰어드는 사람이 많다.

통계에 따르면 우리나라 전체 취업자 가운데 자영업자의 비중이 22.7%로 OECD 평균치인 15.8%를 훨씬 상회하는데, 50세 이상을 기준하면 51.9%인 것으로 조사된다. 대표적인 자영업 중의 하나인 치킨집이 전국에 3만 6천 개에 달해 전 세계 맥도날드 체인점 3만 5천 개보다 많고, 체인형 창업도 늘어가지만 이들 신규자영업자 생존율은 개업 3년 후 50%, 10년 후 20%에 불과하다고 하니, 손쉬운 단순창업에 뛰어 드는 것은 일자리 구하기 어렵다고 남이 고용해 주지 않는 자신을 레드오션에 고용하는 것과 다르지 않다. 그 결과 그간 모아둔 재산마저 잃을 위험에 빠지게 되는 것이다. 그래서 창업을 하더라도 재직 시 기술이나 퇴직 후 새롭게 익힌 기술을 활용한 기술창업을 하는 것이 좋다. 새로운 일을 찾을 때는 내가 좋아하면서도 잘하는 것이면 더욱 좋겠다.

일부 미래학자들은 유전자분석 지도, 줄기세포, 사이보그 기술, 바이오프린팅 등 과학과 의학기술의 획기적 발달로 몇십 년 내 120세 시대가 가시화될 거라고 예측하며, 퇴직 후 40~50년을 더 일해야 한다고까지 주장한다. 그러니 인생 후반전에서 오랫동안 자존감 있게 뛰기 위해서는 자신에게 과감히 투자해서 고3생처럼 절실하게 준비하면 80세그 이상도 즐겁고 건강하게 일할 수 있을 것이다.

먼저 중장년층 창직이다.

창업교육의 안내는 창업진흥원이나 고용정보원에서 자세히 받을 수 있고, 또한 국가무료기술교육은 한국폴리텍대학, 고용노동부 중장년취업아카데미, 서울시기술교육원, 한국기술교육대학교 등에서 진행되고 있다. 또한 전직 시 필요 국가공인자격증은 한국산업인력관리공단 홈페이지 정보를 활용하고, 취업연계성 높은 자격증은 민간 평생교육원이나 사이버교육원등을 통해서 취득할 수 있으며, 한국직업능력개발원 '한국의 직업지표연구'에서 고령자의 유망 직업을 참조할 수 있다.

Better Tommorrow

퇴직 후의 일은 금전적 가치뿐만 아니라 비금전적 가치도 수명이 길어지는 만큼 커지고 있다. 노후에 비재무적 문제인 건강, 시간, 사회관계까지 해결해 주는 매직코드magic code인 셈이다. 또한 영국 런던 경영대학원 린다 그래튼 교수는 저서 '일의 미래'에서 과거의 경력 곡선은 하나였지만 미래에는 여러 개의 경력곡선을 그리게 된다고 예견했다. 앞으로는 서너 개 이상의 직업을 갖고 생을 영위해야 할 시대가 도래된다는 의미다. Muti-Job 시대가 오고 있는 것이다.

이 땅의 베이비부머들은 낀 세대의 전형이다. 열심히 앞만 보고 달려 왔는데 예상과 달리 살아야 할 날이 너무 많이 남아 있다. 자식에게 신세지지 않고 스스로를 책임지기 위해서는 무엇보다도 끝임 없이 공부하고 익혀서 평생 현역으로 활기차게 사는 것이 그 대안이라 생각한다.

퇴직 후 일에 대한 부정적인 생각을 조금만 바꾸면 신바람 나게 일하고, 일하면서 건강도 챙기고 즐기는 레벨로 끌어 올릴 수가 있을 것이다.

베이비부머 맏형들이 이제 환갑을 막 넘겼다. 외모도 그렇고 가슴에 품고 있는 열정은 아직 청춘 아닌가? 뒷방 늙은이처럼 살면 안 된다. 돈벌이가 아니라도 재능기부하고 봉사하면서 사회에 공헌하는 일이 얼마나 보람된 일인가? 물론 이 나이에 도전한다는 것이 만만치 않겠지만, 치열하게 살아 온 지난 여정을 생각하면 그 무엇을 못 해 내겠는가? 긍정적인 마음과 행복한 시선으로 가슴 뛰는 일에 도전하면 다시 청춘 같은 지점을 만날 것이다.

다시 인생 2막을 활짝 열면서, '아직 내 인생에 최고의 날은 오지 않았다.'는 희망의 끈을 단단하게 묶고 힘차게 신나게 한번 달려 보자!
보다 나은 내일이 우리를 기다린다!
Better tomorrow~

WILD

DECLARE

꿈을 밝히면
매칭이 이루어진다

장경식(한국평생교육원 전임교수)

장운갑(도서출판 한국평생교육원 편집장)

최강석(국제코치연합 대표이사)

최희정(국제코치연합 에니어그램코칭연구소 소장)

한가늠(국제스마트교육코칭연구소 소장)

허정미(엠스피치 대표, 동국대학교 평생교육원 책임교수)

장 경 식

전) 부여, 대전초등학교 초등교사
전) 특수학교, 초등학교 교장
전) 건국대학교 충주캠퍼스 겸임교수(특수교육학)
전) 항공관광여행사 대표이사
현) 베니스항공여행사 이사
현) 한국평생교육원 전임교수

전문분야: 특수아동교육

아름다운 황혼

고맙고 보람된 교직생활

저녁놀이 물드는 서쪽 하늘을 바라보며 인생의 아름다운 황혼 설계를 해본다.

한창 혈기왕성한 27세 때 교직에 입문해 65세 정년퇴직까지 무려 40여 년.

짧지 않은 공직생활은 능동적이기보다는 수동적인 생활에 익숙해졌고, 자율적인 학교경영이라기보다는 공문에 의한 경영비율이 더 컸었다는 것을 부인할 수 없다.

공립학교의 획일적인 학교경영에 회의를 품고 사립학교에서 교장 직권의 자율경영을 해보려는 희망을 품고 학교를 설립했다.

그러나 야심찬 계획과 달리 개교한 지 몇 년도 안 돼 재단과의 경영권 다툼으로 더 이상 직무수행을 할 수 없었고, 재단 이사장과 학교경영에 간섭을 하지 않기로 약속을 받고 96년 9월 전북 사립학교 초빙 교장으로 자리를 옮기게 되었다.

부임 이듬해인 1997년부터는 학교장 직권경영으로 40개 교실의 수

세 세면기를 설치하였고, 학교 담장을 헐어버렸다. 또한 120명이 숙식할 수 있는 기숙사를 준공하고, 보조교사 제도 도입, 매월 부모교육, 교권확립, 교장실 여교사 차 시중금지, 교장실 꽃수반 없애기, 교실복도 쪽 창문의 투명유리 교체, 출근카드 없애기 등 각종 교권 침해 요소를 제거하였다.

아울러 학생 복지확충, 학교주변 환경개선 및 시설확충 등으로 선진학교의 대명사가 되어 교육부장관 순방을 받는 영광을 누리기도 했다.

돌이켜보건대 때로는 회의에 젖기도 했지만 40여 년의 교직생활은 보람과 행복이었다고 자부할 수 있다.

첫 부임지인 부여군 초촌면의 초등학교에서 가르친(1974년 졸업생) 학생들이 26년이 지난 2000년 스승의 날, 대전에서 50여 명이 모인 가운데 값진 환대를 해주었다. 그리고 현재까지 해마다 스승의 날이면 빠짐없이 회장과 총무를 대표로 난 화분을 건네주며 축하 전화를 잊지 않는다.

이 얼마나 고맙고 보람된 일이 아니겠는가.

한편으로는 과연 내가 제자들에게 지금까지 기억될 만큼 성실하게 가르쳤나 돌아보게 된다. 물론 초임 교사였던 터여서 더 열정적이고 내가 지니고 있는 능력을 아낌없이 쏟아 부은 것은 사실이다.

하지만 그 제자들도 이제 50대 중후반의 흰머리 희끗희끗한 나이임에도 불구하고 뇌리에 지워지지 않고 있다니 새삼 고마움을 느낀다.

교직생활 40여 년 동안 충남 부여, 대전광역시, 충북 제천, 전라북도 4개 시·도의 교육을 두루 경험했고, 건국대학교 유아교육과 보육교사 교육원 강의 15년, 교장 중임(8년) 등으로 교직을 마감했다.

퇴임 후에는 노후 설계의 일환으로 1999년, 여행사를 설립하여 일의 끈을 놓지 않았다.

공직에서 물러나자 여행사는 빛나기 시작했고, 이에 힘입어 17년간 여행사를 경영하는 동안 세계 17개국 32개 도시를 여행할 수 있었지만 모든 일이 계획대로 되는 것은 아니었다.

처음 몇 년 동안은 교직의 인연으로 호황을 누렸으나 점차 인터넷의 발달로 허니문이 사라지고 2015년에는 세월호와 메르스 사건 등 거듭되는 악재들로 인하여 하향 길로 접어들기 시작했다. 따라서 노후자금은커녕 부채는 증가하고 생계마저 위협받는 처지가 되었다.

그리하여 다시 내 삶을 뒤돌아보고 나와 같은 노년의 길을 걷지 않도록 스스로를 자극하고 동기유발 강사의 길을 선택하게 되었다.

아름다운 황혼을 설계하라

앙드레 지드는 '늙기는 쉽지만, 아름답게 늙기는 어렵다. 그러나 누구든 늙기 마련이다.'라고 했다.

아무리 평균 수명이 늘어났다 해도 늙지 않는 사람은 없다.

젊은이들은 영원히 늙지 않을 것처럼 살지만, 그들 역시 늙게 마련이다. 인간이 늙는다는 것은 보편적인 자연 현상이지만, 아름다운 황혼은 선택이다.

아름다운 선택을 하기 위한 성찰도 본인의 몫이고, 설계 또한 자신의 몫임을 간과해서는 안 된다.

주변을 살펴봐도 그냥 늙어가는 사람은 많아도 아름답게 늙는 사람은 드물다. 그만큼 아름다운 황혼은 설계 없이는 어렵다는 얘기다.

아무리 화려한 경력, 영광을 누리며 한껏 대우를 받았다 한들 황혼의 설계와는 무관하다. 모두가 흘러간 과거일 뿐이다.

아름답고 곱게 늙는다는 것은 삶의 질이 윤택해지고, 다른 사람들이 보기에도 좋다.

나이 들어도 어떤 소리를 듣느냐 또한 자신들의 몫이기에 아름답게 늙기 위해서는 황혼 설계가 필요하다. 무엇이 필요하고, 남은 생을 어떻게 살아야 하는가가 설계되어야 하는 것이다.

가장 중요한 노후설계

첫째: 마음의 자세다.

자연의 섭리를 받아들이고, 인정하는 자세, 곧 '늙음을 받아들이는 자세'다.

사람은 누구나 나이를 먹으면 늙는다는 것, 이 자연의 섭리를 깨달아 자기의 늙음을 긍정적으로 받아들여야 한다. 다시 '젊어지기를 바라는 착각'을 버려야 한다.

'나이에 걸맞은 언어와 행동하는 자세'가 필요하다.

나이 자랑은 물론 대우를 받으려고 하는 생각에서 벗어나야 한다.

얼마 전 엽기적인 사건이 보도된 바 있다.

지하철 안에서 70대 노인이 우산으로 20대 젊은 청년의 머리를 내려친 사건이다. 단지 나이 먹은 노인에게 자리양보를 안 했다는 이유다.

과연 어떻게 해석해야 할까?

이야말로 나이 자랑이 아니던가. 정말 다리가 아파 앉아야 할 처지라면 그 청년에게, 자리 좀 양보해달라고 정중히 부탁했다면 어땠을까?

둘째: 과거를 지우는 자세다.

현재 자기 처지에 대한 이해가 무엇보다 필요하다.

퇴임 후 자주는 아니고 한두 차례 교원 시니어 단체를 찾은 적이 있다. 그런데 그곳에서 현실을 망각하여 자기 처지를 잊고 과거 속에 살고 있는 이들을 볼 수 있었다.

교육장, 학무국장, 교육원장 등 호칭은 물론 언행 역시 과거 속에서 벗어나지 못한 모습들이었다. 전관예우도 좋지만 모두가 흘러간 과거 아니던가.

'은퇴 후 적응' 과정에서 과거로부터 벗어나지 못한다면 자신의 현재를 망각한 태도일 것이다.

셋째: 품위는 존경받는 인격적 자세다.

대접받기 위해서는 그만한 인품과 박식함을 갖춰야 하며 말을 하려고 하지 말고 경청하는 자세를 하며 동감하라.

넷째: 어떤 경우라도 노년의 경제는 생명같이 지키고 준비를 소홀히하지 않아야 한다.

자녀들에 기대는 것은 천부당만부당한 일이다.

50이 넘으면 새로운 사업은 구상도 하지 말고 동업은 친인척이라도 하지 않는 것이다.

다섯째: 아름다운 노년을 지키기 위한 필수
1) 식탐
나이 많은 사람은 자칫 추하게 보일 수 있는 게 식탐이다. 따라서 나이가 들면 음식을 조절할 줄 알아야 한다.

가급적 적게 먹고, 자주 먹는 게 좋다. 그런데도 상당수 노인들은 나이가 들수록 음식에 대해 탐욕적이다. 가끔 결혼식 피로연이나 단체 모임 장소에서 흔하게 볼 수 있다.

노인의 식탐은 가장 보기 흉한 모습이며, 품위를 떨어뜨리는 일이다. 품위는 아름다운 노인의 기본 덕목이기도 하다.

2) 말 많은 사람

가장 피하고 싶은 사람은 말 많은 사람이다.

말이 많다는 것은 신중성이 떨어지고 가볍게 여겨진다. 특히 노인이 말이 많으면 기피하는 대상이 되고 푼수라는 오해를 받는다.

젊은이나 노인들이나 말을 많이 하는 사람은 가벼워 보일 뿐 아니라 실수하게 마련이다.

3) 약탐

요즘 노인들을 대상으로 만병통치약 소동 뉴스를 통해 들었을 것이다. 원가 천 원이나 이천 원밖에 안 되는 약 뿌리 몇 개를 넣고 다린 것들을 30만 원, 많게는 60만 원 호가에도 불티나게 팔리고 노인들을 울린다는 보도를 심심찮게 접한다.

얼마 전 협착 진단을 받고 처방전을 들고 약국에 간 적이 있다. 처방전을 들고 앉아 순서를 기다리던 중 다른 사람들이 약을 받아가는 것을 보고 놀라지 않을 수 없었다.

다섯 분 모두 노인들인데 말 그대로 한 보따리씩이라는 표현이 맞을 것이다.

그런데도 어느 한 분은 오메가3, 비타민이며 영양제까지 밥보다 약을 더 많이 먹는다며 싱글벙글 자랑까지 한다.

수많은 사람들이 나이를 먹으면 한두 군데씩은 아픈 게 정상이라고 할 수 있지만 큰 병이 아닌 한, 인간의 육체는 스스로 치유하는 능력이 있기 때문에 기다려 보라는 얘기다.

약의 반은 독이라고 생각하면 된다.

약을 복용하지 않을 수는 없겠지만, 약에 의지하거나 집착하는 것은 글자 그대로 약탐이다.

지나친 약탐은 식탐처럼 노인들의 품위를 떨어뜨린다.

약에 의지해 사는 것보다 건전한 생활습관을 통해 건강을 지키는 것이 가장 바람직스러운 일이다.

결국 만병통치 약 사건도 노인들의 약탐에 의해 만든 일들이 아닌가 싶다.

결국 오래 살겠다는 욕심인데 약을 의지하고 오래 사는 인생이 무슨 의미가 있겠는가?

인명人命은 제천祭天이라고 했다.

인간의 수명은 하늘의 뜻대로 순응해야 되는 게 아닌가 싶다.

공부하는 노년은 품위를 높인다

가장 아름답게 보이는 사람은 여자가 뜨개질할 때, 바느질하는 여인, 차 안에서 책 읽는 사람, 박식한 노인이라고 한다.

우리 속담에 '빈 수레가 요란하다.'라는 속담이 있다.

나이 먹은 빈 수레가 되지 않으려면 공부해야 한다는 것이다.

우선 월간지, 주간지, 일간지를 부지런히 읽어야 하고 최소한 매월 한두 권의 책은 정독해야 한다. 사람은 누구를 만나느냐에 따라 삶이 달라진다는 말이 있듯이 책을 읽고 읽은 책을 모두 기부한다는 유 대표님의 말에 감동받은 나는 그날부터 추천 도서를 한 주에 한 권 읽고 독서록을 쓰며 기부도 했다.

　나이가 들면 정보와 지식이 다르다는 것을 알게 된다.

　현재는 정보는 넘쳐나도 지식은 크게 빈약한 시대다.

　정보는 스마트폰만 있으면 된다.

　지식은 논리적이고 체계적인 앎을 요구한다. 종이책이 아니면 얻지 못하는 게 지식이다.

　노년은 시간이 많고 자유스럽다. 따라서 무료의 포로가 될 게 아니라, 스스로 공부하여 품위 있는 노인으로 자리매김해야 한다. 치매 예방을 위해서라도 공부는 필요하다.

　아름다운 황혼 설계로 '새로운 도전'도 해볼 만하다. 현직이었을 때는 생각지도 않았던 새로운 일, 새로운 분야를 시작해 보는 것이다. 새로운 것을 시작하고 거기에 열중하다 보면 저절로 아름다움을 느끼게 된다. 노년의 새로운 일, 새로운 시작은 그 자체가 아름답고 용기 있는 행동이며, 품위 있는 노년이 되어가는 것이다.

　내 경우 퇴임 1년을 앞두고 고민하게 되지 않을 수 없었다. 그러다가 교직이 아닌 새로운 일에 도전해 보려고 번득 생각난 것이 여행사였다.

　바로 이거다 생각하고 일사천리로 법인 설립을 마쳤거니와 자초지종이야 어찌 되었든 한국평생교육원에서 여행사 일을 계속하게 되었다.

　나에게는 은퇴란 없다.

　마리 퀴리는 "인간은 반드시 한 가지 재능을 가지고 태어난다."라고 했다.

어떤 비용을 지불하더라도 자신의 재능을 찾아야 한다. 도전은 자기 발견이다.

나이 70에 그림을 시작한 할머니가 연속으로 공모전에 다섯 번 입상하여 화제인물로 소개된 것을 들은 적이 있다.

그분은 자신 안에 내재된 재주를 인지하지 못하다가 나이가 들어 비로소 발견하게 된 것이며 현재는 전혀 다른 사람이 되어 화가의 길을 걷고 있다고 한다.

노년에 가장 중요한 것은 나이 드는 것을 수용하는 '긍정적인 자세'다. 판잣집이라도 자기 집에서 살고 있어야 한다. 공간에서 자유롭지 못하면 다른 자유도 없다.

'경제적 독립'도 필요하며 '건강' 또한 아주 중요하다. 건강하지 않으면 다른 것을 다 갖추고 있어도 소용이 없다.

평균 수명이 늘어난 만큼 모두가 오래 살게 된다. 그래서 아름다운 노년은 더 중요해진다.

모두가 아름다운 황혼을 설계해 '추한 늙은이'가 되지 말아야 한다.

모임에 참석해 보면 건배사를 하는 경우가 있다. 그 건배사는 "9988 234"이다.

무슨 암호일까?

'구십구 세까지 건강하게 살다가 이삼 일 아프다 죽자.'라는 뜻이다.

건강하게 오래 수를 누리다가 큰 고통 없이 세상을 떠나고 싶은 간절한 열망을 외친 것일 것이다.

아름다운 황혼 설계로 품위 있고 건강한 노년을 맞이하기를 기대한다.

숲은 비오는 날 피난처이고 햇빛의 가리개이다.

아름다운 노인으로 피난처가 되고 그늘이 되었으면 하는 바람이다.

장 운 갑

도서출판 한국평생교육원 편집장

다년간 출판업에 종사하며 실용 및 처세, 경제, 경영뿐만
아니라 동서양의 고전문학작품들을 기획 편집하였다.
저서로는 '차 한 잔으로 시작하는 아침의 여유', '행복이
담긴 선물', '희망과 행복을 주는 마음의 산책' 등이 있으
며 편역서로는 '화를 다스리면 인생이 달라진다', '아침 5
분이 인생을 바꾼다', '성공을 부르는 사소한 습관', '세상
에서 가장 유명한 이야기①②', '하루의 행복', '상속재산
이 없으면 부자의 지혜를 배워라', '숲속의 반란' 등 다수
가 있다.

비전이 없는 삶은 의미가 없다

3년 전 일이다. 서른 살을 앞둔 큰아이가 도무지 적성이 맞지 않아 회사를 그만두겠다고 하기에 '네 생각이 그렇다면 그만두라.'며 아무것도 묻지 않았다. 어차피 아무리 부모자식 간이라 한들 이제 성년이 된 자식의 인생에 간섭할 필요 없다는 생각이었다. 그 후 얼마 지나지 않아 큰아이는 일산에 위치한 소규모 IT업체에 재취업했으나 채 1년도 지나지 않아 상사와의 불협화음으로 그만두어야 하겠다는 것이다.

아무리 '자기 인생 자기가 사는 것'이라고 했지만 너무 무심하다 싶어 '어떤 직장을 원하는지, 그리고 어떤 꿈을 가지고 있는지'를 묻자 아이는 '자신의 적성에 맞고 비전이 보이는 회사에 들어가 마음껏 제 기량을 발휘해 능력을 인정받고 교제하는 아가씨와 결혼하는 것'이라고 했다. 덧붙여 '아빠는 비록 결과는 어떠할지라도 전공을 살려 적성에 맞는 직업을 택하여 살았으니 그런 인생이 부럽다.'고 하는 것이었다.

그리하여 아이가 고등학교 2학년 수학여행 때 사고를 쳐 학부형으로서 담임선생님에게 다녀와 훈계를 한 이후 이제 아이의 보호자가 아닌 인생 선배로서 차분히 얘기했다.

"자신이 창업하지 않는 한 전공과 적성에 맞는 직업이란 애당초 없다. 다만 어느 직장 어느 직종을 선택하더라도 최선을 다하다 보면 그제야 자신의 적성이 무엇인지, 잘할 수 있는 것이 무엇인지, 그리고 꿈이 무엇인지 명확하게 깨닫게 될 것이다. 아울러 조직생활에서의 비전이란 스스로 만들어가는 것이지 결코 회사가 펼쳐주는 것이 아니다. 상사와 동료의 융화 또한 본인의 마음가짐에 달려 있다. 비록 살아온 환경이나 현재의 직위와 처한 상황이 다르다 할지언정 자신이 베풀고 기꺼이 자신을 내어줄 때만이 그제야 맞장구라도 쳐줄 것이다."

길지 않게 얘기를 했거니와 지금은 서두르는 출근길을 보노라니 이제 세상에 대한 눈높이를 맞춘 듯싶지만 이 또한 자식에 때한 애증이리라.

현실은 생각하는 대로 펼쳐진다

1900년, 철학자이자 작가인 윌리엄 제임스는 "인간은 대개 자기 한계에 훨씬 미치지 못한 삶을 살게 마련이다. 온갖 종류의 권한을 모두 다 갖고 있음에도 불구하고, 이를 채 다 사용하지 못하고 마는 것이다." 라고 하였다.

이 말을 요약하면 자신이 어떤 생각을 하느냐에 따라서 결국 그 사람의 현실을 결정한다는 얘기다. 즉 이런 현실의 속성을 잘 이해하고, 지금 지니고 있는 생각의 방향을 의식적으로 관리할 때 비로소 원하는 삶을 창조해나갈 수 있다는 것이다.

예컨대 우리는 당면한 문제를 바로 해결할 생각은커녕 지속적으로 확대, 재생산하여 만일 오늘 금전적인 문제로 걱정하고 있다면 바로 그

걱정 때문에 미래에도 역시 여전히 돈에 대한 걱정에서 자유로워질 수 없을 것이다. 뿐만 아니라 자신의 성공을 가로막는 모든 장애요소들을 걱정하며 그 생각으로 인하여 잠을 이룰 수 없다면 그 생각 때문에 결코 성공하기 힘들 것이다. 게다가 이런저런 일로 많은 스트레스를 받아 아마도 쉽게 늙어버리거나 불치병에 걸려 곧 죽을 것이라는 생각으로 온 마음을 빼앗기고 있다면 머지않아 죽음에 이르게 될 것이다.

따라서 현재 자신의 생각이 어떤지 잘 관찰하고, 그 생각으로 창조해 내고 있는 삶이 어떤지 곰곰이 되새겨 보아야 할 것이다. 아무래도 자신은 불가능하다고 생각한다면 실제로 그 일을 해내지 못할 것이다. 반대로 그건 누구나 가능한 일이며 결국 자신도 해낼 수 있고 충분한 자격이 있다고 생각한다면 그것은 단지 시간문제일 뿐이다.

이 세상 모든 것은 자기 자신이 생각하고 뿜어내는 에너지에 달려 있다. 성공 또한 긍정적인 에너지이다. 그리하여 지금 생각하는 바가 성공할지 실패할지를 결정하는 것이다.

그런데도 복잡하고 다양한 현대사회를 살아가면서 의식적으로 생각의 방향을 관리한다는 것은 생각처럼 쉽지 않은 일이다. 더구나 실직과 명예퇴직, 경제적 불황으로 수많은 신조어를 만들어낸 삼포 세대니 오포 세대니 하여 모든 것을 포기해야만 하는 현실에서 긍정적인 생각이 가능한지 반문할지도 모른다.

그러나 돌이켜 생각하면 현재는 내일 앞에 단지 과거일 따름이다. 비록 수많은 갈등과 위기, 사회현실과 불안한 미래에 많은 젊은이들이 좌절과 절망으로 얼룩진 '헬 조선'을 외치지만 이 역시 미래에서는 단지 과거일 뿐이며 삶의 이유와 목적을 깨닫는다면 현재의 괴로움은 미래의 즐거움에 비해 아주 작은 한 부분일 뿐이다.

우리가 원하는 삶으로 바꿀 수 있는 유일한 원천은 바로 자기 자신이다. 그럼에도 많은 사람들은 실제로 어떻게 성공했는지 이해하지 못할 뿐만 아니라 성공한 사람들의 대부분은 운이 좋다거나 처해진 환경, 혹은 배경이 좋았을 것이라는 막연한 추측을 하고는 한다. 이는 곧 성공은 자신과는 관계가 없는 일이라고 단정 짓는 사람들이며 결코 성공의 문턱에도 가지 못함을 뜻한다.

긍정적 사고로 현재를 살아가는 사람은 결코 포기하거나 좌절하지 않으며 오히려 이를 도약의 발판으로 삼는다. 그리하여 순간순간의 시간들이 더할 나위 없이 즐겁고 귀중하다는 생각을 하게 되는 것이다.

사람은 누구나 세 번의 기회가 있다고 하지만 스스로를 돌아보며 자신의 운명을 개척하는 사람만이 이 기회를 잡을 수 있고 행운의 여신 역시 다가오기 마련이다.

죽음의 문턱에서

대학교재 출판사 편집장으로 재직할 당시의 일이다.

대학교재를 발행하는 출판사는 매년 한 학기가 시작되기 전인 1~2월과 7~8월이 가장 바쁠 때이고 밤샘을 하기 일쑤였다. 게다가 유아교육학은 사회복지학이나 교육학과 달리 저자인 교수님들이 거의 여성분들이다 보니 오, 탈자는 물론 낱말 하나, 심지어 본문 조판까지도 관여하려 하였기에 서로 많은 대화가 오갔고 때로는 고성이 오고갈 때가 한두 번이 아니었다. 그렇게 두 달 동안 50~60권의 교재가 탄생되고 한

학기가 시작되는 3월이나 9월 초에는 전 직원이 흠뻑 물에 젖은 솜처럼 녹초가 되고 만다.

2011년 9월 말경, 8월 초부터 목이 따끔거리고 무언가 역류하는 듯해 당연히 흡연과 고성으로 인한 후유증이려니 하고 예사롭지 않게 넘겼건만 이제 객혈까지 하는 것이다. 아뿔싸, 내 젖먹이 적 폐결핵으로 돌아가신 어머니가 떠올라 부랴부랴 인근 병원으로 갔더니 '후두 백반증' 같다며 대학병원으로 가볼 것을 권유하는 것이었다.

다음 날, 큰아이와 함께 모 대학병원 이비인후과에 들렀더니 내시경과 초음파, MRI 등 검사 결과는 악성이지만 그리 염려할 것은 아니라고 하여 다소 마음을 놓았다. 그러나 조직검사와 각종 검사를 통해 이미 식도로 전이되어 생존확률 10~15%라는 말기 암 판정을 받고 3차례에 거쳐 7~11시간의 대수술을 받아야만 했다.

다음은 당시의 일기장이다.

2012년 4월 13일(금)
아침 회진 시 주치의가 보더니 숨을 쉴 수 있는 공간이 5프로밖에 남지 않아 매우 위급한 상황이니 기관절제수술을 해야 한단다. 급히 응급실로 옮겨졌지만 수술실이 나지 않아 3시간 이상을 대기하다가 수술! 마취에서 깨어나니 심혈관병원으로 옮겨졌다.

2012년 4월 22일(일)
어제부터 내린 비는 줄기만 가늘어졌을 뿐 오늘 역시 종일 내려 그나마 늦게 개화한 벚꽃마저 시샘하듯 떨어뜨려놓더니 급기야 나에게

까지 비수를 꽂았다. 칼로 도려내는 듯한 통증이 엄습한다. 급히 레지던트가 와서 보더니 튜브가 완전히 막혔다며 생살을 뚫어 다시 튜브를 고정시켰다. 그렇지 않아도 먹기는커녕 아무것도 마시지 못하는 터에 쇄골鎖骨의 고통은 차마 형언하기 어렵다. 하루하루를 견뎌내는 것이 너무 힘겹기 그지없다. 어차피 가망 없을 바에야 이대로 퇴원해 단하루라도 편히 쉬다 잠들면 더 이상 바랄 것이 없겠다.

흐드러지게 핀 진달래며 이제 막 움트는 두릅과 취나물, 그리고 뻐꾸기 울음소리!

내 부모님, 나를 반기시려나.

갑자기 준호가 보고 싶다. 형님은 준호에게 연락하라 했지만 그렇지 않아도 지난번 수술 시 졸업여행을 떠났던 아이가 급거 귀향해 미안한 터에 외국에 체류 중인 아이를 다시 귀국하라고 할 수는 없지 않은가.

보고 싶은 마음을 유서로 대신한다.

이제 눈까지 다 된 듯 자꾸 시야가 흐려진다.

이후 말기 암 환자들만 입원해 있다는 암병동 ○○실로 옮겨졌지만 6인실이어서 그나마 고적함을 달랠 수 있어 다행이었다. 그러나 충남 보령에서 과수원을 한다던 내 맞은편 사람은 폐암으로 9차 항암치료 중이라고 했고, 원주에서 학원을 한다던 내 옆의 환자는 췌장암으로 3개월 이상을 기대하기 어렵다고 하여 다들 희망 없는 하루하루를 연명하고 있었다. 뿐만 아니라 환자는 그렇다고 쳐도 보호자들 역시 낙심한 나머지 눈에 초점이 없고 도무지 말문을 열지 않았다.

병실로 온 지 하루가 지났을 때 맞은편 사람이 가까스로 나에게 몇 기냐고 물었다. 나는 대답 대신 스피치 밸브를 잠그고(숨을 쉬기 위해 목에 꽂아놓은 튜브로 손가락으로 막거나 잠그면 꽥꽥거리는 오리울음소리처럼 쉰 목소리나마 낼 수 있다.) 병상을 둘러보며 말했다.

"여러분, 얼마나 고생이 많으세요. 오랜 투병생활에 환자 여러분도 보호자분들도 지치시지요. 그나마 나을 수 있다는 희망이 있으면 좋으련만 그마저도 힘드니 얼마나 상심하시겠어요?"

잠시 숨을 고른 다음 말을 이었다.

"저 역시 후두암 말기로 주치의 말로는 4~6개월을 넘기기 힘들다고 하네요. 그래서 가능성이 없다면 차라리 퇴원시켜달라고 했더니 이곳으로 보내네요. 반갑습니다, 여러분! 우리는 과거야 어찌 되었든 현재는 같은 처지입니다. 제가 드리고 싶은 말씀은 비록 내일 생을 다하더라도 이 순간, 바로 오늘을 웃으며 보내자는 겁니다. 아무리 슬퍼하고 낙심한들 그건 여러분의 몫일 뿐입니다……."

그로부터 2~3일이 지나자 다들 때로는 웃고 농담하며 심지어 보호자가 없는 틈을 타 과거 연애사까지 얘기하는 정도가 되었다. 오죽하면 담당 간호사가 이 방 환자분들은 마치 놀러온 것 같다고 조크를 했을까. 물론 맞은편 환자는 응급실 대신 영안실로 가기는 했지만…….

운명을 바꾼 긍정적 에너지

대개의 사람들은 자신에게 어떤 문제가 생기거나 해결될 기미가 보이지 않으면 그 문제의 원인을 찾아보려고도 하지 않고 그저 방치해두거나 '이건 내 운명이다.' 하고 체념해버리고 만다. 물론 '이건 내 운명이니 어쩔 수 없지.' 하고 단정 지으면 마음은 편할지 몰라도 진정한 해결은 되지 않는다.

원인을 찾고 이를 해결하기 위한 노력이 말처럼 쉬운 것은 아니라 할지라도 용기를 가지고 정면에서 임하면 해결의 실마리가 보일 것이다. 운명은 결코 난공불락의 성이 아니다. 용기를 무기로 운명을 함락시키려는 내면의 긍정적 에너지를 뿜어내면 되는 것이다.

의사의 만류에도 불구하고 퇴원했지만 시급한 당면 과제는 삶과 죽음의 경계에 선, 암과의 투쟁이 아닌 직장이었다. 생존확률이 10~15%라고 했지만 매주 814만분의 1이라는 로또복권 당첨자도 있지 않은가. 생존확률 1%라 해도 전혀 두렵지 않았거니와 10년 전, 보증 한 번으로 경매당한 집 두 채와 부동산, 그러고도 모자라 수억 원의 부채를 감당해야 했던 당시로써는 죽음조차 사치로밖에 생각되지 않았다.

죽음보다 더 두려운 것은 바로 부채負債였다. 비록 세상에 내 이름 석 자, 명예롭게 남기지는 못할지라도 나를 믿고 나를 사랑해준 가족과 친지, 주변 사람들에게 최소한의 보답은 못 할망정 폐를 끼치고 갈 수는 없지 않은가.

다행히 얼마 지나지 않아 지인의 추천으로 단행본 출판사의 편집장으로 들어가게 되었고 유일한 삶의 원천인 부채상환을 위해 나 자신을 관리하지 않으면 안 되었다.

다시 일어서기로 했다. 다시 걷기로 했다. 다시 웃기로 했다.

흔히 사람들이 말하듯 하루아침에 '쫄딱 망한' 나로서 할 수 있는 일은 그다지 많지 않았다. 차라리 내 사업이라도 하다가 패가망신했으면 그나마 위안을 얻겠지만 스스로 자청한 보증이었으니 어디 하소연할 데도 없었다. 목동 인척 집의 방 한 칸을 얻어 이사한 다음 날부터 회사까지 13km를 도보로 출근하며 비분강개悲憤慷慨한 마음을 달래는 것이 고작이었다. 그렇게 봄이 가고 겨울이 가고 계절이 8번쯤 바뀌었을 무렵, 마침내 깨닫게 되었다.

'다 내려놓으면 되지. 다시 일어나 시작하면 되지. 다시 웃으면 되지.'

이제까지 '내 운명이니 어쩔 수 없지.' 하고 체념하듯 받아들였던 나였지만 이날 아침 출근길은 마치 천하를 얻은 듯 경쾌하기 그지없었고 발걸음은 날아갈 듯하였다.

정확히 13km!

암으로 입원하는 날까지 인공폭포-성산대교를 경유하여 홍제천을 따라 걷고 또 걷다 보니 가장 먼저 계절 초입 어김없이 찾아왔던 감기 몸살뿐만 아니라 과음과식에도 체증滯症이 일지 않았다. 뿐만 아니라 걷는 도중 손만 놀릴 수 없어 박수치기, 팔굽혀펴기는 물론 호젓한 새벽

산책로에서 앞뒤로 손뼉을 치며 하하하하 하고 크게 웃을 때면 저절로 엔도르핀이 분비되는 것 같았다.

오죽하면 집사람이 '오늘은 이 술을 마실까, 내일은 저 술을 마실까 싶어 출근할 때마다 헤벌쭉 웃는 모습을 차마 못 봐주겠다.'고 할 정도였다.

그래, 다시 10년 전으로 돌아가기로 했다.

이제 죽음도 부채도 두렵지 않았다.

'다 내려놓으면 되지. 다시 일어나 시작하면 되지. 다시 웃으면 되지.'

어떤 이가 그랬던가.

'오늘 무심히 흘려보낸 하루는 어제 죽어간 이가 그토록 그리워하던 내일'이라고.

더구나 그해 가을, 코스모스 졸업과 동시에 작은아이가(일기장 속 준호) 모 회사 연구직에 합격되었거니와 입사하기 3일 전, 단지 합격증서 한 장만으로 회사에서 신용대출을 받아 10여 년간 끌어오던 내 사채의 대부분을 대신 떠맡았으니 얼마나 미안하고 고마운 일인지…….

그로부터 사계절이 네 번 바뀌었지만 주치의가 선언했던 4~6개월의 시한부인생은 아닌 듯싶다.

금전적 고통, 실연과 실의, 시련과 고난, 투병은 기나긴 인생에서 겪는 즐거움에 비하면 아주 작은 일에 불과하다. 자신의 삶을 보다 풍요롭고 활기차게 만들고 싶다면 '죽은 시인의 사회'를 쓴 키팅 선생의 말처럼 '카르페 디엠Carpe diem', 현재를 잘사는 것이다. 바로 이 순간을 잘 살면 되는 것이다.

오직 현재를 충실하게 살아야 한다.

현재를 즐기고, 끌어안아야 한다.

그러나 현재를 온전히 끌어안으려면 불편했던 과거를 보내주는 지혜도 필요할 것이다.

후회하지 않는 삶

서두에 언급했듯이 자신의 적성에 맞는 일이란 쉽지 않은 일이다. 큰 아이의 말대로 전공과 적성을 살려 소위 타인의 글을 펴내는 출판인으로서 외길인생을 걸어왔지만 나이가 들어갈수록 가슴속에 채워지지 않는 공허함은 채울 길 없었다.

13km 도보로의 출근길, 마음을 비우고 내 마음속의 화(火)를 재우며, 나를 이기는 과정을 통해 두세 권의 저서를 내기도 했지만 고스란히 내 안의 욕구가 용해되지는 않았다. 그리하여 죽기 전에 비록 단 한 줄의 글이라도 스스로를 만족시킬, 그런 책을 만들고 싶다는 간절한 욕망과 꿈은 반드시 이루어야 할 과제로 남게 되었다.

입에 침이 마르도록 몇 번이나 들은 터였지만 반신반의하지 않을 수 없었다. 상대방의 진의도 파악하기 어렵거니와 가장 큰 걸림돌은 탁하고 쉰 목소리였다. 결국 내가 결정할 일은 부딪치는 것뿐이었다.

나는 평소 사람을 잘 믿지 않는 대신 처음 만나는 사람이라도 호감을 불러일으키게 되면 밤새 두주불사斗酒不辭하며 금세 동무로 다가가는 편이다. 그런데 그이를 처음 대면할 시 차마 형언하지 못할, 가슴 밑바닥에서부터 강하고 뜨거운 덩어리가 치밀어 올랐다. 굳이 손을 잡지 않더라도 느껴지는 인간애와 진실성, 게다가 자신의 삶과 생각과 행동이 일치하는, 바로 내가 꿈꾸던, 그런 환경의 주춧돌이 되어줄 사람이었다. 뿐만 아니었다. 몇 잔 술에 불콰해진 몸으로 자정이 다 되어 귀가했음에도 전해진 한 권의 책(와일드 이펙트)을, 어둠이 가시기 전 독파하며 그이의 사고와 온전한 삶을 부여잡을 수 있었거니와 더는 주저할 것 없이 월요일 출근길에 사표를 내고 이곳 한국평생교육원에서 다시 꿈을 펼치기로 했다.

아침 출근길, 거울 앞에 서서 푸석하고 못난 얼굴이나마 가볍게 미소를 지어 보인다. 익살스런 표정까지도.

오늘 내가 만나는 사람들, 오늘 내가 보게 될 글들은 얼마나 나를 즐겁게 할까? 잃어버린 세월도 다시 찾아야 하고, 해야 할 일도 많고…….

깔아놓은 멍석에서 한바탕 신명나게 놀다가 더는 나를 사랑하는 사람이 없을 때쯤 홀연히 사라져 긴 숙면에 들어갈까.

최 강 석

현) 국제코치연합 대표이사 / 한남대 경영대학원 겸임교수
현) 국제NLP연합 이사 / 한국코치협동조합 이사
현) 한국코치협회 프로그램인증 국장, 코치인증 심사위원
현) 한국코치협회인증 프로코치(KPC)
현) WABC국제비즈니스협회 인증 비즈니스코치(RCC)
현) Ericson College인증 NLP Trainer
현) ABH(미국최면치료협회) 인증 최면치료서
현) 대한최면심리학회 인증 임상최면서/최면지도사
현) 한국정신과학연구소 인증 뇌교육사

전문분야: CEO코칭, 비즈니스코칭, 리더십코칭,
　　　　　전문코치 및 사내코치 양성

더불어 행복해지는 프로코치의 삶

구글이 선정한 최고의 미래학자 토마스 프레이(Thomas Frey, 다빈치 연구소 소장)는 이제 학습을 위해 교사가 아닌 코치, 멘토, 가이드가 필요하게 되며 2020년 이후에는 교사 없는 교육 시스템이 정착할 것이라고 말했다.

학교뿐만 아니라 기업교육 및 성인교육에서도 오프라인 교육은 점점 줄어드는 추세이며, 따라서 기존의 일방향 학습중심의 강사는 갈수록 설 자리가 축소될 것으로 예상된다. 그렇다면 프로강사로서 어떻게 하면 지속적인 수입을 올리며 활동할 수 있을까?

이에 대한 대안으로 코칭과 강의를 접목한 가치 중심의 통합 서비스를 제안한다. '가치 중심의 통합 서비스'는 중장기적 현금흐름을 높이고 지속적 경영이 가능하도록 하기 위해 고객 가치 중심의 서비스를 통합적으로 구성하고 제공하는 것이라고 할 수 있다. 현재 강사로 활동하거나 강사로 활동하고자 하는 사람은 자신의 목표고객과 고객의 핵심 이슈를 명확히 하고 그에 대한 서비스로 강의에 코칭, 트레이닝, 컨설팅 등을 통합적으로 구성하여 제공할 것을 권한다.

그럼 이제부터 코치로서 활동하게 된 계기와 그간의 스토리들을 나누고자 한다.

코치? 운동하시나 봐요

"코치? 운동하시나 봐요……."

프로페셔널 비즈니스코치로 활동하기 시작할 무렵 명함을 건네면 적지 않은 사람들이 운동을 하느냐고 물었을 정도였다. 그럼에도 불구하고 이제 프로코치로 활동한 지도 만 10년이 지났다.

내가 코칭을 처음 접한 것은 2004년 5월 온라인 게임을 마케팅하는 회사에 입사한 지 일주일도 안 되어 과장 이상 직급에 대한 8시간 코칭 워크숍을 통해서였다. 솔직히 당시에는 별로 와 닿거나 기억에 남는 것은 없었다. 지금 생각하면 교육프로그램 또는 강사의 영향력이 약하지 않았나 생각된다. 나뿐만 아니라 같이 교육받은 사람들도 대부분이 그러했으니까.

그날 교육이 끝나고 사장님이 주최하는 진한 소주파티(일명 각 1병)에 참가하게 되었고 코칭과의 첫 만남은 소주와 함께 잊혀갔다.

1997년, 남들이 부러워하는 대기업에 입사했지만 그해 IMF가 터졌고 많은 회사들과 마찬가지로 회사는 문을 닫았거니와 평생직장은 한여름 밤의 꿈이 되고 말았다.

2000, 2003, 2004…… 몇 개의 회사에 몸담기도 했지만 추진하던 신규 사업은 뜻대로 되지 않았고, 회사가 부도 나 6개월여 급료를 받지 못한 것은 물론 심지어 실업급여를 받아보기도 했다.

그리하여 '내 일을 하고 싶다, 내 일을 하는 것이 낫겠다.'는 생각이 줄곧 머릿속을 떠나지 않았다.

그러던 2005년 9월 어느 날, 신작게임을 마케팅하기 위해 지방으로 차를 몰고 가던 중, '비즈니스 코칭을 해보면 어떨까?' 하는 생각이 문득 떠올랐다. 이왕 할 거라면 결혼 2년 차로 아직 아이가 없을 때 저지르고 빨리 기반을 잡아야겠다는 생각이 뇌리에 떠나지 않았다. 가끔 친분이 있던 중소기업, 벤처 회사 대표 또는 임원 분들과 말벗이 되어드리고는 했던 참에 '비즈니스 코칭'이라는 들어보지도 못한 단어가 머리에 떠오른 것이다.

'출장을 마치고 올라가면 과연 그런 것이 있을지 인터넷으로 검색해 봐야겠다.'

과연 비즈니스 코칭이라는 것이 있었다. 능률협회가 주관하는 WABC(세계비즈니스코치협회) 국제 인증과정 1기 교육이 바로 다음 달인 10월에 있다는 것이었다. 그래, 이거다 싶었다.

그러나 이미 마감시한이 지난 것을 알게 되었다. 잠시 낙심이 되었지만 원하면 통한다는 생각으로 담당자에게 전화를 걸었고 곧 닫혔다고 생각했던 문을 열고 들어갈 수 있었다.

국내 코칭에 대한 선배 전문가, 유명 대학 교수님, 코칭에 관심 있는 컨설턴트분들과 함께 Tim Ursiny 박사를 모시고 동시통역으로 공부하게 되었다. 이미 국내에서 선구적으로 코칭을 하고 계신 분들이 다수 참석하시다 보니, 오가는 질문의 수준이 실제적이며 깊이가 있었고 청운의 꿈을 안은 나에게는 그분들을 알게 된 것이 봄날 단비와도 같았다.

그리고 그해 10월은 9년여 직장생활의 마지막 달이 되었다.

주도형 아내 신중형 남편

긴 생머리에 우아한 검은 드레스를 걸친 아름다운 그녀. 그러나 화가 나면 빨간 도끼를 치켜들며 '죽여버리겠어!'를 외친다. 좋고 싫음이 명확하고 성질 급한 그녀, 직접 하기보다는 남에게 시키는 것이 자연스러운 그녀, 우아함과 고고함을 유지하는 것이 중요한 그녀, 그녀는 아내의 성격을 꼭 닮았다. 그래서 아내는 '프란체스카'를 그렇게 재미있어하고 좋아한다.

그런 아내를 만난 것은 라틴댄스 동호회에서다. 함께 엠티를 갔었고 그날 밤 우리는 포천의 어느 통나무 산장에서 눈이 맞았다. 진짜 하얀 눈을 맞으며 서로 눈이 맞았고 만날수록 그녀의 아이 같은 순수함과 열정에 반했다. 바로 이런 것이 인연이구나 하는 생각이 들었다.

재미삼아 압구정동 사주카페에서 궁합을 본 적이 있다. 둘이 합치면 무쇠도 녹일 만큼 찰떡궁합이라고 하였다. 그러나 그녀는 가끔 나에게 가슴에 상처를 주는 말을 곧잘 하곤 했다. '싫다.'는 말을 주저 없이 내뱉어버리는 것이었다.

결혼 후에는 좀 더 심각한 사실을 알게 되었다. 그녀는 집안일에 관심이 없는 것이었다. 밖에서는 우아한 자태를 뽐내다가도 집에 들어오면 그 우아한 허물들을 정리 없이 벗어두기 일쑤였고, 주방 일에도 관심이 없었다. 뿐만 아니라 각 방이며 화장실의 불은 잘 끄지 않았고, 사용한 물건들은 제자리를 찾기 힘들었다. 집에만 오면 짜증스러움이 더해갔다. 서로의 성격유형을 알기 전까지는……

  그녀의 성격유형은 주도형+사교형(D-I type)이고 나는 신중형에 사교형(C-I type)이었던 것이다. 서로가 상대방의 성격유형을 알고 나니 상대의 행동과 사고방식이 이해가 가기 시작했다. 그럼에도 내 가슴속의 불만을 조절하는 데에는 코칭 공부가 없었다면 불가능했을지도 모른다.

  코칭을 공부하는 많은 사람들이 인간관계, 특히 가족관계에 있어 긍정적인 변화를 크게 느낀다. 부모자녀관계 및 부부관계에서 몇십 년간 지속되었던 문제들이 봄눈 녹듯이 해결되기도 한다.

  코칭을 더 깊이 공부하면서 우리 부부는 주변사람들이 부러워하는 찰떡궁합을 과시한다. 일과 관련해서는 아내의 결단력과 추진력, 나의 정밀한 진략과 정보력이 합쳐진다. 어가는 함께 영화를 보거나 외식을 하거나 춤(살사, 탱고 등)을 춘다. 가사는 어느 정도 분담하여 함께한다.

  아내가 임신했을 때는 임신 전 '안방마님'이었던 사람이 곧 '여왕폐하'

가 되었다. 가사의 대부분을 내가 했지만 예전과 같은 짜증과 불만은 없었다. 하기 싫을 때는 놔두고, 하고 싶을 때 했지만, 가능한 한 그때 그때 바로 처리했다.(특히 설거지만큼은 바로 해야 한다.)

회사를 다니다 전문 강사와 프로코치로 나서고자 했을 때 아내의 지지와 격려는 큰 힘이 되었다. 물론 지금도 최고의 후원자는 아내이다. 서당 개 삼 년이면 풍월을 읊는다고 지금 아내의 코칭 실력은 인턴코치에 버금간다.

아내는 현재 외국계 의류회사의 머천다이저로 일하고 있고, 회사에서 능력을 인정받아 작년에 임원으로 승진하였다. 여기에 코칭의 역할이 적지 않았다고 본다.

사랑의 작대기도 아니고 중매도 아니고

K는 우연히 나에게 다가왔다. 그 인연이 반복되면서 우연이 아닌 필연이요 운명은 아닌가 하는 생각이 들 정도였다. 그는 나보다 20년 정도 연상이다. 신중하면서도 추진력이 있고 문학적 낭만과 비즈니스적 현실감, 청년의 열정과 노인의 지혜, 냉정과 열정을 가진 매력 있는 사람이다. 게다가 나이에 어울릴 법한 뱃살도 없는 날렵한 몸매에 평균 이상의 키, 다소 카랑카랑한 음성의 소유자다. 외모, 지성, 감성, 그 어느 면으로도 동년배 중 상위 10% 내에 들 성싶다.

첫 만남 이후 6개월여 우리는 매주 3일 이상 만나거나 4~6시간 이상은 전화를 통해 우리만의 이야기를 나누고는 했다. 때로는 부담스럽기도 하고, 때로는 든든한 힘이 되었던 그와의 만남은 심한 경우 한 주에 2~3일을 8시간 이상 붙어 있었고 그것도 부족해 6시간 이상 전화를 나누는 정도였다. 내가 연애를 해도 이 정도로 열정적으로 한 적이 없었다. 그만큼 그와의 인연은 각별한 것이었다. 물론 우리 사이에도 몇 차례 위기와 어려움도 있었다. 그러나 지금은 서로 도움을 주고받으며 좋은 관계를 지속하고 있다.

지금까지의 내용은 연애담처럼 보일지도 모른다. 사실은 내 코칭 훈련 파트너와의 인연에 대한 것이다. 6개 이상의 코칭과정을 동문수학하며 주요 과정에서 1:1 또는 3인 1조 파트너로 깊어진 인연이다. 함께한 동기들 중에서 누군가에 대해 글을 쓴다면 이 사람 외에 누가 있겠는가?

국제인증코치과정 수업을 받게 되면 1대1 파트너를 선정하게 되고, 그 주의 수업내용을 서로 연습하며 과제물 및 실행계획에 대한 상호책임을 갖게 된다. 그 주의 숙제는 했는지 서로 확인해주며, 늦잠으로 인해 수업시간에 늦을 경우 깨워주거나 불참 시 수업내용을 녹음해 주기도 한다. 또한 서로의 코칭 실습을 위해 고객을 소개해주기도 한다. 10개월 이상의 과정을 진행하는 데에 있어서 수업 파트너는 서로의 실력 향상을 위해 주 강사에 버금가는 중요함을 가진다.

교육과 코칭의 접목

"직원들을 위해서 좋은 말씀 한번 해 주시죠."

S사에 교육과 코칭을 하게 된 것은 H 실장의 그 한마디였다.

"좋습니다. 그런데 일시적 행사성 강의를 원하시나요? 아니면 실질적인 변화를 원하시나요?"

내가 묻자 그는 후자를 선택했다.

"그러시다면 3개월간 매주 2시간 정도의 교육과 코칭을 병행하는 것을 권해드립니다."

내 제안에 그는 "그렇게 하면 좋겠지만 비용문제가 걱정입니다."라는 말로 화답했다.

"그리고 저와 함께 회사를 이끌고 있는 Y 실장의 동의가 있어야 합니다."

"그러시다면 약속날짜를 잡아 주시죠."

그리하여 나는 Life Balance Wheel, Professional Balance Wheel, 그리고 DISC(DISC 유형분석DISC assessment: 히포크라테스 이후 내려오던 인간의 행동을 파악하고 예측하기 위한 모델이 있어왔다. 1928년 심리학 박사 William M. Marston의 연구결과가 현재의 DISC assessment의 바탕이

되었고, 국내에는 Carlson Learning사의 Version, Personality Insight 사의 Robert A. Rohm 박사 Version 및 국제코치연합의 홍광수 박사 Version 등이 있다.) 검사지를 준비해 갔다.

Y와 H 실장 모두 Professional Balance Wheel에서 '시간관리' 부분의 만족도가 가장 낮게 나타났다. 이어서 DISC 진단 결과 Y 실장은 업무환경에서는 D-I 타입, 기본스타일은 I-D 타입으로 나타났고, H 실장은 업무환경 및 기본스타일에서 모두 C-D 타입으로 나타났다.

D 타입은 주도형으로 일에 대한 추진력이 장점이고, I 타입은 사교형으로 사람을 빨리 사귀고 설득력이 장점이다. C 타입은 신중형으로 일을 꼼꼼하고 정확하게 처리하는 장점이 있고, S 타입은 안정형으로 사람에 대한 세심한 배려와 꾸준함이 장점이다. DISC에 관심 있는 분들은 관련 서적 및 교육을 들어보면 좋겠다.

Y 실장에게 진단결과를 풀어주었다.

"평소 더 즐거운 인생을 살고 싶으신데 많은 업무로 인해 불만이 발생하실 수 있겠군요."

"어, 어떻게 아셨어요? 귀신같네……."

"주로 사람들과 어울리면서 에너지를 충전하시는 편이라고 할 수 있고요."

"제가 일 끝나면 사람들하고 한잔 하는 것을 즐기지요."

"그런데 H 실장님은 그런 것을 별로 즐기지 않는 타입이시군요."

"맞아요, 맞아"

"두 분이 사업파트너로 잘 맞는다고 할 수 있습니다. Y 실장님은 대외업무에, H 실장님은 내부업무에 잘 맞는군요. 그런데 그런 점들로 인해 서로 갈등이 있을 수 있습니다. 두 분이 서로의 장점과 단점을 잘 이해하고 역할을 잘 나누고 서로 존중하신다면 큰 시너지 효과가 있을 겁니다. 회사의 주요 업무와 분위기를 보니 직원들은 S와 I 유형이 많을 것으로 추측됩니다."

"야, 이걸 우리 직원들에게 모두 해봐야겠구먼……."

"직원들의 어떤 부분이 더 개발되었으면 하십니까?"

"우리 직원들의 커뮤니케이션 능력이 상당히 부족하다고 느낍니다."

"그럼 직원들 몇 분을 상담해서 원하는 것이 무엇인지 들어보는 것은 어떨까요?"

"그렇게 하죠."

이렇듯 기업을 대상으로 한 비즈니스 코칭에서 DISC 유형진단을 비롯한 각종 진단도구 및 코칭 툴은 고객의 마음을 열고, 효과적인 코칭이 가능하게 하는 데에 큰 역할을 한다.

이후 몇 명의 직원들을 상대로 인터뷰한 결과 '시간관리'에 대한 욕구가 가장 크게 나타났다. 두 실장의 니즈와 직원들의 니즈를 반영하여, 매주 시간관리와 커뮤니케이션을 병행하여 12주간 2시간씩 교육을 진행하고 두 실장은 매주 코칭을 받기로 계약하였다. 직원 각자의 'DISC 유형진단'과 '시간관리 상태진단'은 큰 호응을 얻었고, 두 실장의 코칭 시에도 많은 도움이 되었다.

매주 강의 시작 시 참석자들을 대상으로 한 20~30분간의 그룹코칭도 좋은 반응과 효과가 있었다. 두 실장에 대한 코칭도 좋은 반응을 얻었고, 특히 적극적으로 참여한 H 실장의 코칭 후 실행 또한 괄목할 만했다. 단, 12주로 예정되었던 교육이 회사의 중요한 프로젝트로 인해 한 주씩 밀리다가 7주차 교육 이후 진행되지 못하였고, 두 실장에 대한 코칭 또한 마찬가지였다.

코칭 초기 3개월간의 목표에 대해 보다 구체적이고 명확한 합의가 있었다면 더 좋았을 것이라고 생각된다. 또한 매주 코칭 시 실행계획에 대한 가능성을 충분히 검토하고 이루었을 때의 기대되는 결과와 파급효과를 더 그려보게 했다면 하는 아쉬움이 남았다.

아쉬움도 많지만 얻은 것 또한 많았다. 다양한 접근법과 도구들도 활용해 보았고 이후 활동에 많은 도움이 되었다. 특히 S사에서의 교육과 코칭을 병행하는 시도는 이후 기업에 코칭을 도입하게 하는 하나의 좋은 방법이 되고 있다.

아직 국내에는 '코칭'에 대한 이해가 부족한 상황이고, 그 도입에 있어 많은 망설임을 보이고 있다. 기업에 교육을 제공하며 코칭을 병행하는 것은 기업의 '코칭'에 대한 망설임을 제거하고 교육효과를 높이는 데에 큰 도움이 된다.

프로코치로서의 삶

코칭의 매력에 매료되어 코칭을 깊이 공부하는 사람들이라면 누구나 프로코치를 생각하게 된다. 이때 가장 큰 고민 중 하나는 바로 '코칭만으로 먹고 살 수 있느냐.' 하는 문제일 것이다.

국내 코칭계에 대한 구체적인 통계조사가 아직 없기 때문에 개인적인 소견으로만 말하자면, 국내 코칭산업은 '기술수용주기Technology adoption lifecycle(기술수용주기Technology adoption lifecycle: 1957년 아이오와 주립대학Iowa State College의 Everett Rogers 박사 등에 의해 처음 개발된 모델이며, 어떤 공동체가 불연속적인 변화를 어떤 식으로 받아들이는지 설명하는 이론이다. 282쪽 표 참조.)'로 보았을 때 선각수용자Early adopters시장에 해당한다고 판단된다.

2006년의 경우 기업의 HR 관련 담당자들을 만나면 아직 코칭이 뭔지 잘 모르는 분들이 많았지만, 2007년의 경우 코칭에 대해 어렴풋이나마 알고 있거나 도입을 검토하는 경우를 가장 많이 만났고, 최근에는 코칭을 어떻게 도입할 것인가를 고민하는 분들을 많이 만나고 있다.

개인 코칭의 경우에도 코칭을 배우는 분들이 교수, 컨설턴트, CEO, HR 담당자, 교육전문가들이 주류를 이루었으나 근래에는 중간관리자, 보험설계사, 주부, 대학생으로 확대되고 있다. 그러나 코칭스킬을 배우고자 하는 데에 편중되어 있고 1대1 전문코칭서비스에 대한 시장은 시간이 조금 더 걸릴 것으로 예상된다. 따라서 프로로 활동하기 위해서는 코칭에 대해 강의를 할 수 있는 강의역량이 필수적이라 하겠다. 내가 만나본 다수의 코치들 중 전문코칭서비스보다는 강의로 인한 수입이 더 큰 비중을 차지하고 있는 것을 보아도 알 수 있고, 실제 내 경우도 그러하다.

코칭관련 강의는 프로코치에게 수입의 큰 영역을 차지할 뿐만 아니라 자신을 알리고 전문코칭서비스를 원하는 고객을 발견할 수 있는 중요한 마케팅 채널이기도 하다. 그러므로 프로코치가 되고자 하는 사람은 코칭역량을 높이는 것 못지않게 강의역량도 필수적이다.

더불어 중요한 것이 마케팅 역량이다. 프로코치는 대표적인 1인 기업이자 Free Agent라고 할 수 있다.

기업은 상품개발력 못지않은 마케팅 능력이 필요하다. 뛰어난 기술력을 보유하였으나 마케팅 능력이 부족해 실패한 기업들을 많이 보아왔다. 프로로서 살아남고 프로코치로 성공하기 위해서는 자신을 알리고 고객을 확보하는 마케팅 능력이 필수적이다. 활발한 활동을 하고 있고 적지 않은 수입을 올리고 있는 프로코치의 공통점은 마케팅 능력이 뛰어나다는 것이다.

프로코치가 되기 위해서는 자신도 전문코칭서비스를 받아야 한다. 1인 기업인 프로코치로 서기 위해서는 이미 프로코치로 활동하고 있는 선배 코치의 멘토링과 코칭이 필요하다. 이미 자신이 프로코치로 자리를 잡았다고 할지라도 지속적으로 코칭을 받는 것은 더 큰 성장을 위해 필요한 일이다. 무엇보다 프로코치 자신도 코칭을 받지 않는다면 고객들에게 코칭을 자랑하고 전문코칭서비스를 권하는 데에 힘이 실리지 못하기 때문이다.

마지막으로 지속적인 코칭역량의 계발이 필요하다. R&D를 하지 않는 기업의 미래는 얼마 가지 못한다는 것을 우리는 잘 알고 있다. 지속적인 코칭역량의 계발은 프로코치로서의 가치를 높이고 고객의 지속적인 사랑을 받기 위해 필수적인 것이라 할 수 있다.

한미FTA 체결 이후 해가 갈수록 세계화에 대한 가속도가 더 붙고 있고, 빠른 시장변화와 서비스의 차별화를 위해 선진기업들은 앞 다투어 코칭을 도입하고 있다. 국내에서도 잘 훈련된 국제인증의 전문코치에 대한 수요가 급증할 것으로 전망된다.

수요가 급증해도 잘 훈련된 전문코치의 공급은 상대적으로 디딜 수밖에 없기 때문에 수년 내에 품귀현상마저 생길 것으로 추측된다.

세상은 점점 더 빠르게 변화하고 있다. 평생직장의 개념은 이미 사라진 지 오래고 회사에서도 1인 기업의 자세로, 1인 기업의 역량으로 일하는 것이 필요한 시대이다.

평균수명 또한 점점 길어지고 있다. 재수 없으면(?) 125세까지 산다고들 한다.

삶의 질 역시 더욱 중요시되고 있다. 이러한 때에 '코칭'은 앞으로의 시대에 가장 잘 맞는 일 중 하나이며, 평생직업으로 '프로코치'는 너무나 매력적이지 않을 수 없다. 세상을 더 행복하게 해주며 자신 또한 더 행복해지는 프로코치의 삶을 나는 사랑한다.

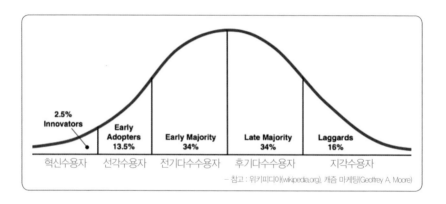

– 참고 : 위키피디아(wikipedia.org), 캐즘 마케팅(Geoffrey A. Moore)

최 희 정

∾∾∾∾∾

국제코치연합 에니어그램코칭연구소 소장
경기대학교 평생교육원 심리상담사양성과정 교수
한국상담개발원 코칭교수, (주)세움 코칭교수
국제 NLP연합 이사, (주)국제코치연합 명강사과정 교수
(주)국제코치연합 프로그램 인증국장 / 코치 인증위원
(사)한국코치협회 프로그램 인증위원 / 협회지 편집위원

공역 / 공저 : 나와 만나는 에니어그램/ 알고 하는 코칭

에니어그램과 코칭이 만나다

나는 누구인가

대학교 4학년 때 처음으로 통합 아동상담센터에 지원하기 위해 이력서와 자기소개서를 쓰게 되었다. 형식에 맞춰 학력사항, 자격증 소지 유무, 가족관계, 장점과 단점, 지원한 동기, 하고 싶은 포부를 적었던 기억이 있다. 이후에도 몇 차례에 걸쳐 이력서와 자기소개서를 쓸 기회가 있었고 그 이력서와 소개서는 처음 쓸 때와는 달리 내용도 늘어났다. 또한 그 사이 직업의 변화를 시도한 자격증과 경험의 무게도 더해져서 요즘은 어디에 제출하느냐에 따라 이력사항에서 필요한 사항은 더하기도, 불필요한 항목은 빼기도 하는 융통성이 생겼다.

유년시절의 나는

읍내에서 영세사업을 하시던 아버지와 우리 가족은 사업의 성공여부에 따라 살던 동네 주변의 집을 전전하며 여러 차례 이사를 다녔다. 그리하여 다들 여름철이면 떠나는 피서는커녕 그 흔한 바다조차 보지 못한 아이, 그럼에도 불구하고 농사짓는 것도 모르는 애매한 시골의 아이로 자랐다.

　그러나 공기놀이와 사방치기, 도둑과 경찰 놀이, 깡통 차기 등 동무들과 어울려 유년의 시간을 보내다 보니 혼자 놀이보다는 그룹 활동을 선호하는 아이, 가정에서는 부모님께 크게 걱정 끼치지 않고 혼자서도 잘하는 착한 아이, 학교에서는 규칙과 선생님의 말씀을 따르는 성실한 아이, 교회에서는 말씀에 따라 살려고 노력하는 충성된 아이로 자라게 되었다.

청년시절의 나는

　유년 시절과 달리 대학교 때는 꿈에 그리던 바다를 마음껏 볼 수 있었다. 방학을 맞아 집으로 돌아오는 길에 차창 밖으로 펼쳐지는 바다는 내 마음을 한껏 들뜨게 했다. 우리 집을 중심으로 한쪽은 어촌이고 반대쪽은 농촌이었던 것이다.

　그제야 나는 농촌 출신인지, 혹은 어촌 출신인지에 대한 궁금증이 일었거니와 지금도 농촌 사람인지 어촌 사람인지 그 정체성이 모호하다. 따라서 나는 그냥 시골 사람이다.

　지금도 보고 모험하는 여행을 하자면 바다가 좋고, 쉬고 여유롭고 편한 여행을 하자면 산이 좋다. 둘 다 좋다. 하나를 택하라면 어렵다. 산을 가자니 바다가 그립고, 바다를 가자니 산이 아쉽고.

현재 나는

　풋풋한 20대의 엉성한 청년 시기에서 40대 후반의 꽉 찬 청년 시기까지 긴 호흡으로 쉬지 않고 결혼과 육아, 맞벌이로 달음박질해서 왔다.

　나는 '인생은 마라톤이다.'라는 말을 좋아한다.

이미 초등학교 때 명석한 머리로 공부를 잘하는 아이로 타고나지 못했다는 것을 깨닫게 되었지만, 이는 곧 끈기와 성실함으로 시간을 채워나가는 비법을 터득하게 되었고, 지금까지 나를 성장시키는 방법으로 활용하고 있다.

비록 단거리 경주에서는 성공할 가능성이 낮다 하더라도, 장거리 경주에 대한 기대감이 있고, 해볼 만하다는 자신감에서 바로 '인생은 마라톤이다.'라는 말을 즐겨하는 것이다.

또 하나 좋아하는 말은 '인생은 연극무대이다.'라는 말이다.

내가 드라마를 좋아하는 까닭은 내가 살고 있지 않거나 살 수 없는 사람들의 다양한 삶을 보고 들으며 대리만족을 하고, 혹은 아이디어도 얻기 때문이다.

마지막으로 '인생은 나그네 길이다.'라는 말이다.

소유하기를 좋아하는 내 마음과는 상반되는 말이지만 수시로 불쑥불쑥 솟아오르는 모으고 저장하려는 본능과, 언제든지 훌훌 떠나고 싶지만 쉽게 떠나지 못하는 용기 없는 내 갈등에 종지부를 찍고 싶은 염원이 담긴 말이기 때문이다.

나를 가볍게 하여 언제든지 떠날 준비를 하면서 살고 싶은, 내 마음을 대신하는 말이다.

에니어그램을 통해 나를 안다는 것은 나를 사랑하는 것이다

나는 어디로부터 왔나, 귀한 존재로서 인정받지 못하면 어쩌나 하는 불안과 두려움은 족보에 대한 부분일 수도 있고 내 배경에 대한 부분일 수도 있다.

하지만 나를 바꾸고 싶다는 의지와 상관없이 내 배경과 족보는 바꿀 수 없는 것이 현실이다. 이런 나의 배경을 바꾸는 큰 사건이 생기고 내 인생에도 햇살이 비치면서 비로소 나를 사랑하게 되었다.

신분 세탁

어릴 때부터 놀이터 삼아 교회에 나가 친구들도 만나고 간식도 먹고 연극도 하며 사회생활을 배우기 시작했지만 내 배경에 대해 그다지 자신감이 없었다.

여자라는 질시, 집 없이 전전하는 우리 집, 뛰어나지 않은 두뇌, 탁월하지 않은 미모까지…….

도저히 자력으로 바꿀 수 없는 배경이었고 무력감에 빠져 살던 나는 사춘기 어느 날, 성경의 말씀을 통해 깨닫게 된다. 그토록 원하던 왕가의 족보를 믿음으로 소유할 수 있다는 진리에 감동의 눈물을 흘리지 않을 수 없었다.

이 세상을 지으신 분, 가장 위대한 분의 족보를 소유할 자 누구랴!

하나님 아버지의 자녀, 왕의 딸인 공주 신분이 되었다.

그 후 나는 왕이신 아버지에 대해 무한한 신뢰와 감사의 마음, 사랑의 마음, 충성의 마음을 가지고 살게 된 것이다.

누가 리더일까

나는 어떤 모임에 가더라도 그 모임에서 힘을 과시하는 리더가 누군지 관심이 있다. 아마도 하수로 들어가려는 마음보다는 내 속에 주인을 찾고자 하는 하인의 피가 흐를지도 모른다. 그러기에 실제 리더는 물론이고 영향력을 미치는 암묵적인 리더에 대해서도 빠르게 읽을 수 있다.

리더를 알게 되면 모임의 성격과 추구하는 목적 등이 정리되고 지속적인 모임에 참여할지, 어떻게 협력할 것인지가 정해진다.

왜 무거운 큰 가방을 가지고 다닐까

나는 항상 수납이 넉넉한 가방을 선호한다. 다양한 소지품들을 내려놓거나 줄인다 해도 가방은 항상 가득 찬다. 그래서 가방과 손지갑은 끈이 떨어지거나 바느질 이음이 터져서 사용을 못 하게 되는 경우가 허다하다.

나는 가방과 손지갑이 그 무게를 견디지 못할 정도로 다양한 것들을 넣고 다닌다. 한 달에 일주일 정도 쓰는 것조차 365일 내내 들고 다니고, 아주 가끔 쓰는 볼펜과 샤프도 골고루 다 챙긴다. 또한 언제 사용할지 모르기에 노트와 화장품 케이스, 다이어리 등도 알뜰하게 챙긴다.

없으면 아쉽기 때문에 놓고 다닐 물건이 없다. 그리하여 항상 어깨가 무겁지만 큰 가방을 포기할 수는 없다.

SUV 차가 좋아요

결혼하고 아이가 셋이다 보니 자연스럽게 큰 차가 필요했다. 여행을 가더라도 간식이며 구급약품, 양념세트, 베개, 여벌의 이불까지 챙겨가 느라 차에 빈 공간은 거의 없다. 그래서 다음에는 버스를 개조하여 여행을 다니고 싶다는 생각을 한다. 아무 때나 훌훌 떠나고 싶은 나그네의 심정과 무엇이든지 빠짐없이 챙겨서 다니고 싶은 마음을 다 충족하는 선택이다.

가끔 혼자만의 여행을 생각하면 스포츠카의 스릴을 느끼고 싶기도 하지만 역시 나는 가족과 함께 여행을 떠나는 것을 더 좋아한다.

최악의 상황이 발생한다면

서울로 오게 되자 1~2년 정도는 남편과 함께 주말마다 여의도에 있는 모델하우스를 둘러보며 사진도 찍고 우리도 이런 아파트에서 살면 좋겠다, 이렇게 예쁘게 인테리어하면 좋겠다는 꿈을 가지게 되었다.

지방 소도시에서 살 때는 35평 아파트에 살았지만 막상 서울에 오니 마땅한 전세조차 구하기도 어려운 처지가 되었다.

그럼에도 불구하고 나는 회복탄력성이 강한 사람이다. 슬픔과 분노의 감정에서도, 경제적으로 어려운 상황에서도 잘 극복하고 이겨나가는 의지와 능력을 발휘하기 때문에 '나는 긍정적인 사람이다.'라고 믿는다.

긍정적이라고 나를 믿고 인정할 때 그 상황을 극복할 수 있는 힘이 난다.

그러나 가끔 나의 긍정성이 바닥이 나면 어떻게 해야 할까 하는 불안함이 있다 하더라도, 최악의 상황에 대한 시나리오를 가지고 그 상황을 미연에 방지하려면 어떻게 말하고 행동해야 할까를 생각하며 시나리오를 역으로 해결해나가는 방식이 자연스럽다.

에니어그램으로 상대를 안다는 것은 상대를 인정하고 존중한다는 것이다

사람들은 자신이 경험한 것을 토대로 상황을 해석하고 단정한다. 상대방의 전체나 본질을 보고 들으며 느끼는 것이 아니라, 오직 자신의 경험으로 상대를 판단하거나 평가하기 때문에 생략이나 왜곡, 과대평가하거나 일반화하려는 경향이 있는 것이다.

온전히 그 사람을 만나고 인정하며 존중하면 좋지 않을까.

1. 너무 깐깐해

8 대 2 가르마를 하고, 깔끔한 정장차림으로 인사를 나누던 교수님을 기억한다. 모임 일정을 잡는데 정확한 날짜와 시간에 대해 인원까지 완벽하게 준비되기를 바라신다. 모임의 목적도 명확히 하고, 각자 파트도 분명하게 정하시며 주도적이면서도 면밀하게 계획하신다.

너무 원리 원칙적이어서 융통성이 없는 것 같다. 만약에 계획에 차질이 생기면 어쩌지? 깐깐한 것일까?

2. 너무 친절해

밥은 먹었는지, 무슨 차를 타고 왔는지, 요즘 어떻게 지내는지를 늘 물으시고 가끔은 나에게 옷을 선물로 주기도 하는 분이 있다. 자신도

회사부도의 빚을 10년 가까이 혼자서 책임지시고 적은 액수라도 남에게 피해주지 않기 위해 노력하시는 분이다.

콩 한 쪽도 나누려고 하시는 분이고 인생 상담을 도맡아 하신다.

정말 저분은 아까운 게 없는 걸까?

무슨 꿍꿍이가 있는 거 아닐까? 가식이 아닐까? 왜 이리 착해?

3. 너무 잘났어

리더십이면 리더십, 글쓰기면 글쓰기, 강의면 강의, 도무지 내가 따라잡을 수 없을 만큼 너무 잘하는 후배가 있다. 그 후배는 자신이 잘하는 것도 너무 잘 알고 있다. 자신감 있는 목소리로 당당하게 말도 어쩜 저렇게 잘하지. 윗사람들에게는 깍듯하게 대우하고 아랫사람들에게는 똑 소리 나게 성과를 일구는 멋진 선배로 보인다.

잘났어, 정말. 아 밉상이다. 일중독자 아냐? 잘난 체 지존?

4. 너무 특이해

평범한 옷차림에도 남들과 다른 센스가 있다. 액세서리, 신발, 스카프, 코사지 하나라도 특별하게 착용하며 다른 학생들보다 좀 더 품위 있는 말씨와 태도를 나타낸다. 가끔 자신의 주장을, 감정을 담아 강하게 어필하기도 하고 때로는 요조숙녀 같이 초연한 모습을 하고 다소곳이 앉아 있기도 한다. 남의 눈치와 상관없이 자신의 마음과 기분에 대해서 자유로운 표현과 영혼을 소유했다.

달라도 너무 달라. 왠지 매력적이야. 대체 뭐지? 어떤 모습이 진짜야?

5. 너무 소심해

우리 동호회에는 조용한 한 사람이 있다. 늘 존재감 없이 있다가 가끔 관심 있는 음악이나 영화 애기가 나오면 적극적으로 정보와 데이터를 풀어놓는 사람이다. 가끔 우리들은 그 사람의 발언으로 깜짝 깜짝 놀란다. 저 사람이 저렇게 말도 잘하네. 그 생각을 하고 조금 있으면 언제 그랬냐는 듯이 존재감이 없이 본연의 모습으로 돌아가 있다. 새로운 사람들에게 먼저 인사를 하는 일이 없다.

감정이 없는 거야? 조용히 있을 거면 여기에 왜 오지? 우리와 말하고 싶지 않나?

6. 너무 조심해

동창회에 나갔다. 그 친구는 간만에 동창회에 나왔는데 그동안 어떻게 지냈는지 물었더니 최근에 미사일 훈련사건 때문에 전쟁에 대한 준비를 해두고 조금 안정되는 상황이 된 것 같아 나왔다고 한다. 일회용

음식, 부재료, 연료 등도 준비하고 가족들과 흩어져 있을 때 헤어질까 봐 모일 장소도 같은 장소로 여러 차례 알려두었다고 한다. 오늘도 동창회에 나오지 않으면 친구들과 관계가 소원해질까 봐 불안해서 나왔다고 한다.

잔소리가 너무 많아. 안전한 방법이 뭐지? 뭐가 그렇게 불안해?

7. 너무 신났어

정년퇴직한 노신사가 있다. 월 1회 조찬 모임 후에 티타임을 가질 때마다 그분의 주변에 있는 사람들은 즐거운 분위기의 화재로 웃음이 끊이질 않는다. 대체 무슨 이야기를 하는지 궁금해서 옆자리에 앉은 적이 있다. 청소 이야기에서 시작을 하다가 회사에서 성공한 경험, 새로운 일들에 대한 호기심 어린 정보로 이야기가 지속된다. 다른 사람이 얘기하는 틈도 치고 들어가서 재밌는 이야기로 분위기를 장악한다. 모임 분위기가 재미없으면 조용히 사라진다.

에너지도 많아. 힘든 일도 매사에 재밌나? 어떻게 모든 것이 호기심일까?

8. 너무 대장질

지인과 함께 주말 텃밭을 하게 되었다. 우리는 무엇을 심을지 등을 얘기하고 있었다. 주위에 먼저 오신 분이 우리 쪽으로 오셔서 우리에게 조언을 해주셨다. 처음에는 너무 고맙고 감사해서 잘 따랐는데 몇 번 만날 때마다 텃밭 가꾸는 일에 감 나라 배 나라 하면서 나만 따라 하면 된다고 우리를 마치 자신의 수하나 동생처럼 먹을 것을 챙겨주고 자신의 영향력을 펼쳤다.

챙겨줘서 고마운데 기다려주세요. 자기가 대장인가? 돈 많은가 봐?

9. 너무 답답해

학습코칭을 하는 중학생이 있었다. 우유부단의 대마왕이다. 이렇게 해도 좋고, 저렇게 해도 늘 좋다는 표정이다. 느리게 말하고 선택의 상황을 만들려고 하지 않고, 얼굴 표정의 변화가 많지 않으며 착해 보이는 학생이다. 급하게 서두르는 일들이 없고 미룰 때까지 미루거나 직면하기 싫을 때는 나타나지 않을 때도 가끔 있다. 그런데 친구나 어른, 아이 할 것 없이 적을 만들지 않고, 한 번 시작한 일들은 꾸준히 반복하는 경향으로, 시작은 느렸지만 스스로 학습을 하는 나중이 더 기대되는 학생으로 변했다.

굼벵이처럼 느리네. 답답해라. 왜 미루지? 선택은 언제 하려나?

에니어그램과 코칭이 만나다

국제인증과정의 코칭과정을 먼저 마치고 전문코치가 되었다.

20여 년 상담의 경험을 바탕으로 다양한 고객들에게 관계형성을 빠르게 하고 상호 신뢰를 형성하려면 유형에 맞는 코칭 질문을 하는 것이 효과적이라는 확신이 생겼다.

에니어그램은 수천 년 전 지금의 중앙아시아에서 시작되었고, 1970년대 미국을 중심으로 고대의 지혜와 현대의 심리학이 결합되어 성격을 기반으로 인간의 본질을 이해하여 삶과 관련된 문제를 해결할 수 있는 최고의 검사 도구로 개발되고 활용되고 있다.

에니어그램은 성격이론과 인간 행동론을 통합하여 개인, 가정, 직장

및 사회에서 발생하는 다양한 문제를 해결하며, 행복과 생산성을 극대화하는 방법으로 검증되어 있다. 여기에 코칭 프로세스, 경청과 질문, 피드백을 겸하게 되니 환상적인 궁합으로 조화가 이루어진다.

기업 강의에서 조직문화에도 적용이 되고, 리더십 역량 강화에도 좋은 자료로 활용이 된다. 초, 중, 고등학교에서는 창의적인 인성과 진로 찾기에 활용이 된다. 교사나 상담사, 컨설턴트, 트레이너들에게는 에니어그램 코칭을 통해 먼저 세 중심에 속한 9가지 유형의 사람들의 내면의 동기와 강점들을 이해하게 된다.

고객 자신에게 자원을 찾도록 질문하고, 건강한 수준에 따라 통합적인 방향으로 성장과 성숙의 자원을 찾도록 돕는 데 유용하게 활용된다.

나는 에니어그램을 통해 나를 찾는 여행을 떠났고, 상대를 찾는 것도 덤으로 알게 되었다. 코칭을 통해서는 순수존재, 삶의 의미와 가치, 의도와 원함을 일치시켜 나아가는 시간을 가졌다. 둘을 합쳐서 에니어그램 코칭은 나 자신은 물론 고객에게까지 자신이 자원이고, 자산이고, 브랜드가 되는 시너지를 일으키는 원동력으로 작용한다.

한 가 늠

(현) 남서울대학교 멀티미디어학과 겸임교수
(현) 국제스마트교육코칭연구소 소장
(현) 스마트워크 연구소 소장
(현) 한국디지털콘텐츠학회 정보이사
(현) 소상공인시장진흥공단 컨설턴트
(현) (사)한국소셜네트워크협회 전임강사
스마트워크 교육 및 컨설턴트

(저서) 프로세일즈맨의 스마트워크(새로운 제안, 2014)
　　　최고의 인재들은 어떻게 일하는가(새로운 제안, 2015)

흔들림 없는 삶을 도와주는
스마트워크 도구

지금은 엄청난 위기의 시대이다. 많은 것들이 마음먹은 대로 되지 않고 늘 새로운 변수가 등장한다. 이런 위기의 시대를 사는 우리들은 행운아이다. 언제든지 위기에서 기회를 찾아서 원하는 삶을 살 수 있고 자신의 꿈을 찾을 수 있는 기회도 존재하기 때문이다. 특히 인공지능, 드론, 3D프린터 등등의 미래의 신기술로 인해서 더 많은 변화가 존재하겠지만 여전히 우리에게는 위기와 기회가 공존해 있다.

"어떻게 하면 위기의 이 시대에서 기회를 잡기 위한 탁월한 실력을 키울 수 있을까?"

모든 사람이 마찬가지겠지만 이 질문에 자유로운 사람은 많지 않다. 필자도 그런 부분을 대비하여 미래 트렌드 연구와 스마트한 도구의 개발을 진행하고 있다. 개인스스로도 여러 가지의 준비가 필요하지만 자신의 미래에 대한 계획을 세우고 자신의 강점을 강화하고 약점을 보강하는 등의 준비를 하는 방법이 최선이다. 특히 디지털리터러시(디지털 기기를 조작하고 필요한 정보를 얻는 지식과 능력)의 디지털 능력의 격차로 인해서 경제적 격차와 삶의 격차로 만들어지는 시대이다. 흔들림 없는 삶을 살기 위해서라면 가장 기본이 되는 디지털 능력을 강화하는 것이 중요하다.

〈그림 1〉 디지털 능력 – 디지털리터러시

Digital Literacy

디지털리터러시는 디지털 기기를 조작하여 원하는 작업을 실행하고 필요한 정보를 얻어 교류할 수 있는 지식과 능력을 말한다.

새로운 기기들이 쏟아지는 상황에서 **디지털 능력의 격차**는 곧바로

경제적 격차와 **삶의 질 격차**로 만들어진다.

디지털 능력을 키우기 위해서는 5가지 부분에 대해서 집중해야 된다.

첫 번째, 원하는 정보를 빨리 찾을 수 있는 정보검색능력이 필요하다.

두 번째, 찾은 정보가 나에게 필요한 정보 인지를 걸러낼 수 있는 정보필터능력이 있어야 한다. 모든 정보가 나에게 필요한 정보가 아니기 때문이다.

세 번째, 찾은 정보를 빨리 가공할 수 있는 정보가공능력이 필요하다. 정보를 찾았다고 끝나는 것이 아니라 나에게 필요한 정보로 가공할 수 있는 능력이 필요한 것은 당연하다.

네 번째, 만들어진 정보를 특정분야에 적용할 수 있는 정보활용능력이 필요하다. 가공한 정보를 필요한 영역에 적용해서 사용하는 능력이 필요함이다.

마지막으로 만들어진 정보를 의도한 대로 전달할 수 있는 커뮤니케이션 능력을 키워야 한다. 잘 만들 정보를 원하는 의도대로 전달할 수 없다면 그동안의 수고와 노력이 물거품이 될 것은 당연지사이기 때문이다.

〈그림 2〉 스마트워크로 가능한 것들

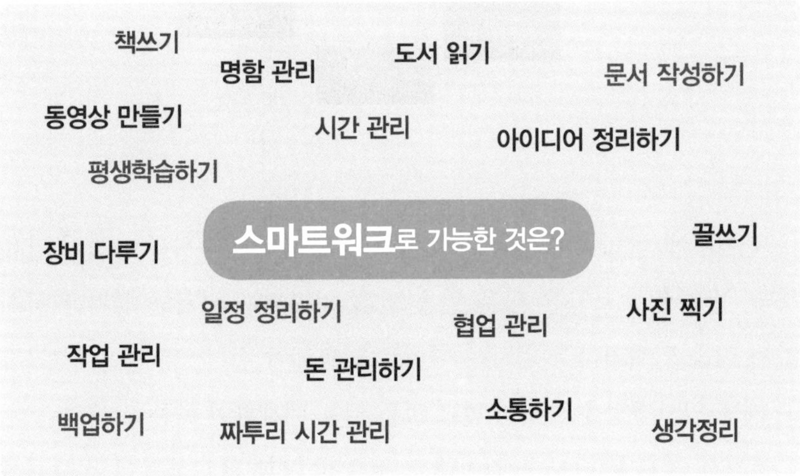

책쓰기　　명함 관리　　도서 읽기　　문서 작성하기

동영상 만들기　　시간 관리　　아이디어 정리하기

평생학습하기

장비 다루기　　**스마트워크**로 가능한 것은?　　글쓰기

일정 정리하기　　협업 관리　　사진 찍기

작업 관리　　돈 관리하기

백업하기　　짜투리 시간 관리　　소통하기　　생각정리

단기간 내에 디지털 리터러시의 능력이 쌓이지는 않지만 개인의 꾸준한 노력으로 키워질 수 있다. 반복적인 습관을 만들어서 꾸준하게 진행하면 어느새 원하는 형태의 능력이 배양될 것이다. 습관화를 할 수 있는 21일의 절대시간을 투자해보도록 하자. 〈그림 2〉처럼 각자의 전문성을 찾아서 적용해 볼 수 있다.

〈그림 4〉 스마트한 업무프로세스 정리 및 관리

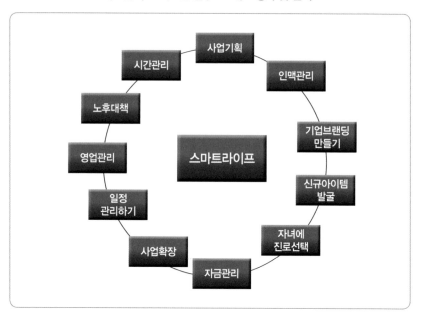

그 이후에 필요한 부분은 바로 필요한 부분에 집중하는 능력이 필요
하다. 반대로 요즈음은 많은 일을 빨리 처리해야 하기도 하지만 필요
없는 일을 덜하거나 위임하는 형태로 전환해야 한다. 더 많은 일을 하
고 매번 의사결정을 하려면 필요 없는 일을 배제해야 하는 것이다.

여기서 필요한 정보를 걸어내고 필요한 일과 프로젝트에 집중해야
하는 것이다. 많은 사람들이 의사결정을 할 때 사용하는 것이 스티븐
코비에 시간관리 매트릭스이다. 시간관리 매트릭스를 사용하는 이유는
다양하겠지만 주어진 하루 24시간을 가치 있는 일과 효율적인 관리를
통해서 우리에게 소중한 것들에 집중하기 위함일 것이다.

특히 스마트라는 말이 넘쳐나고 통신환경이 점점 더 좋아지는 환경
은 조금이나마 집중할 만한 개인의 시간조차 없게 만들게 된다. 만약

스마트한 자신의 삶을 주도하고 싶다면 시간관리 매트릭스의 1, 2사분면에 집중하는 삶을 살아야 하는 것은 당연하다.

〈그림 3〉 스티븐코비의 시간관리 매트릭스 (출처 : Covey Leadership Center, Inc)

	긴급함	긴급하지 않음
중요함	1사분면 활동 – 위기 – 급박한 문제 – 기간이 정해진 프로젝트	2사분면 활동 – 예방, 생산능력 활동 – 인간관계 구축 – 새로운 기회 발굴 – 중장기 계획, 오락
중요하지 않음	3사분면 활동 – 작업을 방해하는 사소한 일들 – 일부 전화, 우편물, 보고서 – 일부 회의 – 눈 앞의 급박한 상황 – 인기있는 행동	4사분면 활동 – 바쁜일, 하찮은 일 – 일부 전화, 우편물 – 시간 낭비거리 – 즐거운 활동

모두가 다 자신의 삶을 주도적으로 살고 싶어 하지만 대부분 그런 삶을 살기가 어렵다. 그 이유는 사실 본인이 만들고 있다. 하고 싶은 일을 하는 것이 아니라 하지 않아도 될 일, 하지 말아야 할 일을 하기 때문이다. 하지 말아야 할 일을 하고 사는 것보다 더 심각한 일은 세상에 없다. 그렇다면 개인의 비전과 가치를 세우고 일부터 시작해야 한다. 자신의 가치를 만든다는 것은 무엇보다도 중요한 요소인 것이다.

그렇다면 잠시 생각해보자

어떤 생각으로 일과 업무를 하고 있는가?
어떤 형태로 일과 업무를 하고 있는가?
지금 제대로 된 일과 업무를 하고 있는가? 확실하게 스스로 대답하지 못했다면 제대로 된 일과 업무하기 위한 정의를 내리는 것부터 시작해야 한다. 만약 스마트한 삶을 살고 싶다면 시간관리 매트릭스의 1사분면과 2사분면에 집중하는 삶을 살아야 하는 것은 당연하다.

탁월하고 성과 있는 삶을 살려면 개인이 진행하는 업무를 분류하는 것부터 시작된다. 우리가 직접 진행해야 하는 다양한 업무를 각각 나눠서 생각해보자. 일을 하기 위해 제일 먼저 시작하는 것은 무엇인가? 당연히 일을 정의내리고 그 일과 연관된 일에서 인사이트를 얻는 것부터 시작한다.

자신만의 삶을 만들고 싶다면

첫 번째로 자신만의 업무프로세스를 만들자.

보통 일을 진행하다 보면 일, 주, 월, 반기, 분기, 연간에 반복되는 일정이나 주기적인 프로젝트가 있을 것이다. 그런 반복일정을 정리하자. 정기적으로 일어나는 다양한 일과 프로젝트들을 정리하면서 자신만의 방법을 넣는다. 반복적인 일은 프로세스로 만들고 타인에게 위임하거나 시스템화를 시키도록 하자. 우리는 그 외의 일, 창의적인 부분에 더 집중하는 것이 좋다.

두 번째로는 일정을 정리하자.

우리는 많은 일정이 존재한다. 그리고 일정 사이에 신규 프로젝트가 들어오는 일도 있다. 통제되지 않는 일들이 점차 많아지고 있다. 이런 일정을 스스로 통제하는 방법을 만들자. 새롭게 들어오는 모든 일정을 다 받아들이지 말고 개인의 주 일정에 따라 시간관리 매트릭스를 참고해서 끌고 나가보자.

의지만 있다면 충분히 진행이 가능하다. 기본적인 시간통제는 긍정적인 기회를 만들어 줄 것이다.

세 번째로는 작업관리 또는 할 일 관리를 시작하자.

PDCA(Plan, Do, Check, Action)로 일정관리에서 나온 세부적인 일들을 처리하는 방식이다. 이런 형태의 방법들은 할 일 관리, GTD, ZTD, 프랭클린 플래너 형태로 가능하니 다양한 방식으로 시도할 수 있다.

네 번째로는 자료 관리를 처음부터 다시 시작하자.

항상 자료를 수집한다. 자료를 수집하는 방법도 상당히 많지만 개인이 수집한 자료를 다시 확인해서 보는 경우는 별로 없다. 결국 자료는 단명화되기 쉽다.

위에 이야기한 디지털 능력을 업그레이드해서 개인에게 필요한 정보로 만들어주는 것이 좋다. 이런 일들을 방지하려면 자료를 템플릿화하고 매뉴얼로 제작하고 체크시트로 보편화시키면 좋다.

또한 자료 관리를 충분하게 하려면 자료수집에 대한 부분도 강화해야 한다. 직접 자료를 수집하는 것이 아니라 자동으로 자료가 수집되게끔 만들어야 한다. 보통 많이 사용하는 방법은 RSS로 푸시형 정보를, 각종 SNS에서 큐레이션된 정보구독을, 유튜브, 슬라이드쉐어를 통해 인사이트 자료를, 구글알리미나 메일링리스트를 통해 키워드에 연관된 자료를 획득하는 등 자신에게 최적화된 자료수집 및 관리가 가능해진다.

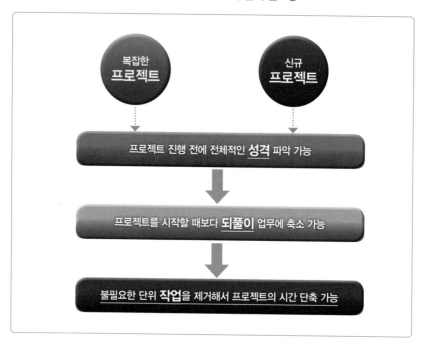

　다섯 번째로 장비관리이다.

　장비관리는 어렵지 않다. 장비관리는 스마트기기의 백업부터 시작된다. 스마트폰의 분실에 대비해서 필요한 것이 스마트기기의 백업이다. 스마트기기를 구입한 각 제조사에는 백업이나 복구 프로그램들이 다 있으니 꼭 다운로드 받아서 장비관리를 시작해보도록 하자.

　여섯 번째로 계정관리이다. 필요에 의해서 많은 계정을 만들지만 빈번하게 계정을 잃어버린다. 아이디와 패스워드에 대한 보관과 관리만 잘해도 일상생활에서 시간을 단축하고 생산성을 향상시킬 수 있다. 패스워드에 대한 통합관리도 정말 필요한 항목이다. 아마도 패스워드를 자주 분실하는 많은 분들에게는 꼭 필요한 사항이다. 통합적인 계정관리를 위해서 존재하는 다양한 앱들이 있으니 나의 것으로 만들어보자.

마지막으로 인맥관리이다.

개인적으로 이 부분은 꼭 추천하고 싶은 생각이다. 자신만의 인맥을 관리하는 방법을 찾아내야 한다. 개인이 지향하는 방향과 동일한 사람들과 교류하는 것은 정말 중요한 일이다. 과거에는 오프라인 그룹에서 많은 인맥을 만났다면 지금은 온라인과 오프라인을 병행하는 하이브리드 인맥관리가 중요하다.

페이스북, 트위터, 블로그, 링크드인 등 각종 목적과 방향에 맞는 소셜미디어를 활용하고 그를 통한 오프라인 만남에 연계성이 중요한 것이다. 그를 통해 개인만의 정확한 목표점을 만들고 브랜딩까지 구축할 수 있기에 스마트한 세상에서 추구해야 될 중요한 부분이 아닌가 싶다.

이런 다양한 관점의 역량개발을 통해서 자신의 탁월한 삶을 만들어 갈 수 있을 것이다. 디지털리터러시 능력을 개인의 것으로 만들어서 나만을 위한 삶이 아니라 주변의 많은 분들과 함께 성장하는 평생교육의 장으로 이끌어 감이 어떨까 한다.

허 정 미

현) 엠스피치 대표
현) 인천아바서비스커리어센터 원장
현) 동국대학교 평생교육원 책임교수
현) 국제미래연구소 강사양성 교수
현) ㈜ 예스북 이사
현) 아바코리아잡이슈 인터넷신문 편집인
현) 제3군수지원사령부 우수교관
  - 국회의원 선거, 각종 지방선거 연설원
  - 기업교육강의 : CS, 스피치, 노인인권, 커뮤니케이션,
    이미지메이킹 등

자신감 하나면 뚝딱

웃음의 복식호흡트레이닝 개발

"강사님, 저는 사투리 때문에 앞에 나가서 말을 못 하겠어요."

"선생님, 저는 일대일로 얘기하는 건 상담 선생님이라 할 정도로 말을 너무 잘하는데 막상 앞에만 나가면 머리가 하얗게 돼요."

"원장님, 저는 그냥 말할 때는 괜찮은데 여러 사람 앞에 서서 말할 때는 얼굴이 빨개지고 가슴이 쿵쾅거리고 시선을 어디에 둬야 할지를 모르겠어요."

"강사님, 머릿속에는 정리가 다 되는데 막상 앞에만 서면 주저리주저리 하면서 기승전결 정리는 물론 마무리가 안 돼요."

강의를 할 때마다 쉬는 시간이나 발표시간에 어김없이 듣게 되는 고민들이다. 이런 청중들의 고민을 듣게 되면 내 반응은 항상 똑같다.

첫 반응은 그 사람의 얼굴을 보고 환하게 웃어주는 것이다. 그 웃음에는 '저도 그랬습니다.'라는 의미가 담겨 있다. 그리고 두 번째로는 나를 보라고 한다. 바로 산증인의 표정으로 그들을 나에게로 끌어들인다.

사람들은 강사들을 대할 때 거의 모두가 원래부터 말을 잘했을 것이라거나 말을 잘하는 것은 타고 났다고 생각한다. 심지어 목소리는 타고 났기에 고칠 수 없다고 단정을 짓고 도전을 포기해 버리는 사람도 있다. 안타까운 일이 아닐 수 없다. 이렇게 쉽게 포기하고, 불안해하고, 자신이 없어 하는 그들에게 나는 아주 자신 있게 얘기를 해준다.

'자신감!'을 가지라고!

입술에 힘을 꽉 주고 주먹까지 불끈 쥐며 자신감을 가지라며 격려하고 위로한다. 왜냐하면 내가 바로 산증인이기에 그렇게 자신 있게 웃으면서 말을 할 수 있는 것이다.

나는 경상남도 산청에서 태어나 그곳에서 유년시절과 중고등학교 시절을 보냈다. 그리고 산청에서 36Km 떨어진 교육의 도시 진주에서 대학시절을 보내고 직장생활을 했다. 20대에서 47세까지 둥지를 감고 있었으니 경상도에서만 약 47년을 생활해온 것이다.

2014년 개인적인 사정으로 인천으로 이사를 오게 되었지만 막상 인천이나 서울을 무대로 생활하려니 정말 소심해지고, 매사에 위축되기도 했다. 진주에서 선거 연설로 호소력 있게 쩡쩡거리던 목소리의 소유자는 다 어디로 가버렸는지 미래가 불안하기도 하고, 나를 알아주는 이 없는 타향에서 물과 기름으로 섞여 있는 나 자신이 초라해서 우울해하며 나 자신을 책망하거나 눈물을 흘리기도 했다.

그리하여 내가 20여 년 동안 해 왔었던 일과 일을 했을 때 가장 즐거워했던 일, 또한 내가 가장 잘하는 일이 무엇인지를 생각해보니, 20여 년 동안 남을 가르치는 일을 해왔었고, 그 대상은 유아부터 노인까지의 영역을 넘나들며 가르쳐왔다는 나만의 큰 무기를 발견했다. 웅변학원의 경영에서 모 회사 신인육성 매니저로 누군가를 가르치는 일의 연속인 삶을 살아온 것이었다.

나는 이 역량을 우리나라 최고의 도시 서울에서 펼칠 수 있는 방법들을 연구하기 시작했고, 정말 많은 강의의 홍수 속에서 수없이 고뇌하며 내 자리를 찾기 시작했다. 그리고 마침내 그 자리는 내가 얼마만큼 연습하고 노력하느냐에 따라서 큰 그림과 작은 그림이 그려질 수 있다는 것을 알게 되었다.

이 시기에 만난 분 중에 늘 배려와 어미새 같은 마음으로 웃음과 용기로 후배들을 다독여주시는 연구소 오소미 소장님을 만나게 되었고, 그분의 강의를 통해 스피치강의 시 웃음으로 나만의 복식호흡트레이닝을 개발하여 수업에 접목시키고 있다.

오소미 소장님과의 만남은 그동안 정통웅변과 선거연설로 딱딱한 나의 몸과 정신을 멋지게 깨어나게 해주었다.

그 보답으로 나는 국제행복미래연구소에서 강사교육지도자 1급~2급 과정에서 명품강사의 스피치기법을 강의하고 있다.

누구나 명품강사가 될 수 있다

진주에서는 지하철도 없고 교통카드로 이동해 본 일이 없었던 나이기에 인천이나 서울에서 아주 복잡하고 힘든 것은 바로 교통편이었다. 특히 길치인 나에게는 너무나도 버거운 일이었고 그리하여 잊지 못할 '김포공항 사건'을 만나게 된다.

어느 날 김포공항에 있는 쇼핑센터에서 언니와 동생을 만나기로 했고, 마침 김포에 살고 있던 언니는 나에게 국제선 3번 게이트에서 하차

하라는 카톡메시지를 보내주었다.

나는 인천 부개동에서 상동까지 52번 버스를 타고 묻고 물어서 김포공항으로 가는 버스로 환승할 수 있었다. 이때 버스 기사는 담배를 피우기 위해 잠시 하차했고, 내 뒤로 승객들이 4명 정도 더 있었다.

기사는 담배를 피우면서 나에게 조금 있다가 타라는 말도 없었거니와, 나는 아무 생각 없이 버스에 올라 단말기에 교통카드를 댔다. 그런데 "행선지를 말씀해 주세요."라는 기계음의 소리에 단말기에 대고는 '김·포·공·항!'이라고 또박또박 행선지를 말했다. 그러자 기계는 또다시 행선지를 말하라고 내뱉었고, 나는 순간 '요즘에는 줄임말을 사용하는데 내가 다 말해서 그런가 보다.' 하고 생각하고는 다시 또박또박 '김·포!' 하고 두 글자만 얘기했다.

그런데도 기계는 여전히 행선지를 말하라는 소리만 할 뿐이었고 다급한 나는 이번에는 또 다른 두 글자 '공·항!'이라고 기계에다 입을 바짝 대고 얘기를 했다. 그제야, 맨 앞에 앉아 있던 연인의 키득키득 거리는 웃음소리가 들렸고, 아주 작은 소리로 '기사아저씨가 해줘야 되는데……' 하는 것이었다. 내 얼굴은 화끈 달아올랐다.

내가 그러는 걸 알면서도 아무런 응대도 없었던 기사는 담배를 다 피운 뒤 올라와서 대뜸 한다는 소리가 "버스를 타 봤어야 알지!" 하며 오히려 미안해해야 할 사람이 나에게 비아냥거렸던 것이다.

나는 버스가 출발하여 내가 내릴 곳까지 가는 내내 마음이 불편했고, 기사의 손톱만큼도 찾아볼 수 없는 서비스마인드에 인내심이 극에 달했고 급기야 하차 시 한마디 했다.

"그래요, 저, 버스 처음 타봤어요. 그런데 제가 처음 타본 이 버스는 똥차인 것 같네요. 기사아저씨는 처음 버스를 타는 승객에게 다 그렇게 비아냥거리시나 보네요. 전 이 버스를 타고 여기까지 오는 내내 똥 밟은 느낌이었어요."

결국 난 기사아저씨의 사과를 받아냈지만 그렇게 유쾌한 기분은 아니었다.

그날 나는 기사 아저씨를 보면서 서비스마인드 교육에 대해서 생각하게 되었고, 강의 시 그날 그 사건을 스토리텔링으로 청중들과 웃기도 하고 배려나, 섬김에 대해서도 이야기를 나누기도 한다.

또 한 번은 이런 일도 있었다.

적어도 강사를 양성한다는 모 아카데미 실장이 아카데미 동기들과 담화를 나누고 있는 나에게 일격을 가했다.

"선생님은 사투리 때문에 강사를 하는 게 너무 걱정스러워요. 강사가 사투리를…… 음……."

나는 그 실장의 말에 정말 어이가 없었다. 한 번도 수업에 들어온 적도 없고 내가 뭘 하는지도 모르는 상태에서 강사 양성하는 아카데미 실장이라는 사람이 수강생에게 무턱대고 할 소리는 아니지 않는가?

사람을 볼 줄 모르는 눈과 마음을 가진 사람의 말에 신경 쓸 필요 없다고 그 자리에서는 별 내키지 않는 미소로 지나갔지만, 대도시 생활 3개월 차인 나에게 실장의 사투리 운운은 자신감을 급하락시키기에 충분했고, 그날 나는 귀가해서 큰 소리로 엉엉 세 시간을 울었다.

울고 싶을 때는 실컷 울라는 친정 엄마 말씀이 맞았다. 그렇게 울고 나니 속이 좀 시원해졌고, 난 다시 굳게 마음을 다졌다.

'반드시 보여 주리라.'

마침 이틀 뒤 시강하는 시간이 있었고, 나는 그 시강을 훌륭히 마쳤다. 나에게 20여 년 동안 웅변 학원을 한 배포와, 경상도의 뚝심이 심장 한가운데 꽉 박혀 있다는 걸 그 실장은 몰랐을 것이다.

속이 다 후련했다. 그 뒤 내 손을 잡고 함께 일하자는 제의에 난 당당히 웃으면서 거절하는 모습을 보여주었다.

'경상도 사람도 명품강사가 될 수 있다!'

난 하루에도 몇 번이고 가슴에 새기고 글로도 썼다.

첫 강의 데뷔무대는 100번의 리허설 때였다. 물론 재교육의 콜도 받았다. 그 결과 나는 지금 인천에서 가장 멋진 시설의 평생교육원 원장이다. 우리 아카데미 소속 강사들 또한 최고의 인성과 실력을 갖춘 분들로 구성되어 있다.

'원장님이 진솔하다, 모든 직원들이 좋다, 가족 같은 분위기다.' 하고 따뜻한 수강 평가를 받는다.

내 강사 신념은 바로 '찰지게 배워서 맛있게 남 주자!'이다. 지금도 강의를 할 때면 먼저 강사신념을 밝힌다. 이 강사 신념을 말할 때면 항상 가슴이 벅차오른다.

강의장은 언제나 내 가슴을 뛰게 만들고 마음을 설레게 한다. 따라서 나는 강의하러 가는 날에는 사랑하는 사람과 데이트를 하러 간다는 마음으로 향한다. 사랑하는 사람, 애인을 만나러 가는 사람의 발걸음과 표정을 유심히 본 적이 있는가?

그들의 얼굴은 미소를 머금은 채 상기되어 있고, 콧노래까지도 흥얼거리기도 한다. 내 존재감을 느끼기도 하고 무척 행복해한다. 강의장으로 가는 내가 딱 그 모습이다.

작년 6월 메르스 때문에 거의 모든 강의들이 취소되거나 연기되었었

삼마부대 강의 중

다. 이때 연기된 강의를 7월에 했었던 강의 중 가장 기억에 남는 강의가 바로 제3군사령부(삼마부대) 간부들의 성인지 향상교육이다.

800여 명에 이어 일주일 뒤 500여 명 군 간부들이 나의 애인으로 설레임을 준 그 강의의 짜릿함은 정말 잊을 수가 없다.

2시간의 강의였는데 1시간 강의를 마치고 쉬는 시간에 어느 분이 나에게 다가오시더니, 본인은 군종 목사인데 이렇게 스피치가 가슴에 와 닿는 강의는 처음 듣는다며, 신선한 충격이었다고 말씀하셨다. 덧붙여 목사님은 나처럼 외부강사의 강의를 듣고 병사들에게 교육을 한다고 하면서 늘 같은 내용의 강의였는데 이번에는 너무 다르다며, 병사들에게 교육할 내용을 얻게 되어서 너무 감사하다고 하셨다.

사실 그 강의는 나의 첫무대라고 해도 과언이 아니다. 아카데미에서 수강생을 대상으로 수차례 강의를 해왔었지만 그렇게 많은 청중 앞에 서서 강의한 것은 처음이었던 것이다.

나는 그 강의를 준비하면서 100번의 리허설을 했었다. 지금도 그 흔적의 파일을 신인강사들에게 보여주며 강사가 가야 할 길을 안내해 주고 있다.

자신감이 최고다

과거 웅변 학원을 운영하면서 국회의원 선거, 지방선거 연설원으로 참여한 적이 여러 번 있었다. 하지만 강의와 선거 연설은 비슷한 듯하면서도 다른 것이기에 나는 나만의 강의기법을 찾는 데 많은 시간과 에너지를 투자하고서야 지금의 내 자리에 앉았다. 하지만 지금도 변함없는 건 과거부터 걸어온 길, 웅변 스피치가 나에게는 굉장한 힘으로 지켜주었다는 것이다.

그 힘은 내가 어디에서든 기죽지 않고 자신감을 갖게 해주었고, 도전을 하게 해주었으며, 겸손할 줄 아는 자세와 태도를 갖게 해주었다. 이는 다른 사람과 차별화된 나만의, 사람 냄새 나는 강사의 멋진 명품 강사의 모습으로 재탄생하게 되는 밑거름인 것이다.

나는 늘 말한다.

자신감이 최고라고!

내가 지금 이렇게 서울에서 인천에서 행복하게 강의를 할 수 있는 것은 바로 할 수 있다는 열정적인 자신감 하나 때문이라고 말한다.

사람이 어떠한 일을 할 때는 열정과 자신감 있는 마음가짐이 가장 중요하다.

'내가 잘할 수 있을까?'

이렇게 마음먹는 순간 그 일의 성과는 내 본래 능력의 30프로밖에 발휘되지 않는다고 한다. 하지만 그와는 반대로 나는 잘할 수 있다는 자신감을 가지고 일을 한다면 자신의 능력의 500%의 성과를 낼 수 있다고 한다.

사람들은 하루에 오만 가지를 생각한다고 한다. 그중에서 쓸데없는

노원구 여성발전센터 경력단절여성동기부여 강의 중

생각이 86%, 부정적인 생각이 94%를 차지한다고 한다.

생각이라는 공장에는 긍정적인 공장과 부정적인 공장이 있다고 한다. 긍정의 공장을 성공의 공장, 승리의 공장이라 한다면 부정의 공장은 실패의 공장이라고 한다. 우리는 모두 긍정의 공장, 승리의 공장에 사인을 해야 한다.

나는 현재 노원구 여성발전센터에 경력단절여성 일자리창출에 참여하게 되어 경력단절 여성들에게 동기부여 강의를 하고 있다. 그 여성들에게도 자신감 하나만은 꼭 가지고 가자고 당부한다.

이들은 결혼과 육아로 오랫동안 사회에서의 경력이 단절되어 막상 사회생활을 하려니 나이가 걸리고, 자신의 경력은 이미 낡은 것이 되어버려 재취업의 자신감을 상실한 상태다.

그녀들은 지금 자신의 단점만 도드라지게 보는 눈을 가지고 있다. 그들에게 가장 필요한 것은 바로 자신감을 갖자는 것이다. 자신의 단점이라고 생각하는 부문을 단점이라고만 생각하지 말고 단점을 장점으로 만들고 또한 그것을 단순한 장점으로만이 아니라 나만이 가지고 있는 나의 멋진 무기로 무장하라고 말한다.

또한 자신감이 생기면 자존감도 올라갈 것이고 자존감이 올라가면 자신감과 함께 본인만의 퍼스널 브랜드를 창출해 내는 기쁨을 만들 것이라고 용기를 준다.

감사하게도 그녀들은 나를 보면 힐링이 되고 뭔가 새로운 꿈을 가지게 된다고 말한다. 그런 말을 들으면 가슴이 뭉클해지고 나 또한 그녀들에게서 동기부여를 받는다.

동기부여, 자신감, 자존감 향상, 도전, 성공, 배려, 꿈.

이러한 긍정적인 말들은 전염성이 강해서 내 친구의 친구, 그리고 또 다른 친구에게까지 퍼진다고 하니 참으로 감사한 일이다.

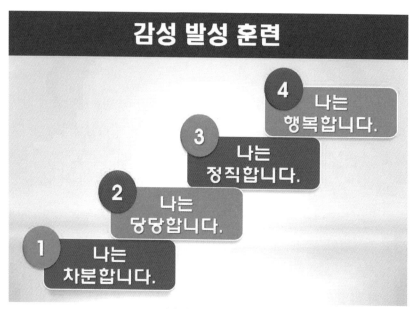

나의 행복을 부르는 주문

내가 자신감을 키우고 다짐하는 나의 행복을 부르는 주문이 있다.

나는 스피치를 사랑하는 스피치 강사다. 스피치에서 말하는 음도 분리를 활용해서 하는 감성발성 훈련으로 나에게 에너지를 전달하는 방법이다. 음악에 음계가 있듯이 스피치에도 음도가 있다. 20도음, 40도음, 60도음, 80도음으로 차츰차츰 소리와 감성을 높여 자신감 있는 나 자신을 만드는 방법이다. 이 방법은 내가 스피치 수업을 할 때 청중에게 알려주는 기법인데 이상하게도 이 기법을 통해 사람들은 기분이 상승하고 얼굴엔 미소 있는 행복함이 피어나온다. 그러면서 꿈도 희망도 서서히 그려나간다. 따라서 나도 행복해진다.

사투리인 단점을 내 인생무대에서 나만의 무기로 만들어 이렇게 강의를 하고 청중과 진정으로 소통하고 공감하는 이유는 바로 열심히 노력하고 준비해 왔기 때문이다.

자존심은 남이 지키고 세워주는 것이 아니라 내 스스로가 지키고 다듬는 나의 긍정적인 도전과 자신을 사랑하는 마음에서 나오는 아주 파워풀한 것이다.

사람마다 각자의 헤어스타일과 패션스타일이 있듯이 자신만이 갖고 있는 명품 스타일이 있습니다.
나만의 명품 스타일!
하루아침에 된 것이 아니며, 태어날 때부터 타고난 것도 아니겠지요.
이 세상의 중심은 나로부터!
준비하지 않으면 성공적인 내일을 기대할 수가 없습니다.
이 시간 나의 인생에 자신 없어 망설이는 여러분!

무기력, 우울, 불안, 걱정, 염려는 던져버리고 철저한 준비와 연습으로 나만의 자신감 파워로 무장하여 만나고 싶은 사람, 사람 냄새나는 명품으로

인생 2모작 멋지게 한번 바꿔봅시다.

I can(30도 음) I can(60도 음) I can(90도 음)

오늘도 나는 청중들에게 맛있게 나눠주고자 찰지게 배움의 길을 걷는다.

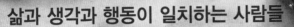

한국평생교육원

삶과 생각과 행동이 일치하는 사람들

평생 명강사

평생 명강사는
평생교육을 통해 탄생한다!

"평생 명강사" 공저자를 모십니다!

가슴 뛰는 삶의 주인!
자기 주도적 삶이 만드는 행복한 성공!

◆ 한국평생교육원에서는 세상을 긍정적으로 바꾸기 위해 노력하는 평생 명강사의 이야기를 한
 권의 책으로 엮고자 합니다. 많은 관심과 협조를 부탁드립니다.

◆ 함께 하기를 간절히 원하시는 분은 문자 주시기 바랍니다.
 (010-7427-8884 한국평생교육원 원장)

◆ 세상에 알리고 싶은 긍정의 힘, 도전과 용기, 배움의 열정, 치열한 삶의 현장, 감동이 있는 이
 야기 등 그 어느 주제라도 상관없이 신청하시면 됩니다.

◆ 보내주신 원고는 36년간 출판사에서 종사해온 한국평생교육원 출판사 편집장이 직접 윤문
 및 교정교열을 합니다.(살아오신 삶과 생각과 행동이 최대한 일치하고자 노력하시는 분은 글
 을 못 쓰셔도 괜찮습니다. 책임지고 글로 표현해 드리겠습니다.)

'평생 명강사' 발행비용은 100만 원이며 출간과 더불어 각 저자에게 100부와 교안형태의
PPT를 증정합니다. 입금계좌는 〈하나은행 634-910015-49204 (주)한국평생교육원〉입
니다. 입금 후 반드시 문자메시지(010-7427-8884)를 주시기 바라며, 메시지에 성함, 연
락처, 이메일을 알려주시면 자세한 원고 양식 및 제작 방향, 진행 절차를 담당자가 안내해
드립니다.

한국평생교육원 원장

행복한 성공을 만드는 '300'의 힘
100권, 100곳, 100명으로 일궈내는
와일드한 성공!

국제코치연합
한국상담협회
한국아들러협회
추천도서

진짜 나의 본성을 발견하는 힘
와일드 이펙트
유광선 지음 | 304쪽 | 신국판 | 값 15,000원

가슴 뛰는 삶의 주인이 되는 생각법!

이 책의 저자는 자신이 찾은 행복한 인생의 비밀을 WILD라는 단어에 담아냈다. WILD는 Want, Imagine, Learn, Declare의 앞 글자를 조합한 것으로 WANT: 내가 하고 싶은 일을 원하고 좋는 삶, 가슴이 뛰는 삶, IMAGINE: 목표가 이루어졌을 때를 상상하는 즐거움, LEARN: 배움의 자세, DECLARE: 꿈을 이루기 위해 빠른 시일 내에 실현 가능한 단계적 목표를 세워 실천의 족쇄로서의 선언이다. 저자가 제시하는 실제 사례들과 제안들처럼 WILD하게 살다 보면 인생을 주도적으로 개척해 나가는 방법을 터득하게 될 것이며 일상을 소중하게 생각하고 내가 가진 것에 감사해하고 있는 자신을 발견하게 될 것이다.